D1931335

Edgar K. Geffroy

Das einzige was stört ist der Kunde

Edgar K. Geffroy

Das einzige was stört ist der Kunde

Clienting ersetzt Marketing
und revolutioniert Verkaufen

4. Auflage

verlag
moderne industrie

Die Deutsche Bibliothek – CIP-Einheitsaufnahme

Geffroy, Edgar K.:
Das einzige was stört ist der Kunde : Clienting ersetzt Marketing und revolutioniert Verkaufen / Edgar K. Geffroy. – 4. Aufl. – Landsberg/Lech : Verl. Moderne Industrie, 1994
ISBN 3-478-22784-4

4. Auflage 1994
3. Auflage 1994
2. Auflage 1994

© 1993 verlag moderne industrie, 86895 Landsberg/Lech
Alle Rechte, insbesondere das Recht der Vervielfältigung und Verbreitung sowie der Übersetzung, vorbehalten. Kein Teil des Werkes darf in irgendeiner Form (durch Fotokopie, Mikrofilm oder ein anderes Verfahren) ohne schriftliche Genehmigung des Verlages reproduziert oder unter Verwendung elektronischer Systeme gespeichert, verarbeitet, vervielfältigt oder verbreitet werden.
Grafik + Umschlaggestaltung: Jörg Dübbers, 40476 Düsseldorf
Satz: Fotosatz Reinhard Amann, 88317 Aichstetten
Druck und Bindung: Friedrich Pustet, 93051 Regensburg
Printed in Germany 220784/0694603
ISBN 3-478-22784-4

Inhaltsverzeichnis

Ich widme dieses Buch meiner Frau Barbara, die mir erst mit ihrem Verständnis für wirkliches Leben und ihrer Definition einer wirklichen Beziehung den Weg zu diesem Buch zeigte.

Danksagung

Ein Buch wie dieses, konkret und praxisnah, kann nur durch Teamarbeit zustande kommen. Jedes Erlebnis in meiner Berater- und Umsetzungspraxis war ein Erfahrungsbaustein für dieses Buch. Insofern danke ich allen Menschen, die durch ihre Diskussionen mit mir mehr oder weniger bewußt einen aktiven Beitrag zum Erstellen dieses Buches geleistet haben.

Ein großer Dank gebührt meinem direkten Team in beiden Firmen, die mit ihrem Engagement das Erstellen dieses Buches erst ermöglichten. Hier danke ich besonders Frau Wagner, Frau Siegmund-Schultze und Frau Esch für die konstruktiven Anmerkungen und das kritische Überarbeiten des Manuskripts.

Jörg Dübbers danke ich für seine bewährte Art und Weise, grafische Darstellungen und Illustrationen wunderschön zu gestalten.

Georg Meyer gebührt großer Dank für die Ideen und Details, die er im Zusammenhang mit dem Kapitel Information entwickelt hat. Als Programmierer und Spezialist für digitales Clienting liegt ihm gerade dieser Bereich am Herzen.

Ebenfalls großer Dank gebührt Theo van der Burgt von Advisa, der wiederum seine Ideen und seine Erfahrungen als Franchise-Spezialist zum Thema „Franchising ist Zukunft“ eingebracht hat. Sein Wissen auf diesem Gebiet hat mich sehr beeindruckt.

Der Zeitschrift „MACup“ ist die Idee zu verdanken, aus dem Thema „Zukunft statt Heute“ mehr zu machen, eine Science-fiction über die Zukunft der Kommunikation. Danke in diesem Fall für die Inspiration. Der Firma Apple danke ich für das Überlassen des Produktfotos vor offiziellem Erscheinen.

Meinem verlag moderne industrie und insbesondere dem Verlagsleiter Herrn Jürgen Piontek danke ich dafür, daß er mich überzeugt hat, wieder einmal Erfahrungen konzentriert auf Papier und nicht immer nur in Vorträgen wiederzugeben.

Edgar K. Geffroy

Geleitwort

Endlich wird das Kind beim Namen genannt. Deutsche Firmen müssen neu denken und handeln lernen. Nicht die Politiker und Gewerkschaftler alleine sind die Erfolgsbremser. Wir selbst, als Unternehmer, sind jetzt gefordert. Manche von uns haben sich in den 80er Jahren selbst belogen, als ob Wachstum und Gewinn ein Dauerzustand bis ins nächste Jahrtausend sein könnten. Die Realität hat uns alle eingeholt. Jetzt sind wir vor eine Vielzahl von Problemen gleichzeitig gestellt. Viele Firmen sind zu groß, zu unflexibel und zu schlapp geworden. Doch damit nicht genug. Eingebunden in ein globales System kann sich der Osten nicht vom Westen lösen und umgekehrt.

Die Zukunft dieser Welt kann nur durch Unternehmer im Westen und insbesondere auch im Osten gelöst werden. Wir brauchen mehr Unternehmer, engagiertere und risikobereitere Unternehmer. Wir brauchen aber auch eine neue Generation anders handelnder Unternehmer und Manager. Und die meisten haben es noch nicht begriffen: Die Zukunft läuft nach anderen Spielregeln ab, und die unterscheiden sich gänzlich von denen der letzten 50 Jahre.

Natürlich gehört Mut dazu, eingefahrene Gleise zu verlassen. Nur wird das unsere einzige Chance sein, falls wir in der Zukunft die gleiche bedeutende Rolle spielen wollen.

Edgar K. Geffroy, der Autor dieses Buches, zeigt Mut. Provozierend durch seinen Titel will er aufrütteln, wach machen und Wege aufzeigen, die uns allen helfen.

Wir befinden uns mitten im Aufbruch zu einer neuen Epoche. Das gilt gleichermaßen für die gesellschaftliche Entwicklung wie für die unternehmerische Gestaltungsweise. Auf dem Weg dorthin brauchen wir neues Handwerkzeug für unsere Aufgaben.

Edgar K. Geffroy, trotz seines jungen Alters bereits einer der renommierten Vordenker zukünftiger Entwicklungen, zeigt deutliche und klare Lösungen auf. Mich haben sie überzeugt. Lassen auch Sie diesen Wirbel neuer Ideen für Erfolge auf sich wirken.

Ich wünsche Ihnen eine ganze Menge neuer Denkanstöße.

Helmut Becker
Auto Becker, Düsseldorf

Vorwort

Die Zeiten ändern sich – sie ändern sich allerdings so schnell, daß wir kaum in der Lage sind, mit dem Tempo Schritt zu halten.

1986 veröffentlichte ich das Buch „Verkaufserfolge auf Abruf. Die 1-Seiten-Methode". Rund sieben Jahre später erscheint dieses Buch „Das einzige was stört ist der Kunde". Nichts drückt den Wandel von der Verkäufermacht zur Kundenmacht deutlicher aus.

Damit ist auch gleichzeitig die Veränderung zu einer neuen Form der Kundenbeziehung deutlich geworden. Ich sehe jetzt neue und ungeahnte Chancen für Firmen, die die neue Welt zu nutzen wissen. Bewußt habe ich diesen provozierenden Titel gewählt, um öffentliche Kritik zu üben an der deutschen Firmenlandschaft. Dieses Buch soll dazu aufrufen, durch neues Denken und Handeln die größte Wirtschaftswende besser zu gestalten. Es ist der Trendbruch von der Industriegesellschaft zur Informationsgesellschaft. Und das erfordert gänzlich neue Spielregeln.

Eine der wichtigsten Spielregeln ist der andere Umgang mit dem Kunden. Der Kunde ist die wichtigste Energiequelle der 90er Jahre. Jeder weiß es. Aber wer hält sich wirklich daran? Mein Credo lautet deshalb: „Clienting ersetzt Marketing".

Viele deutsche Unternehmen, deren Mitarbeiter und Unternehmenslenker haben die Zeichen der Zeit noch nicht richtig erkannt. Machen Sie daher Ihre eigene Konjunktur – jetzt. Dieses Buch soll Ihnen konkrete Ideen und Anleitungen liefern, die Nummer 1 zu werden und zu bleiben.

Und verlieren Sie keine Zeit, denn es werden noch genügend Herausforderungen übrig bleiben.

Edgar K. Geffroy
Geschäftsführender Gesellschafter
Geffroy & Partner T.A.S.C., Düsseldorf

Initiative „Kunde ist wirklich König“

Wenn Sie dieses Buch gelesen haben, werden Sie es verstehen: Es geht nicht um den Kunden alleine – es geht um die neue Gesellschaft. Die Informationsgesellschaft wird die Industriegesellschaft mehr und mehr ablösen. Das erfordert die in diesem Buch einzeln aufgezählten Spielregeln, in denen der Kunde die größte Rolle spielen wird. Er wird der Prüfstein sein, an dem sich neue Konzepte messen lassen müssen.

Waren Theoretiker am Werk, wird es wieder heißen: Das einzige, was stört, ist der Kunde. Wenn wir den richtigen Weg wählen, werden der Erfolg und der Kunde uns automatisch recht geben. Doch bis dahin ist es in vielen Firmen noch ein weiter Weg. Wir wollen diesen Weg durch die Initiative „Kunde ist wirklich König“ unterstützen und hoffen, dadurch die Neuorientierung zu beschleunigen.

Die Spielregeln sehen so aus: Sie senden uns besonders beeindruckende Beispiele für wirklich guten Kundenservice und dauerhafte Kundenbindung, komplett mit der Anschrift der Firma und bestenfalls auch der des Ansprechpartners. Genauso senden Sie an uns besonders beeindruckende Beispiele für „Der Kunde ist nicht König“, also wirklich die Bestätigung für „Das einzige, was stört, ist der Kunde“.

Gemeinsam mit einer führenden Zeitschrift und einem führenden Fernsehsender, so ist es geplant, werden wir den besten und den schlechtesten Kundenpartner öffentlich herausstellen. Unter den Einsendern, zu denen Sie hoffentlich auch gehören, werden wir dann einen Preis auslosen.

Wir erwarten dadurch eine große Breitenwirkung in der Öffentlichkeit, denn Kundenservice geht jeden an.

Darüber hinaus entwickeln wir einen Clienting-Katalog, in dem Sie Ihr Kundenangebot vorstellen können. Rufen Sie Informationen ab.

Hinweise zur Nutzung

Dieses Buch basiert wiederum auf einer Methode. Dieses Mal ist es nicht die von mir entwickelte 1-Seiten-Methode, sondern die Impuls-Methode – ein Schreibstil, der innerhalb weniger Worte dem Leser immer neue Impulse geben soll. Sie brauchen also nicht lange zu lesen, um auf interessante Informationen zu stoßen. Fachwissen soll nicht langweilig sein. Ganz im Gegenteil, der Sinn der Impuls-Methode ist es, auf spannende Art und Weise Impulse bzw. Wissen zu vermitteln. Dieses Buch versucht, Roman und Fachbuch in einer neuen Verbindung zusammenzuführen.

Darüber hinaus ist das Buch in einzelne, in sich abgeschlossene Kapitel aufgeteilt. Dadurch können Sie das Buch entweder wie einen Roman von vorne bis hinten lesen, oder Sie können sich einzelne Themen herausgreifen. Deshalb kann es Wiederholungen geben. Sie dienen jedoch dazu, jeweils die relevanten Informationen auf Abruf zu haben.

Insgesamt sind 13 Themenbereiche mit je zwei Kapiteln systematisiert worden. Im ersten Thema geht es um den Kunden, die Erfolgschance der Zukunft. Die Themenbereiche 12 und 13 zeigen die Konsequenz des Clienting-Konzepts.

Die fünf Themen Zukunft, Strategie, Führung, Marketing und Verkauf sind uns noch alle bekannt, allerdings haben sie neue Inhalte. Die fünf Bereiche Trendbrüche, Zeitwettbewerb, Heterarchie, Information und Mind-Ware sind neue Themen und werden auf lange Sicht die ersten fünf mehr und mehr von ihrer Bedeutung her ablösen. Bedeutungsvoll sind die „alten“ Themen trotzdem. Sie werden erst ganz langsam ihren Wert verlieren und bis dahin noch ihren Einfluß geltend machen. In der augenblicklichen Phase wird man den größten Unternehmenserfolg durch die Verknüpfung von Altwissen mit neuen Inhalten und Neuwissen erreichen.

Nutzen Sie das Buch nach Ihrer ganz persönlichen Leseart, entweder als Fachbuch, als Roman oder als Kapitellektüre.

1.
Kunde

1.1 Das einzige, was stört, ist der Kunde

- *Flugerlebnis*

Mein Flug nach Frankfurt hatte – wie immer – Verspätung. Der Weiterflug ins Ausland war bereits im Ticket eingetragen, und die Koffer waren aufgegeben. In Frankfurt angekommen, hatte ich noch 45 Minuten Zeit für den Wechsel in die Abfertigungshalle für Auslandsflüge. Sie wissen sicherlich, was das bedeutet – ich mußte mich beeilen. Ich ging zum nächsten Schalter und wollte – weil es einfacher ist – wissen, welches Gate der für mich richtige war. Die Dame am Counter stellte dann aber fest, daß es meinen Weiterflug überhaupt nicht gibt! Was nun?

Die Auskunft kam sofort: „Bitte gehen Sie an den Schalter der entsprechenden Fluggesellschaft. In zwei Stunden geht die nächste Maschine."

Leider erfuhr ich erst später, daß bei der zuerst nachgefragten Fluggesellschaft ebenfalls ein Flug an meinen Zielort existierte, der innerhalb der nächsten Stunde abflog. Ich bin allerdings nicht gefragt worden, ob ich diese Maschine nehmen wollte, ob man mir nicht doch vielleicht weiterhelfen könnte. Ich habe ganz eindeutig gestört.

- *Restauranterlebnis*

Ich hatte ein neues Lokal gefunden – einen Weinkeller als Restaurant mit uriger Atmosphäre und ständiger Weinprobe. Hier macht es Spaß, Weingenuß und kleine Imbisse zu kombinieren. Es fällt auch nicht schwer, sich selbst an der Theke zu bedienen, kann man doch dabei die neuesten Weintips an der Tafel ablesen.

Man beobachtet die Kellnerinnen hinter der Theke und erkennt die gute Organisation. Bei einer Bestellung und Abholung wird die Einzelrechnung sofort in einer Box mit der entsprechenden Tischnummer abgelegt. Mit Probieren, Essen und Beobachten vergehen die Stunden schnell.

Dann, bei der Bezahlung, fällt der günstige Betrag gleich auf. Ist es wirklich so billig hier? Die Kellnerin bittet lediglich um rund 30 DM. Den Betrag brauche ich auch nicht mit Kreditkarte zu bezahlen, das habe ich in bar. Doch während des Bezahlens sehen wir den Fehler, das Essen wurde nicht berechnet.

Soll man ehrlich sein oder nicht? Ehrlichkeit soll sich auszahlen, also sagt man höflich, daß die Rechnung nicht stimmt. Schon kommt die barsche Rückantwort: „Was sollte daran nicht stimmen?"

Schnell ist aufgeklärt, daß die Essensrechnung in eine falsche Box abgelegt wurde und der Gesamtbetrag jetzt 90 DM ausmacht. Also so billig war es doch nicht, aber egal. Das Ambiente war gut.

Nun gab es allerdings noch ein zusätzliches Problem zu lösen. 30 DM waren bar vorhanden, 90 DM nicht mehr. Also muß mit einer Kreditkarte gezahlt werden. Nun aber wird die Bedienung böse. Man soll gefälligst die 60 DM auch noch bar bezahlen. Schließlich habe man die 30 DM ja auch bar gehabt. Nach langer Diskussion und viel Murren wird die Kreditkarte akzeptiert, aber nicht ohne noch einen bösen Blick loszuwerden.

Eigentlich wollte man nur ehrlich sein und freiwillig statt 30 DM auch die Rechnung von 90 DM bezahlen. Irgendwie kommt man sich aber anschließend betrogen vor. Zahlt Ehrlichkeit sich heute wirklich noch aus?

Oder zeigte sich auch hier unser Motto: Das einzige, was stört, ist der Kunde?

1.2 Beziehungen statt Verkaufen

Jedes Jahrzehnt hat seine eigenen Chancen und die dafür besten Ideen. Oder anders: Die beste Firmenidee zum falschen Zeitpunkt ist genauso fatal, wie überhaupt keine zu haben. Viele Produkte haben eine Brutzeit, die Zeit von der Idee bis zur Akzeptanz im Markt. Manchmal geht es schnell, manchmal dauert es Jahrzehnte.

Ist die Idee reif für den Markt, koppelt sie sich auch von anderen Einflüssen, so z.B. von der Konjunktur, ab. Rockefeller soll einmal gefragt worden sein, warum er den Grundstein für seinen Erfolg und sein Vermögen in die damals fürchterlichste Rezession gelegt hat. Seine einfache Antwort war, daß er damals einfach keine Zeit hatte, die Zeitung zu lesen, sonst wäre der Grundstein nie gelegt worden.

Nicht nur Ideen haben eine Brutzeit, sondern auch Erfolgskonzepte. Was in den 50er Jahren funktionierte, ist heute keine Garantie mehr für Erfolg. So erging es dem Marketing.

Marketing ist laut Definition die Ausrichtung der Teilbereiche eines Unternehmens auf das absatzpolitische Ziel und auf die Verbesserung der Absatzmöglichkeiten.

Das hört sich gut an und hat – fairerweise – auch jahrzehntelang funktioniert. Man hat auch immer wieder bekräftigt, daß der Kunde im Mittel-

Brutzeit der Produkte

Innovation	Konzept/Realisierung		Brutzeit
Antibiotika	1910	1940	30 Jahre
Automatikgetriebe	1930	1946	16 Jahre
Kugelschreiber	1938	1945	7 Jahre
Herzschrittmacher	1928	1960	32 Jahre
Sofortbildkamera	1944	1947	3 Jahre
Radar	1904	1939	35 Jahre
Video/Tonband	1950	1956	6 Jahre
Automatikuhren	1923	1939	16 Jahre
Xerox Kopierer	1935	1950	15 Jahre

© 1992 by Geffroy & Partner GmbH, Düsseldorf

punkt steht – aber wer hat das vorgelebt? Es war ja auch nicht nötig, denn der Wettbewerb war immer noch kundenunfreundlicher als man selbst.

Wenn Sie es nicht glauben, rufen Sie irgendeinen großen deutschen Konzern an und versuchen einmal eine Information über ein neues Produkt zu bekommen. So ist es im Jahre 1993 durch meine Firma geschehen. Das führte dazu, daß meine Assistentin nach einem Tag endloser Telefonate entnervt aufgegeben hat und seitdem Behörden und Beamte als superflexibel empfindet.

Höhepunkt der Denkstruktur „Kunde im Mittelpunkt" dieses Konzerns war die Originalaussage eines Entwicklungsingenieurs, er habe zum Zurückverbinden zur Zentrale keine Zeit: „Schließlich bin ich nicht Ihre Telefonzentrale." Was soll's, es ging schließlich auch nur um eine Anfrage über Hardware-Produkte für mehrere Millionen DM.

Zugegeben, es ist wieder einmal eines meiner plastischen Beispiele. Aber wann haben Sie das letzte Mal jemanden in Ihrer Firma anrufen lassen, um die Kundenorientierung Ihrer eigenen Firma und Mitarbeiter zu testen?

Damit wird deutlich, daß zwar seit der Erfindung des Marketing darüber geredet wurde, den Kunden in den Mittelpunkt zu stellen, aber jetzt endlich die Zeit für das Umsetzen und Verwirklichen gekommen ist. **Von simplen Dingen im Umgang mit Ihren Kunden bis zu komplizierten Netzwerken wird die Zukunft an diesem seidenen Faden „Kunden“ hängen**.

Simple Dinge sind zum Beispiel: Kennen Sie alle Ihre Kunden? Kennen Sie alle potentiellen Kunden? Was wissen Sie über Ihre Kunden?

Kompliziert heißt: Haben Sie elektronische Netzwerke zu Ihren Kunden, mit denen 24 Stunden und 365 Tage, ohne Rücksicht auf Feiertage und Wochenenden, Ihr Wissen, Ihr Service und Ihre Informationen abgerufen werden können? Wir nennen das digitales Clienting. Haben Sie Beziehungsnetzwerke zu Ihren Kunden, verstehen Sie Ihre Kunden, und betreuen Sie Ihre Kunden lebenslang, auch wenn Sie vielleicht nur einmal im Leben z. B. eine Eigentumswohnnung bei Ihnen kaufen?

Sie erkennen jetzt sicherlich die Chancen, aber auch die Risiken. **Kundenbindung** sagt der Einsteiger, **Clienting** oder Netzwerke mit Kunden sagt der Profi.

Diese Entwicklung ist im Trend der Zeit. Während die 60er und 70er Jahre den Hippie hatten, kamen in den späten 80er Jahren die Yuppies (Konsum war „geil“ und „Was kostet die Welt?“ eine Sache der Platin- oder Goldcard) – bis alles wie eine Seifenblase platzte: Yuppies out oder arbeitslos, Konjunktur runter, Arbeitslose rauf und Politikerprofis unglaubwürdig. Was nun?

Die 90er Jahre starten mit den Yiffies. Y steht für young, i – unser wichtigster Buchstabe – steht für individuell, f steht für freedom minded, f – als zweitwichtigster Buchstabe – für few. Yiffies sind Menschen im Alter zwischen 18 und 28 Jahren und meistens Großstädter. Diese Gruppe bringt das Denken der 90er Jahre auf den Punkt.

Ich als Verbraucher bin individuell und keine Masse, und ich bin etwas ganz Besonderes und habe besondere Vorstellungen, die nur mich interessieren. Ich bin eine absolut individuelle Persönlichkeit, die nicht in eine Schablone gepreßt werden will.

In den USA hat ein Landmaschinenhersteller seine Kunden in 5000 Unterzielgruppen aufgeteilt. Wie viele haben Sie? Die Massenproduktion verliert an Bedeutung, der persönliche Service ist kaufentscheidend.

Doch damit nicht genug. Der Kunde der Zukunft will nicht irgendwo anonym essen, einkaufen oder beliefert werden. Er will Beziehungen. Er will jemand sein, namentlich bekannt, nett behandelt, betreut und als Mensch akzeptiert. Er will identifiziert, also erkannt werden als Kunde der Firma, und er will mitgestalten.

Ja, der Kunde der Zukunft will Produkte mitgestalten, er will seine Erfahrungen einbringen, er will **Dialoge**. Kurz: Er will einfach nicht mehr konsumieren, er will prosumieren. Er will Geben und Nehmen praktizieren. Wenn Sie das alles nicht glauben, was ich verstehen könnte, dann lesen Sie in diesem Buch die Beispiele der Firmen, die diese Dinge mit Erfolg umgesetzt haben.

Ich darf noch einmal betonen, daß ich keine Branche ausnehme, vom Anlagenbau bis zum Kiosk kann jeder Clienting-Pionier seine Chancen jetzt nutzen. Denn der Verbraucher wird immer mehr rebellieren und sich nichts mehr gefallen lassen. Verbraucherschützer werden größeren Zulauf bekommen, und Fernsehanstalten werden Verbraucherbetrügereien und falsche Werbeaussagen öffentlich anprangern.

Wer beobachtet hat, wie es mancher Firma ergangen ist, die angeblich Gift in Lebensmitteln hatte, weiß, was auf uns zukommt. Manches davon war ein Irrtum. Doch wer interessiert sich hinterher noch für die Wahrheit?

Prosumenten, Individualisten, Hyperzweifler: Wie können wir an sie noch erfolgreich verkaufen? Eigentlich gar nicht! – Jedenfalls nicht besonders erfolgreich mit den klassischen Mitteln des Verkaufens und des Marketing.

Doch es gibt eine Antwort: durch Beziehungen. Sie sind der Schlüssel zum Erfolg der Zukunft. Beziehungsmanagement heißt die Lösung für die aktive Umsetzung dieser Konzeption. Und dabei stehen Ihnen sehr viele interessante Wege zur Verfügung. Können Sie sich vorstellen, wie man mit einer einzigen Idee innerhalb weniger Tage 7000 Kunden gewinnen kann? Es geht tatsächlich. Gründen Sie einen Kundenclub.

Ein Verkaufsleiter fragte einmal seine Verkäufer, was ihnen an Kunden nicht gefällt. Hier auszugsweise die Ergebnisse: Kleinlichkeit, Arroganz, Unehrlichkeit, überzogene Vorstellungen, überzogenes Anspruchsdenken, falsche Vorstellungen zum Kaufpreis, keine Zeit.

Dann fragte er, was seine Verkäufer tun müßten, um Beziehungen und Erfolg zu verbessern. Ergebnis: locker und humorvoll zum Kunden sein (auch wenn dieser unsympathisch ist), besser zuhören, Kaufmotive selektieren, den Kunden länger reden und sich darstellen lassen, den Kunden genau beobachten und sich auf ihn einstellen, Optimismus behalten, mehr Toleranz zeigen, Körpersprache in Einklang mit den Worten bringen, intensiver auf den Kunden eingehen.

Sie sehen, daß viele Beziehungsthemen einfach umzusetzen sind. Der Schlüssel ist nur die Sensibilisierung und der Wille, sich mit Beziehungsmanagement auseinanderzusetzen. Entscheidend ist allerdings darüber hinaus, daß Clienting als ganzheitliches Denken im gesamten Unternehmen umgesetzt wird und nicht nur von Verkäufern. Jeder Mitarbeiter der Firma muß es leben und mittragen. Darum ist auch ein großer Teil in diesem Buch dem Schaffen von Voraussetzungen gewidmet, die Clienting erst möglich machen.

In den USA gibt es einen Bestseller: „The Customer comes second." Frei übersetzt heißt das: „Der Kunde kommt erst an zweiter Stelle." Die Parallele zu diesem Buch ist offensichtlich, obwohl die Kernidee des Autors lautet: Der Mitarbeiter kommt an erster Stelle. Dem kann ich mich nur anschließen. Der Mensch im Zentrum des Denkens und Handelns ist in unserer eigenen Firma und auf der Kundenseite der **Schlüssel zum Megaerfolg**.

Die folgenden zwölf Kapitel werden aus diesem Grund den ganzheitlichen Weg zu Beziehungsnetzwerken mit Kunden aufzeigen.

Und falls einer Ihrer Freunde sagt, daß alles „kalter Kaffee" sei, weil Beziehungen, Vitamin B oder Seilschaften schon solange es Menschen gibt der Schlüssel zur Macht sind, dann lächeln Sie ganz einfach. Bisher haben sich doch noch nie menschliche Netzwerke/Beziehungen mit Computer-Netzwerken in dieser Form vereinigt. Das sollte selbst Ihrem Freund zu denken geben und hoffentlich auch zum Handeln bewegen.

2.
Zukunft

2.1 Die 100%-Firma der Zukunft

Wie sieht eine Firma aus, in der alles richtig gemacht wird? Eine Firma, in der alle Mitarbeiter zufrieden sind und Kunden sich wohlfühlen?

Die Firma der Zukunft, sie gibt es natürlich nicht. Aber warum sollte man sie nicht zumindest einmal versuchsweise skizzieren?

Sie erhalten **mehr als 100 Ideenimpulse** für zukünftige Unternehmenserfolge. Einige dieser Ideen werden in den anderen Beiträgen ausführlicher erläutert.

Eines ist sicher: Radikales Umdenken ist in Zukunft erforderlich, damit alle Marktchancen eines Unternehmens genutzt werden können und die Existenz gesichert ist und bleibt.

Neues Denken

Anderes Denken führt zu anderem Handeln und anderes Handeln zu anderen Ergebnissen. Nach meinen Erfahrungen liegt die Entscheidung über Erfolg oder Mißerfolg einer Firma fast ausschließlich in den Denkstrukturen der Mitarbeiter. **Wer an Erfolg glaubt, wird auch Erfolg haben.**

Mittlerweile sind wir bekannt geworden für Umsatzverdoppelungen in drei Monaten, und wesentliche Erfolgselemente des Geffroy-Verkaufssteigerungssystems sind die Begeisterung und der Glaube der Teilnehmer.

Aus meiner Sicht wird es zukünftig absolut erfolgsentscheidend sein, daß alle Mitarbeiter die gleiche Art zu denken und zu handeln besitzen. Der gemeinsame Geist, die gemeinsame Sicht der Dinge, das gleichgeschaltete Selbstverständnis bei bestimmten Handlungen bekommen enorme Bedeutung.

Dies muß mit der Herausforderung, das Denken komplett neu zu beginnen, gemeinsam erfolgen. Denn uns allen wurde ein falsches Denksystem in den Kopf gepflanzt. Wir sind in der Denkwelt des kausalen Denkens – Ursache → Wirkung – erzogen worden. Es steht heute fest, daß diese Annahme falsch ist. Die Welt, und damit die Wirtschaft, ist kein kausales System, sondern ein System der chaotischen Strukturen. Wer sich für die wissenschaftlichen Details interessiert, dem empfehle ich das Buch „Die Entdeckung des Chaos“.

Für uns sind nur die Ableitungen interessant. Zuerst einmal ist Chaos nicht das, was wir eigentlich damit verbinden, also etwas Negatives. Chaos ist ein System höherer Ordnung, für uns bisher nur noch nicht verständlich. Aus unserer kausalen Lehre heraus haben wir Planung, Kalkulation, Zeitmanagement und organisiertes Managen gelernt – alles nach dem Motto: Sieger glauben nicht an den Zufall; alles ist planbar, machbar und steuerbar. Dies ist jedoch eine große Fehlannahme.

Haben Sie damit gerechnet, daß die Berliner Mauer fällt, daß Hussein wirklich Kuwait angreift, daß Jugoslawien sich selbst zerreißt? Haben Sie damit gerechnet, daß sich führende Konzerne bei ihrer Zukunftseinschätzung gründlich und gefährlich verspekuliert haben?

Wir müssen umschalten. Mit unseren alten Denkstrukturen des großen Steuermannes können wir die Zukunft nicht mehr managen. **Glück, Zufall und Risiko sind die Erfolgsfaktoren der Zukunft.**

Viele werden jetzt innerlich rebellieren, da sie Ruhe, Sicherheit und Wiederkehrbarkeit haben möchten.

Aber vergessen Sie das. Die 90er Jahre werden denen gehören, die flexibel sind, die experimentieren können und bereit sind, Fehler zu machen. Das ist übrigens das Grundübel der Konzerne, die Nichtbereitschaft, über solche Themen auch nur nachzudenken. Wir müssen unsere inneren Denkmuster umschalten auf Unplanbarkeit, Risiko und Unvorhersehbarkeit. Das beinhaltet die Fähigkeit, sich selbst immer schneller in Frage zu stellen. Was Sie gestern noch sagten, ist heute bereits 86400 Sekunden alt und im Zweifelsfall überholt.

Sie müssen lernen, in einem immer schnelleren Tempo dazuzulernen und ebenfalls wieder zu „entlernen“.

Vergessen Sie aber auf keinen Fall die Planung, weil es ganz ohne Planung auch nicht funktioniert. Versuchen Sie einen Mittelweg aus „Sieger glauben nicht an den Zufall“ und „Heute bin ich zufällig Sieger“ zu finden.

Wir brauchen nicht nur Glaubensführer, Schnelldenker und Denker, die mit hoher Komplexität klarkommen, sondern wir brauchen auch Denker in vernetzten oder ganzheitlichen Ansätzen. Der Erfolg ist leider keine Einzellösung, sondern besteht aus vielen Zusammenhängen, die auch erst zusammengesetzt das richtige Bild ergeben. Vernetztes Denken sind wir ebenfalls nicht gewöhnt. Auch hier ist ein Umschalten erforderlich.

Verstehen Sie Ihr Unternehmen als ein vernetztes System – ähnlich Ihrem Körper. Alles ist miteinander verknüpft und funktioniert, ohne daß es auffällt oder einzeln gesteuert werden muß.

Ein vernetztes System läßt sich analysieren. Darauf sollten Sie Ihr Augenmerk richten.

Fazit: Ein anderer Denktypus von Mitarbeitern oder Entscheidern ist gefordert. Die jüngere Generation hat hier eindeutig Vorteile. Sie ist bereits in einer anderen Denkwelt groß geworden.

Zukunft

Die Zukunft wird uns in den 90er Jahren vor völlig neue Herausforderungen stellen, meiner Überzeugung nach vor die größten seit Kriegsende 1945. Einige Zukunftstrends sind bereits erkennbar, andere entstehen und werden an Tempo gewinnen. Beispielsweise wird der **Trend zum Cocooning** auch in Deutschland zunehmen.

Cocooning bedeutet „sich einspinnen" und hat in den USA bereits große Bedeutung gewonnen. Die Menschen haben zunehmend Angst, auf die Straße zu gehen, Angst vor Überfällen und Gewalt und bleiben lieber in ihren eigenen „vier Wänden". Dieser Trend wird dem „Wohnzimmerverkauf" riesige Wachstumsraten bescheren. Der zukünftige Kunde will seine Produkte in den eigenen und vor allem sicheren vier Wänden aussuchen. Der Verkauf beim Hersteller, in der Bank, im Geschäft etc. wird abnehmen.

Beobachten Sie alle Trends sehr sorgfältig, und prüfen Sie die Auswirkungen auf Ihre Firma. Werden Sie selbst zum Trendsetter. Komplette Trendwechsel vollziehen sich heute viel schneller als früher.

Sie finden am Ende einige Buchempfehlungen zu diesem und weiteren Themen. Da alle Autoren mit Trendzusammenfassungen arbeiten, erhalten Sie ein sehr interessantes Zukunftsszenario.

Fazit: Die Zukunft birgt mehr Chancen, aber auch Gefahren. Daher ist die regelmäßige Beobachtung zukünftig überlebenswichtig.

Unternehmen

Unternehmen werden ihr Selbstverständnis stark verändern müssen. Bisher wurde in den meisten Branchen alles selbst produziert, mit eigenen Mitarbeitern und einem eigenen Vertrieb. Diese Form gehört der Vergangenheit an. Unternehmen und Unternehmer haben erkannt, daß durch

Kündigungsschutzgesetze, Gewerkschaften, schnellere Märkte und unzureichende Produktionsanpassung nicht mehr genügend Gewinn zu erzielen ist. Im Gegenteil, die Risiken werden immer größer. Dabei wurde noch nicht einmal an Verbraucherschutz, Umwelt und Recycling gedacht.

Die Zukunft gehört nicht dem Produktionsbesitzer, sondern dem „Mehrwertbesitzer". Das bedeutet, daß Firmen, die mehr zu bieten haben als das nackte Produkt, die besten Chancen haben werden. Zusätzlicher Service, 24-Stunden-Dienst und Komplettlösungen z.B. werden die entscheidenden Wettbewerbswaffen sein.

Die nächsten großen Trends sind **Allianzen, Kooperationen und Netzwerke** mit gleichgesinnten Unternehmen. Ganz clevere Firmen werden ihr Know-how in Form von Lizenzen an Interessierte weiterverkaufen und dann von jedem verkauften Exemplar automatisch profitieren.

Die Vertriebsstruktur wird immer mehr Unternehmerdenken ermöglichen, beispielsweise durch Franchise-Systeme und Verbundlösungen selbständiger Unternehmer. Man wird auf sogenannte atmende Organisationen umschalten. Falls mehr Mitarbeiter für eine Aufgabe benötigt werden, greift man auf „freie" zurück. Die eigene Mannschaft wird möglichst klein gehalten. Dadurch entfällt der sicher allen bekannte „Wasserkopf", der bei sich schnell ändernden Marktsituationen nicht so schnell angepaßt werden kann. Das läuft parallel mit dem Trend, daß immer mehr Menschen aus Konzernen und Bürokratien, sprich Zwängen, aussteigen, um selbst Unternehmer zu werden. Hier haben atmende Organisationen genügend Potential.

Fazit: Zukünftige Erfolgsfirmen sind Mehrwertbesitzer und Informationsspezialisten, denn sie sind Gralshüter ihres eigenen Firmenwissens und des Wissens ihrer Kunden.

Corporate Identity

Corporate Identity war ein Zauberwort in den 80er Jahren und wurde als entscheidender Erfolgsfaktor gehandelt.

Mehr und mehr Firmen erteilten Aufträge an Consultants zur Erarbeitung einer Corporate Identity. Heraus kamen schöne, in Hochglanz eingepackte Firmenphilosophien. Sie wurden an alle Mitarbeiter verteilt und... abgelegt, vergessen, ignoriert und vom Tagesgeschäft überrollt.

Mittlerweile ist es um die Corporate Identity ruhiger geworden. Kritiker bemerken, daß es nichts anderes ist als die hochgepuschte Form eines Betriebsklimas. Ich bin anderer Meinung.

Corporate Identity ist nach wie vor eine wesentliche Säule des Firmenerfolges, wenn sie gelebt wird. Viele Firmen machten in den 80er Jahren den Fehler und ließen sie von externen Beratern entwickeln, ohne sich selbst damit intensiv beschäftigt zu haben. Das Ergebnis interessierte keinen mehr, wurde nicht gelebt, nicht kommuniziert und erst recht nicht diskutiert.

Corporate Identity ist jedoch deshalb so wichtig, weil es die Basis für eine gleiche Sprache ist. Unternehmen und Mitarbeiter müssen in den 90er Jahren am gleichen Strang ziehen, um die unterschiedlichen Situationen erfolgreich zu meistern. Das gemeinsame Denken und Handeln, die gemeinsame Sicht der Dinge, auch gemeinsames Geistiges genannt, werden mehr und mehr erfolgsentscheidend. Sie werden in Zukunft nicht mehr mit Anordnungen, Stellenbeschreibungen, Anweisungen, Stellenplänen oder ähnlichen bürokratischen Auswüchsen arbeiten können. Sie können nur noch mit einem Team Gleichgesinnter erfolgreich sein, die Hand in Hand arbeiten, ohne daß viele Worte nötig sind – praktisch wie eine lange funktionierende Partnerschaft in der Ehe. Deshalb ist es wichtig, oft über die gleiche Sicht der Dinge zu reden. Neue Mitarbeiter müssen sich an diese gelebten Firmenwerte anpassen oder das Unternehmen wieder verlassen.

Ich sehe heute die Corporate Identity als wesentlich an, weil nur die gleiche „Sehbrille" die von mir favorisierte Selbststeuerung eines Unternehmens ermöglicht. Das erfordert viele gemeinsame Diskussionen und ein Akzeptieren, daß Mitarbeiter nicht alle gleich sein können. Sie dürfen Spielräume haben, allerdings innerhalb bestimmter Bandbreiten. Werden diese Bandbreiten überschritten, ist ein Reagieren erforderlich. Bereits ein Gegenspieler im Unternehmen, der die Situation für sich ausnutzt, kann ein engagiertes Team paralysieren. Damit ist die Corporate Identity in Form **gelebter Firmenwerte** dem Familiengedanken nähergerückt, der in einem weiteren Beitrag dieses Buches eingehender beschrieben wird. Entwickeln Sie Familienstatuten, die Spielräume lassen, aber die Selbststeuerung eines Unternehmens ermöglichen. Achten Sie jedoch auf Ihre Mitarbeiter. Nicht jeder ist für diese Art der Herausforderung geeignet. Manche Menschen kommen mit ständig wechselnden Situationen des heutigen freien Wettbewerbs nicht zurecht.

Fazit: Corporate Identity ist auch in Zukunft ein wichtiger Erfolgsfaktor. Allerdings dürfen die Firmenwerte nicht nur in Form von Hochglanzprospekten vorhanden sein, sondern sie müssen täglich gelebt und vorgelebt werden. Aber denken Sie daran: Nicht jeder ist dafür geeignet.

Mitarbeiter

Wir wissen, daß die richtigen Mitarbeiter erfolgsentscheidend waren und erst recht zukünftig sein werden. Nur, wo finden Sie diese Mitarbeiter, und was müssen diese Mitarbeiter können? Die Titelgeschichte im „manager magazin" Ausgabe 08/92 zeigt einen Trend sehr deutlich: „Mit 50 zu alt – Jugendkult in deutschen Unternehmen".

Muß der erfolgreiche Mitarbeiter sehr jung sein, um alles richtig machen zu können? Ich möchte mich an dieser Diskussion nicht beteiligen, fest steht jedoch, daß die Märkte, die Situationen und die Chancen und Risiken sich in einem schnelleren Wechsel befinden. Das erfordert **eine neue Art zu denken** und bedeutet, daß mit schnell wechselnden Situationen, unkalkulierbaren Märkten und sich rapide verändernden gesamtwirtschaftlichen Rahmenbedingungen klarzukommen ist.

Das begünstigt tendenziell durchaus den jüngeren Menschen, der heute oft in verschiedenen Welten gleichzeitig leben kann. Schularbeiten zu machen und zugleich Musik zu hören bereitet ihm schon seit langem keinerlei Schwierigkeiten mehr. **Allerdings ist geistige Flexibilität nicht ausschließlich ein Privileg der Jugend.**

Wir brauchen Mitarbeiter, die mit chaotischen Entwicklungen Schritt halten und klarkommen können. Das erfordert einen schnellen Geist, den „Wegwerfgeist". Was heute noch richtig war, ist morgen steinalt. Der Mitarbeiter muß ein Dauerlerner sein, ein neugieriger Mensch, der an allen neuen Dingen Spaß hat. Er muß experimentierfreudig sein. Er darf Fehler machen und muß selbst in der Lage sein, die Grenzen seiner Fähigkeiten zu testen.

Auf den Punkt gebracht heißt das: Wir benötigen in Zukunft einen völlig anderen Mitarbeitertyp. Wo finden Sie diese Mitarbeiter, die sicher rar gesät sind? Fangen Sie frühzeitig an, um sie zu werben. Scheuen Sie nicht vor ungewöhnlichen Wegen zurück. Falls Sie im Bekanntenkreis Potential erkennen, sprechen Sie die Person an. Nehmen Sie Kontakt zu Universitäten oder Schulen auf, um bereits vor der Phase der Entscheidungsfindung bekannt zu sein.

Fazit: Mitarbeiter, die wichtigste Ressource der Zukunft, müssen Sie genauso aktiv suchen und umwerben wie Ihre neuen Kunden.

Vision

Visionen machen Unmögliches möglich. Visionen sind der Motor für überragende Leistungen. Visionen setzen ungeahnte Kräfte frei und sind die Energiequelle eines Unternehmens.

Damit ist die Bedeutung der Vision auch schon zum Ausdruck gebracht. Kein Unternehmen kann heute noch ohne eine Vision bestehen. Es gibt viele Beispiele von Visionären, die durch ihre Vorstellungskraft oft Hunderte oder Tausende von Menschen begeistern konnten.

Ein gutes Beispiel dafür ist John F. Kennedy, der folgendes sagte: „Wir Amerikaner werden noch in diesem Jahrzehnt als erste den Fuß auf den Mond setzen." Als Kennedy diese Vision verkündete, setzte er eine hitzige Diskussion in Gang. Zuerst hielt ein Teil der Wissenschaftler es für völlig unmöglich, in dieser kurzen Zeit, wenn überhaupt, zum Mond zu gelangen. Ein anderer Teil der Wissenschaftler nahm die Vision an und vertrat den Standpunkt, daß, falls einige Details noch geklärt werden, ein Mondflug nicht unmöglich sei. Eine heftige öffentliche Pro- und Contra-Diskussion begann.

Nun, das Ergebnis kennen wir. Es hat funktioniert. Ein Amerikaner hat als erster seinen Fuß auf den Mond gesetzt. Wir wissen heute, daß viele Innovationen und neue Produkte nur entwickelt wurden, um das Unmögliche möglich zu machen. Wir profitieren heute von diesen Produkten, da sie wie das Telefon mit zum täglichen Alltag gehören.

Visionäre haben eine ganz klare Vorstellungskraft davon, wie etwas sein sollte, das noch nicht existiert. Das heißt, sie stellen sich bereits die eigentliche Lösung so vor, als würde sie existieren. Dabei ignorieren sie zuerst einmal, daß es Unmengen von Details gibt, die noch nicht geklärt oder erfunden worden sind. Nur haben sie jetzt die Chance, mit einem anderen Interesse nach geeigneten Lösungen zu suchen. Das Interesse steuert die Wahrnehmung.

Hierfür ist die Firma Apple ein gutes Beispiel. Denn nur die Vision vom Computer, der von jedem einfach zu bedienen ist, führte zu anderen Lösungen in der Bedienbarkeit von Computern. Nur so konnte man die Maus-Technologie auch entdecken. Mittlerweile hat sie die ganze Computerwelt erobert.

Es ist deutlich erkennbar, daß eine Vision nur eine Umreißung eines oft fast nebulösen, nicht meßbaren Zieles ist. Es ist keinesfalls eines der für Manager sonst üblichen Fakten- und Zahlenthemen. Die spielen hierbei überhaupt keine Rolle.

Visionen müssen interpretiert werden und lassen Spielraum zur Diskussion zu. Sie leben von der Diskussion und werden, nach meiner Meinung, erst durch diese Diskussion möglich.

Weitere Beispiele für Visionen, auch deutscher Unternehmer, finden Sie in dem Beitrag zum Thema Strategie.

Lassen Sie mich jedoch noch eine Vision hier festhalten, die in die Zukunft gerichtet ist und deren Umsetzung Sie selbst verfolgen können.

Bill Gates, Gründer von Microsoft und Visionär, hat seine Vision für das Jahr 2000 bereits veröffentlicht. „Information at your fingertips" – „Informationen auf Knopfdruck" ist seine Vision. Zukünftig sollen Informationen einfach und jederzeit abrufbereit sein, kein Durchwühlen mehr durch Zeitschriften, Bücher oder Aufzeichnungen. Ein Knopfdruck genügt, und ein freundlicher „Agent" liefert Ihnen mit einem Lächeln die gewünschte Information; wohlgemerkt, indem er es Ihnen aus dem Computer heraus sagt und nicht nur zeigt. Bill Gates sagte 1991: „Inhaltsbezogene Anwendungen werden in zehn Jahren wahrscheinlich ein größeres Geschäft darstellen als die bisherigen Werkzeuganwendungen." Werkzeuganwendungen sind Text-, Kalkulations- und Zeichenprogramme. Inhaltsbezogene Anwendungen sind elektronische Berater.

Utopie oder Chance? Seit einiger Zeit baut sich um diese Vision herum eine Milliardenindustrie auf. Mondlandung, Apple Macintosh, Sofortbildkamera, Walkman sind alles Produkte, die aus Visionen heraus entstanden sind.

Fazit: Das Schaffen eines eigenen Marktes, eine der großen Herausforderungen der 90er Jahre, können Sie mit Visionen erreichen. Darüber hinaus setzen Visionen Kräfte frei, motivieren Mitarbeiter, lassen der Kreativität im Unternehmen freien Lauf und machen wirklich Unmögliches möglich. Womit gelingt das sonst noch?

Strategie

Die Strategie wird auch in Zukunft eines der wichtigsten Themen für ein Unternehmen sein. Ein Beitrag in diesem Buch beschäftigt sich detailliert mit diesem wesentlichen Unternehmensbereich. Entscheidend bei Ihrer Strategie wird die Konzentration auf die Lebenskonzepte einer Interessengruppe sein. **Interessengruppenbesitz ist wichtiger als Produktbesitz.** Kein Unternehmen kann heute auf allen Hochzeiten, sprich bei allen Kunden, gleichzeitig tanzen.

Suchen Sie sich Ihre spezielle Interessengruppe aus Ihrem Zielmarkt heraus. Spezialisieren Sie sich auf sie. Sie müssen alles über sie wissen und praktisch einer der Ihren werden. **Sie müssen mit Ihrer Interessengruppe verschmelzen**, Sie müssen mit ihr eins sein und das auch leben.

Von außen ist eine Interessengruppe nicht mehr steuerbar. Sie müssen die wirklichen Probleme Ihrer Kunden kennenlernen und später bereits vor den Kunden selbst ihre nächsten Engpässe erkennen und abdecken. Damit sichern Sie sich ein entscheidendes Plus im Zukunftsmarkt.

Fazit: Machen Sie es richtig, wird Ihnen die Interessengruppe freiwillig gehören, da sie weiß, daß man sich auf Sie verlassen kann.

Management

Der Manager wird der Engpaß sein, der die Weiterentwicklung entweder verhindert oder als Trendbrecher sogar wesentlich mitgestaltet. Die hier von mir beschriebene 100%-Firma hat er zu managen, und er muß rechtzeitig die richtigen Weichen stellen. Allein mit den hier genannten Thesen ist erkennbar, daß das kein einfacher Weg ist. Ganz im Gegenteil, es wird das schwierigste Jahrzehnt für Manager werden.

Hatten Manager früher Zeit, um einen Teilbereich, zum Beispiel den Vertrieb, neu zu strukturieren, sind heute viele parallele Neuaktivitäten einzuleiten. Zusätzlich entwickeln sich ganze Märkte, Kunden und Produkttrends rasend schnell und unkalkulierbar.

Das Management, falls es nicht ausschließlich auf Glück setzt oder durch Zufall in einer „Schnellwachstumsbranche“ tätig ist, müßte im Grunde 25 Stunden am Tag arbeiten, um alles zu managen. Einer meiner Kunden sagte einmal zu mir: „Herr Geffroy, ich weiß gar nicht, was Sie haben. Ich finde die 35-Stunden-Woche toll. Ich finde sie so toll, daß ich sie direkt zweimal pro Woche praktiziere.“

Auf den Punkt gebracht ist das heute das Schicksal vieler Manager. Eine Arbeitswoche mit 60 bis 80 Stunden ist der Regelfall. Und wo hört die Arbeitszeit auf und fängt die Freizeit an? Wozu gehört ein Arbeitsessen mit Geschäftsfreunden? Auch hier wird der Wertewandel Einzug halten. Management bedeutet in Zukunft das Gegenteil. So paradox das klingt, der Manager der Zukunft wird lernen müssen, seinen Job anders zu definieren.

Manager verstehen sich als Anpacker, Macher, Herrscher, Nonstop-Entscheider – alles Reliquien aus der Vergangenheit. Sie können sich als Manager nicht mehr so wie früher bewegen.

Am besten erklärt Professor Frederic Vester, der Papst für vernetztes Denken, diese Entwicklung. Früher hieß es: Wie führe ich ein Unternehmen? Das war die Ära z.B. von Grundig, Klöckner und Thyssen. Dann folgte die Zeit, in der es hieß: Wie führen wir ein Unternehmen? Das brachte u. a. Management by Delegation, Teamansätze und Quality Circles auf den Plan. Ein Team ausgewählter und weniger Mitarbeiter steuerte ein ganzes Unternehmen. Auch das gehört der Vergangenheit an. Der Managementanspruch der Zukunft lautet: **Wie führt sich das Unternehmen selbst?** Das Unternehmen wird auf Selbststeuerung umgestellt.

Zugegeben, das ist ein herausfordernder Prozeß, der eine sorgfältige Auswahl der Mitarbeiter erfordert, doch auf Dauer ist das die einzige Lösung, um erfolgreich zu bleiben. Es erfordert einen radikalen Umdenkprozeß in den Köpfen heutiger Manager und bedeutet, Macht aus der Hand zu geben, scheinbar Kompetenzverlust. Sie werden allerdings erkennen, daß es dauerhaft keinen anderen Weg geben kann, um die Unkalkulierbarkeit und das Tempo der Zeit zu managen.

Vergleichen Sie ein Unternehmen mit einem Menschen und seinem Körper. Sie kennen weder Ihren Herzschlag noch Ihren Pulsschlag zu jeder Sekunde, und trotzdem „funktionieren" Sie, weil Ihr Organismus **ein sich selbst steuerndes System ist**. Kein Organ alleine und auch nicht unser Gehirn kann bewußt alle Abläufe steuern. Genau das aber versuchen heute noch viele Manager: die bewußte Steuerung aller Abläufe. Wie beim menschlichen Körper wird es in Unternehmen der Zukunft eine unbewußte Steuerung, eben Selbststeuerung, geben. Jeder weiß an seiner Stelle, welchen Beitrag er für das Gesamtsystem zu leisten hat.

Fazit: Zukünftig sind Manager Impulsgeber für Netzwerke, die sich selbst steuern. Das beginnt in der eigenen Firma und führt zu Netzwerken mit Lieferanten und Kunden. Das Unternehmen wird mit allen entscheidenden Marktfaktoren so vernetzt, daß es ein integrierter Bestandteil eines sich selbst steuernden Systems ist. Damit sind Sie Bestandteil dieses Systems und können mit diesem System mitfließen. So minimieren Sie die Risiken.

Mitarbeiterführung war immer wichtig, jetzt wird sie existenziell. Die 90er Jahre, das unkalkulierbare Jahrzehnt, fordert beide: die Führungskraft und die Mitarbeiter. Die Führungskraft hat unkalkulierbare Märkte zu managen, der Mitarbeiter unkalkulierbare Kunden und Situationen.

Zusätzlich schlägt der große Trend des Wertewandels jetzt voll durch. Lohnt es sich noch, der Karriere, der Einkommensmaximierung und Statussymbolen hinterherzulaufen? Natürlich nicht mehr. **Geld als Motivation ist out. Sinn, Team und Spaß sind die großen Motivatoren der Zukunft.** Mitarbeiter wollen heute einen Sinn in ihrer Arbeit sehen. Sie wollen in einem Team arbeiten, das eine herausfordernde Aufgabe bearbeitet, sie wollen anerkannt werden. Und sie wollen Spaß haben. Arbeit soll Lebenserfüllung sein, nicht Broterwerb. Der Mitarbeiter selbst ist auch immer widersprüchlicher geworden. Einerseits soll Spaß dominierend sein, andererseits beschleicht Mitarbeiter immer mehr ein gewisses Gefühl der Zukunftsangst. Was wird in der Zukunft passieren? Was passiert mit mir, was passiert mit meiner Firma, was passiert mit meiner Umwelt und in der Welt überhaupt?

Lebensangst und Sinnsuche werden gegen Ende dieses Jahrzehnts eine enorme, wenn nicht die Bedeutung überhaupt erlangt haben. Stellen Sie sich bereits jetzt auf diese Tendenz ein. Ein Beitrag in diesem Buch gibt Ihnen weitere konkrete Vorschläge zur Bewältigung.

Mitarbeiter lassen sich heute nicht mehr dirigieren. Sie wollen überzeugt werden. Investieren Sie mehr Zeit in die Überzeugungsarbeit bei Ihren Mitarbeitern. Führen Sie regelmäßig Mitarbeitergespräche.

Ich bin der Ansicht, daß dies **Verkaufsgespräche der Führungskraft** sind, nur daß kein Produkt, sondern Ideen an den Mitarbeiter verkauft werden müssen. Durch den wachsenden Anteil an Freizeit wird der Mitarbeiter auch während seiner Arbeitszeit fordernder. Arbeitszeit muß genauso wertvoll sein wie Freizeit. Ist das nicht der Fall, wird der Mitarbeiter in seiner Freizeit das tun, was er in der Firma nicht tun darf: siegen. Denn siegen will jeder, ob auf dem Sportplatz oder in der Firma. Geben Sie Ihren Mitarbeitern genügend Gelegenheit, um siegen zu können.

Fazit: Der Mitarbeiter, seine Gedanken, Wünsche, Vorstellungen und Hoffnungen sind die große Herausforderung für die Führungskraft in den 90er Jahren. Die Umsetzung gelingt nur durch eine gemeinsame Sicht der Dinge – wie in einer Familie.

Marketing

Marketing unterliegt in den 90er Jahren dem größten Wandel. Allein die Buchtitel signalisieren die Orientierungssuche, Titel wie „Turbo Marketing", „New Marketing", „High Speed Marketing", „Die große Marketingwende", „Ganzheitliches Marketing" und „Abschied vom Marketing" zeigen deutlich, daß hier etwas nicht mehr stimmt. Der Verbraucher ist mittlerweile überinformiert, konsumsatt, hyperkritisch und abgestumpft, um nur einiges zu nennen.

Marketing enthält im Kern nach wie vor wesentliche Überzeugungs- bzw. Manipulationselemente – ob in der Werbung im Fernsehen, im Radio oder als Prospekt. Der Kunde wird die werblich aufbereiteten Botschaften schon aufnehmen und die Produkte kaufen. Das gehört der Vergangenheit an.

Die Lösung heißt: Weg von der Manipulation und hin zur Gemeinsamkeit.

In den 90er Jahren werden sich Firmen und Kunden immer mehr miteinander verbinden. Es wird eher eine Freundschaft als eine Geschäftsbeziehung entstehen.

Natürlich werden nicht alle Firmen mithalten können oder wollen, denn dieser Weg ist beschwerlich und kostet Zeit und Geld. Diesen Unternehmen wird auch ein Markt bleiben, wenn z. B. durch interaktives Fernsehen, Datenbanken und elektronisches Angebot ihre Ware als gut und günstig ankommt; wenn nicht, hat bei der dann existierenden Markttransparenz der Wettbewerber Glück. Darauf sollten Sie es aber nicht ankommen lassen. Jetzt haben Sie noch Zeit, Ihr Unternehmen auf den selbst entscheidenden Verbraucher einzustellen.

Die Linie ist klar vorgegeben. Sie müssen soweit wie möglich mit dem Kunden zusammenwachsen, die gleiche Sprache sprechen und immer mehr leisten, als gefordert wird. Dazu gibt es heute bereits sehr gute Beispiele.

Gute Marktideen sind z. B. Abendveranstaltungen, die für den Kunden einen interessanten und gleichzeitig informativen Charakter haben, ein Tag der offenen Tür und – aus meiner Sicht am chancenreichsten – der Clubgedanke. Gründen Sie einen Club, dessen Mitglieder Sondervorteile erhalten. Sehr viele Menschen sind heute orientierungslos und auf Sinnsuche. Beides können Sie ihnen geben. **Machen Sie Ihren eigenen Markt.** In Kenntnis der konkreten Vorstellungen Ihrer Zielgruppe werden Sie zum Marktmacher – dann gehört Ihnen die Zukunft.

Fazit: Sog statt Druck sollte in Zukunft Ihr Marketing bestimmen. Ihr wichtigstes Potential sind Ihre Kunden – mit Adressen und den wichtigsten persönlichen und geschäftlichen Daten. Hüten Sie diese wie einen Schatz.

Verkauf

Der Verkauf wird dem gleichen dramatischen Wandel in den 90er Jahren unterliegen wie das Marketing. Genauso wie es ein Buch von **Gerd Gerken** mit dem Titel „Abschied vom Marketing" gibt, müßte es sinngemäß ein Verkaufsbuch mit dem Titel „Abschied vom Verkaufen" geben.

Verkaufen ist so alt wie die Menschheit. Bekanntlich wurde bereits im Paradies zum ersten Mal verkauft, und zwar ein Apfel. Viele der heutigen Verkaufsmethoden sind ebenfalls steinalt. Viele Verhandlungsmethoden stammen aus den 40er und 50er Jahren. Glauben Sie, daß ein heutiger Kunde, der seit mehr als 20 Jahren die Tricks der Werbung durchschaut, noch auf Manipulationsversuche eines Verkäufers hereinfällt? Oft ist es sogar so, daß der Kunde bei seiner eigenen Firma mehr Verkaufstraining erfahren hat als der Verkäufer.

Neue Wege müssen daher gegangen werden. Klassisches Verkaufen bringt nichts mehr, da der Kunde längst hypersensibilisiert ist. **Beziehungsmanagement ersetzt Verkaufen.** Auch im Verkaufsbereich wird der Trend zu einem gemeinsamen fairen Miteinander offensichtlich. Ein Beitrag in diesem Buch schildert detailliert die Hintergründe des Beziehungsmanagements für die Zukunft.

Doch das ist längst nicht alles. Der Kunde erwartet eine neue Form der Verhandlungsführung. Er ist viel ungeduldiger, informierter und sensibler als früher. Das Verkaufsgespräch kann mit einem klassischen Frage-und-Antwort-Spiel oder einer Kombination aus offenen und geschlossenen Fragen nicht mehr funktionieren.

Wir haben dafür eine neue Methode entwickelt. Die Impuls-Methode. Sie wird in diesem Buch näher beschrieben und hat als wesentliches Ziel, im Kopf des Kunden einen sogenannten Aha-Effekt oder Impuls-Effekt zu erzeugen. Nur so ist unser Kunde noch zu überzeugen.

Eine weitere wesentliche Entwicklung wird der Verkauf über Netzwerke werden, sei es das Empfehlungsgeschäft oder die Information über Clubs und Vereinigungen.

Als letzter, aber genauso entscheidender Trend wird der Kollege Computer überall im Verkauf Einzug halten und teilweise Helfer oder Jobkiller sein. Er wird Präsentationen, sogenannte Multimediapräsentationen, zeigen, bei denen Text, Bild, Ton, Grafik, Simulation und Video zu einer einzigen Show gemischt werden. Zusätzlich ist das ganze System auch noch interaktiv, der Kunde kann zu jedem Zeitpunkt eingreifen. Außerdem ist es klein, leicht und in einem Aktenkoffer tragbar. Die ersten Systeme dieser Art kommen 1993 auf den Markt.

Ich bin überzeugt davon, daß der Computer nie die Überzeugungsarbeit zu leisten vermag, die ein Verkäufer beherrscht. Gleichzeitig wird der Computer jedoch in den 90er Jahren ein genauso selbstverständliches Arbeitsmittel sein wie das Auto oder das Telefon.

Fazit: Verkaufen bekommt eine wesentlich größere Bedeutung, da nicht mehr der Verkäufer alleine, sondern die ganze Firma verkaufen muß. Die Aufgaben, das Selbstverständnis, die Hilfsmittel, Techniken und Vertriebsarten werden sich in Zukunft ebenfalls verändern.

Organisation

In der Organisation wird ein großer Trendwechsel stattfinden. Unternehmen mit hierarchischen Systemen stehen vor ihrer größten Bewährungsprobe, und viele werden neue Wege gehen müssen, um zu überleben. Bürokratische Strukturen, unflexibel und machtorientiert, sind Dinosaurier und nicht mehr zeitgerecht.

Unternehmen mit vielen Hierarchiestufen sind nicht mehr geeignet, um in den unkalkulierbaren Märkten zu agieren. Sie haben zu lange Reaktionszeiten und sind zu weit weg vom Markt. Darüber hinaus spielen zu viele Gesichtspunkte wie Macht, Karriere, Absicherung einer Entscheidung eine Rolle. Jenseits von Hierarchien wird sich der Erfolg der Zukunft abspielen. Hierarchien werden abgeflacht. Das mittlere Management muß neue Aufgaben erhalten oder wird überflüssig.

An die Stelle schwerfälliger Bürokratien treten kleine Arbeitseinheiten, vorübergehende oder „ad hoc kratische“ Teams, immer komplexere Geschäftsbündnisse und Konsortien. Zur Beschleunigung der Entscheidungsfindung wird die Hierarchie verflacht oder überhaupt abgeschafft. **Frei fließende Informationssysteme ersetzen die bürokratische Wissensorganisation.** Der vorgenannte Abschnitt stammt aus Alvin Tofflers Buch „Machtbeben“ und ist aus meiner Sicht eine absolute Mußlektüre.

In Zukunft werden autonome Systeme ihre Bedeutung eindeutig unter Beweis stellen. Man wird mehr mit rechtlich unabhängigen Mitarbeitern, also eigenen Unternehmern, zusammenarbeiten. Keine Sorgen mit Kündigungsschutzgesetzen und unternehmerisch denkende Mitarbeiter sind nur zwei Vorteile. Franchisesysteme und Lizenzsysteme werden boomen. Die Firmen werden über eine **„atmende“ Organisation** nachdenken und sie in vielen Fällen auch umsetzen. Das bedeutet, daß bei Bedarf weitere Teams oder freie Mitarbeiter hinzugezogen werden, die nach Erfüllung dieser Aufgabe wieder ihre eigenen Wege gehen, so lange, bis die nächste Aufgabe ansteht.

Das erfordert zwar eine höhere Komplexität in der Planung, bringt aber erhebliche Vorteile, da in Zeiten mit geringerem Auftragsbestand keine Personalkosten zu tragen sind. Die freien Mitglieder in der atmenden Organisation sind flexibler und motivierter, weil sie an Folgeaufträgen interessiert sind.

Es werden immer mehr Netzwerke entstehen, also Kooperationen und Zusammenarbeit gleichgesinnter Partner. Netzwerke und die Netzwerkentwicklung werden zwei der wichtigsten Themen werden. Sie werden Netzwerke aufbauen mit Kunden, Wettbewerbern, Lieferanten. Sie werden die Synergien nutzen und ausbauen, die die Netzwerkpartner einbringen. Und Sie werden feststellen, daß Sie ohne Netzwerke gar nicht mehr erfolgreich sein können.

Fazit: In Zukunft wird es viel mehr Unternehmensformen geben, die den klassischen Weg mit angestellten Mitarbeitern und Arbeitern verlassen. Die Aufgabe wird darin bestehen, den richtigen Mix zwischen festangestellten und freien Mitarbeitern zu finden, die jenseits von Hierarchien arbeiten wollen und können. Hierarchien werden abgebaut, und Wissen wird allen verfügbar gemacht.

Zeit

Zeit wird und ist schon zum entscheidenden Wettbewerbsfaktor geworden. Ohne Zeitwettbewerb, Tempomanagement, High-Speed-Management, Just-in-time läuft nichts mehr. Oder doch? Sind alle Zeitmanagement-Spezialisten auf dem falschen Weg, die die Menschen, einschließlich mich, glauben machen wollten, daß mit Zeitmanagement alles lösbar ist? Ich denke heute: Ja, wir sind falsch.

Die Instrumente des klassischen Zeitmanagements, also Prioritäten setzen, Delegieren und Planen, sind im Kern überholt. Oder haben Sie mit einem noch so tollen ledernen Zeitplansystem Ihre Zeit in den Griff bekommen? Wahrscheinlich nicht.

Die Erklärung ist einfach: Zeitmanagement versucht auf der Zeitachse, also von morgens bis abends, immer wirkungsvoller tätig zu sein, d. h., immer mehr in immer kürzerer Zeit zu schaffen. Wenn ein Zeitplaner auch glauben darf, daß er seine Zeit und seinen Tag im Griff hat, so wird die Realität ihn jeden Tag wieder neu einholen und eines Besseren belehren. Die Praxis in einer chaotischen und unkalkulierbaren Welt erfordert immer schnelleres Agieren und Reagieren.

Wir kommen damit an die Grenzen des Zeitmanagements heran, weil wir immer noch im Ablauf der Zeit denken, also den zeitlichen Ablauf eines Tages vor Augen haben – und irgendwann haben wir dann 42 A-Prioritäten für den Tag und keine Ahnung, wann und wie wir diese abbauen sollen.

Zeitmanagement klappt somit in einer unkalkulierbaren und eindeutig immer schneller werdenden Welt, bei der tatsächlich der Tempowettbewerb im Vordergrund steht, nicht mehr.

Die Lösung liefert die Geschichte. Im griechischen Olymp gab es zwei Götter für die Zeit. Der eine hieß Chronos und war verantwortlich für den Ablauf der Zeit; der wichtigere von beiden, der den anderen beherrschte, hieß Kairos. Kairos war der Gott für die Gunst des Augenblicks. Nicht Chronos mit dem Ablauf der Zeit war entscheidend, sondern Kairos. Durch Glück an der richtigen Stelle zu stehen und mit dem richtigen Menschen zu reden kann Ihnen mehr bringen, als einen ganzen Tag Ihr Zeitplansystem zu bearbeiten.

Auch hier gilt wieder beides. Chronos und Kairos gehören zusammen. Aber lernen Sie, sich mehr für entscheidende Momente zu sensibilisieren, und lassen Sie auch einmal das Zeitmanagement beiseite. Die Wiederentdeckung der Langsamkeit wird wieder aktuell werden.

Was ist also jetzt zu tun? Wiederentdeckung der Langsamkeit auf der einen Seite und Tempowettbewerb auf der anderen, Zeitmanagement auf der einen und Gunst des Augenblicks, die ich Zeitenergie nenne, auf der anderen Seite: Dahinter steht das Denken in Polaritäten. Ohne Zeitmanagement geht es nicht, aber ohne die Sensibilisierung für den entscheidenden Augenblick genausowenig. Wer nur eines beherrscht, verschenkt Chancen. Und der Tempowettbewerb verlagert sich zusehends in Richtung Technikwettbewerb.

Bessere Roboter, Computer Aided Manufacturing, CAD, Logistiksysteme, neue Computertechniken werden uns das Tempo vorgeben.

Fazit: Zeit ist und wird noch mehr einer der wichtigsten Rohstoffe der Zukunft werden. Die bessere Nutzung bringt jedem Unternehmen Wettbewerbsvorteile.

Kunde

In einem unkalkulierbaren Markt wird auch der Kunde immer schwieriger. Er ist wehrhaft, er läßt sich nicht mehr alles gefallen. Er will wissen, was in seinen Nahrungsmitteln enthalten ist, mag keine Manipulationsversuche, ist sensibel und mittlerweile erfahren und, vor allem, schon sehr oft betrogen worden. Er glaubt fast nichts mehr und weiß im Grunde alles besser. Versprechungen haben bei ihm keine Bedeutung mehr. Er ist sprunghaft, rücksichtslos, verhandlungsstark und ausgebufft. Das ist seine harte Schale nach außen. Nach innen sieht es ganz anders aus. Dort ist er unsicher, auf der Suche nach Sinn und Orientierung.

Das einzige, was stört, ist der Kunde? Oder: Das einzige, was Sie haben, ist der Kunde? Alle vorgenannten Themen beinhalten Ihre Chance. **Kunden wollen heute mehr denn je eine Partnerschaft**, nicht nur in der Familie, auch im Geschäftsleben. Eine Partnerschaft auch mit Ihnen.

Voraussetzung jedoch ist, Sie halten die Grundregeln ein. Sie müssen nicht nur nehmen, das Geben ist ebenso wichtig. Gehen Sie mit Ihrem Kunden eine Beziehung ein, gründen Sie einen Club, führen Sie regelmäßig Veranstaltungen für ihn durch und umsorgen Sie ihn. Er wird es Ihnen danken. Allerdings müssen Sie Ihren Kunden ständig beobachten. Er wechselt heute schnell seine Vorlieben, Ansichten und Gepflogenheiten. Das müssen Sie frühzeitig erkennen.

Fazit: Kunden sind Ihre einzige Energiequelle. Pflegen Sie sie. Der Kunde im Mittelpunkt reicht noch nicht. Sie müssen ein Teil von ihm werden.

Umwelt

Umwelt ist in der Bedeutung bekanntlich auf einen der allervordersten Plätze gerutscht. Umwelttechnik wird eine der Schnellwachstumsbranchen der 90er Jahre werden. **Umweltverträglichkeit wird zukünftig vom Ver-**

braucher hinterfragt werden. Kombiniert man diese Entwicklung mit dem wehrhaften Verbraucher, ergeben sich neue Chancen und Risiken.

Der wehrhafte Verbraucher will nicht mehr alles essen, ohne zu wissen, was genau er ißt. Er will nicht mehr alles kaufen, ohne zu wissen, was danach damit passiert. Dieser Trend wird sich noch weiter ausweiten. Der Verbraucher will einen Beitrag zur Umwelt leisten. Er will genau wissen, wie etwas produziert wird, mit welchen Inhalten, ob es recycelt werden kann und wer eventuell dafür leiden mußte, der Mensch oder das Tier.

Stellen Sie sich frühzeitig auf diese Entwicklung ein, und reagieren Sie bereits jetzt entsprechend. Leisten Sie eher etwas mehr als etwas weniger. Der heutige Verbraucher merkt sich Fairneß und Offenheit. Umgekehrt reagiert er mittlerweile genauso enttäuscht und konsequent. In Amerika gibt es bereits Fernsehsendungen, die Umweltverstöße öffentlich ahnden.

Fazit: Umwelt sollte ein Aktivposten Ihres Leistungsangebotes sein. Gehen Sie weiter, als gefordert wird. Der Verbraucher wird es sich merken.

Technik

Die Technik wird die größten Veränderungen innerhalb der nächsten zehn Jahre einleiten. Sie wird unsere Art zu denken und zu handeln vollständig auf den Kopf stellen. Und das passiert alles bis zum Jahre 2000. Je nachdem, wann Sie dieses Buch lesen, werden es nur wenig mehr als 3000 Tage sein, in denen diese Veränderungen ganze Branchen komplett verändern werden.

Nehmen wir beispielsweise die Computertechnologie und als Parallele die Autoindustrie. Heute befinden wir uns in der Phase der Massenmotorisierung. Jeder hat sein Auto. Motorisierung ist alltäglich. Die Autos sind in allen Formen, Farben und Preisklassen erhältlich. Vernetzung ist erfolgt. Hier sind die Netzwerke nur Autobahnnetze.

Wir treten jetzt in die Phase der Massencomputerisierung ein. Computer werden bald überall stehen, und der Umgang mit ihnen wird selbstverständlich für uns sein. Die Computer werden billig, viel leichter bedienbar und für immer mehr Spezialaufgaben einsetzbar sein. Computernetze, ähnlich wie Autobahnnetze, werden das Land überziehen. **Kommunikation für jeden an jeden ist dann völlig normal.** Niemand wird sich davon ausnehmen können. Kein Unternehmen wird ohne Computerunterstützung überleben. Die Fertigung wird durch CIM, Computer Integrated Manufacturing, revolutioniert. Bald wird eine Massenfertigung nicht mehr erforderlich sein, weil neue Techniken die Fertigung auch in kleinen und kleinsten Größen ermöglichen. Es werden sogar **personalisierte Produkte**, also Unikate, zu vertretbaren Kosten produktionstechnisch möglich sein.

Robotertechnik, CIM und CAD, Computer Aided Design, werden die Fabrikhallen weiter revolutionieren.

Doch was passiert im Büro? Die Produktivität wird Einzug halten. Während die erste Welle der Computer in den 70er und 80er Jahren überhaupt keine Produktivitätssteigerung gebracht hat, wird es jetzt in den 90er Jahren ernst.

Stellen Sie sich rechtzeitig auf Computerunterstützung ein, damit Sie teure Arbeitsplatzkosten einsparen können und damit wettbewerbsfähiger sind.

Die Technik hält auch Einzug ins Privatleben. Die Werbebranche wird sich auf interaktives Fernsehen und Multimediapräsentationen einstellen. Der passive Verbraucher ist out. Er will aktiv mitgestalten, nicht nur, wie bisher, lesen und hören. Multimedia, die Verknüpfung von Text, Bild, Ton, Grafik, Simulation und Video in einem Computer, wird neue Formen des Marketing ermöglichen.

Und in diesem Jahrzehnt wird noch **Cyber Space**, das Umherwandern mit dem Computer und einer speziellen Technik in künstlichen Welten normal werden. Sie können dann durch ein Warenhaus wandern, ohne das eigene Zimmer verlassen zu müssen. Sie werden dann auch mit Cyber Space durch Ihr Traumhaus wandern können, das Sie sich erst bauen wollen.

Fazit: Die Technik wird in Fabriken, Büros und Wohnzimmern Einzug halten. Sie können sich nur fragen, inwieweit Sie diese Techniken für ihr Unternehmen noch besser nutzen können.

Information

Der Reichtum von morgen wird in der Informationsmacht liegen. Die Informationsmacht wird die Geldmacht ablösen. Zukünftig wird nicht mehr derjenige erfolgreich sein, der das Kapital besitzt, sondern derjenige, der über den richtigen Informationsvorsprung verfügt. Daher wird es entscheidend sein, wie Sie Ihr Informationssystem organisieren. Mit Papier, wie es heute vielfach praktiziert wird, wird es in Zukunft nicht mehr möglich sein, die für Sie richtigen Informationen und Informationsvorsprünge herauszufiltern.

Wenn Sie berücksichtigen, daß ungefähr 90% aller Wissenschaftler, die je forschten und lehrten, es in der Gegenwart tun, in jeder Minute eine neue chemische Formel weltweit entwickelt und alle drei Minuten ein neuer physikalischer Zusammenhang entdeckt wird, wissen Sie, daß neue Wege der Informationsaufnahme unumgänglich sind.

Wir verhalten uns im Zeitalter der Informationsgesellschaft meistens noch wie Dinosaurier und versuchen, immer mehr zu lesen und zu behalten. Diesen Kampf werden wir nicht gewinnen können, wir müssen nach neuen Wegen suchen. Wissen auf Abruf ist die Devise. Informationen auf Knopfdruck werden unsere Zukunft entscheidend bestimmen. Dieses Wissen brauchen wir für uns, für unsere Kunden und über unsere Kunden. Fangen Sie bereits jetzt an, Informationsvorsprünge zu systematisieren. Durch eigene Trendbeobachtung, Auswertung von weltweiten Zukunftstrends und Kundeninterviews werden Sie eine Fülle von Informationen erhalten, um Ihre Zukunft als Trendmacher gestalten zu können.

Riesige Wissensdatenbanken existieren bereits und werden weiter aufgebaut, um **Wissen auf Abruf** zur Verfügung zu stellen. Beschäftigen Sie sich frühzeitig mit den aus diesen Datenbanken abrufbereiten Informationen. Gehen Sie aktiv auf Info-Broker zu, die solche Informationen verfügbar machen können.

Fazit: Die Bank der Zukunft heißt Wissensbank und nicht Geldbank. Ihr zukünftiger Erfolg wird von Ihrem Informationsvorsprung abhängen.

Ethik

Dieses Jahrzehnt ist das Jahrzehnt der Generation, die mit dem Fernsehgerät – dem dritten Elternteil – groß geworden ist. Fernsehen zeigt alles. Brutalität, Liebe, Betrug und Erfolg sind nur einige Beispiele der besten Realitätssimulationen, die es je zu sehen gab. Jeder kann sich das heraussuchen, was ihm gerade gefällt. Alle haben aber durch das Fernsehen gelernt, daß Werbung Manipulation bedeutet. Und Manipulation ist ein Betrugsversuch. So haben die Fernsehzuschauer mittlerweile nicht nur Antennen, sondern ganze Satelliten gegen Manipulationsversuche entwickelt.

Wenn Sie heute jemandem etwas schenken und er nimmt es nicht an, weil er dahinter nur einen neuen Trick vermutet, hat er in vielen Fällen sogar recht. **Das Zukunftsprinzip Geben und Nehmen** ist bis heute kaum ein Aktivposten der Unternehmen. Das wird sich ändern.

Glaubwürdigkeit wird ein entscheidender Pluspunkt im Wettbewerbskampf sein. Glaubwürdigkeit heißt, daß das, was angeboten und gesagt wird, auch so stimmt. In Konsequenz müssen Sie bei Ihren Kunden die Glaubensführerschaft übernehmen. Sie können nicht mit Produkten erfolgreich sein, **Sie müssen zukünftig glaubwürdig sein.** Ehrlichkeit, Anstand, Geben und Nehmen, Moral, Hilfsbereitschaft auch außerhalb der Garantiezeiten werden Ihnen wertvolle Pluspunkte einbringen.

Fazit: Eigennütziges Handeln wird abgelöst werden von partnerschaftlichem Handeln im Umgang mit Kunden. Glaubwürdigkeit wird die Zukunft bestimmen.

Controlling

Jeder hat ein Recht auf Kontrolle, sagt die eine Hälfte der Managementelite. Abschied vom Erbsenzählen ist richtiger, sagt die andere. Lassen Sie mich von meinen persönlichen Erfahrungen mit vielfältigen Controlling-Mechanismen bei unseren Kunden und in meiner eigenen Firma berichten.

Alle Kontrollwerkzeuge wurden auf lange Sicht unterwandert und ausgehöhlt. Den zu Kontrollierenden fielen immer noch ein oder zwei Dinge ein, die Kontrollen zu umgehen. Wenn auch dieses erkannt wurde, ging das Spiel mit der nächsten Kontrollmethode weiter; und so fort. Welches sind beispielsweise Meßkriterien für den Vertriebserfolg eines einzelnen Verkäufers? Umsatz ist kein Gewinn. Bei einem Gewinnergebnis muß ihm Handlungsspielraum gegeben werden. Den kann er wiederum im Firmeninteresse nutzen oder jedesmal zur Erreichung seiner Vorgabe ausnutzen, wenn er Erfolg hat. Erfolg jedoch wobei? Bei Altkunden? Gewinnt er Neukunden? Wie ist seine Gebietsausschöpfung? Oder hat er, was in vielen Fällen tatsächlich so ist, nur ein, zwei oder drei tolle Kunden und ruht sich damit aus? Wieviel hätte er mehr machen können, wenn er sein Gebietspotential wirklich ausgeschöpft hätte?

Ein weiterer Aspekt ist die zunehmende Schwierigkeit einer sicheren Planung. So viele Einzelfaktoren nehmen mittlerweile auf den Alltag Einfluß, daß Umsatzvorgaben manchmal einem Glücksspiel gleichkommen. Andererseits ist Controlling zur Zielerreichung notwendig. Was tun?

Mehr und mehr werden neben rein quantitativen Kriterien wie Umsatz,

Deckungsbeitrag, Gewinn und Marktanteil qualitative Kriterien an Bedeutung gewinnen. Qualitative Kriterien sind Anziehungskraft, Bekanntheitsgrad, Imagefaktor, ein eindeutiges Profil, Sympathiewert, Vertrauen und Zuverlässigkeit. Es wurde festgestellt, daß die Unternehmen, die das höchste Image besitzen, regelmäßig die größten Gewinne und besten Jahresergebnisse erzielen. Wieder einmal wurde bestätigt, daß nichtquantifizierbare Werte, sogenannte immaterielle Faktoren, einen höheren Stellenwert besitzen als meßbare Faktoren wie Zahlen. Sogenannte „Soft Facts" steuern die „Hard Facts". Ich gehe noch weiter. Ich sage, daß die Gedanken, die Art zu denken, die Zahlen und damit die Erfolge erst möglich machen.

Fazit: Zukünftig wird es entscheidend sein, neben die rein quantitativen Controlling-Werte auch qualitative zu stellen. Erst der ganzheitliche Controlling-Ansatz läßt die Zukunftsplanung zu.

Produktivität

Produktivität wird in den 90er Jahren in den Büros Einzug halten. Bisher wurde das Büro, von Ausnahmen abgesehen, von einer Produktivitätssteigerung verschont. Moderne Computer, wie oben beschrieben, vernetzte Informationssysteme und der Einzug von künstlicher Intelligenz (KI) in die tägliche Arbeit werden jetzt jedoch verstärkt Tagesthema sein.

Mit der Einführung der Newton-Systeme von Apple und weiteren Anbietern wird 1993 zum ersten Mal für wenig Geld ein sogenannter Personal Digital Assistent der Öffentlichkeit präsentiert. Newton, mit künstlicher Intelligenz ausgestattet, lernt praktisch die Besonderheiten seines Benutzers. Sie können mit ihm Faxe senden und empfangen, mit Blockschrift Notizen machen, Termine planen und direkt ein Fax zur Bestätigung versenden. Newton weiß, ob Peer V. ein Geschäftspartner oder ein Freund ist, und wird das Fax entsprechend formulieren. Sie sehen, klassische Funktionen einer Sekretärin werden mit diesem Gerät erfüllt.

Und das ist erst der Anfang. Anspruchslose Jobs in Büros werden vom Kollegen Computer übernommen. Die eigene Produktivität, Kernansatz vieler Zeitmanagementseminare in den 80er Jahren, stößt langsam an die eigenen Grenzen. Die Grundregeln, wie Prioritäten setzen, delegieren und systematisieren, sind gelernt und umgesetzt. Jetzt kann der Computer oder das Bildtelefon einen Produktivitätszugewinn bringen, weil Zeit effektiv eingespart wird.

Produktivität ist auch aus meiner Sicht eine Frage der eigenen Einstellung. Es gibt einen Tag im Jahr, an dem wir nachweislich bis zu 300 % produktiver sind. Es ist der Tag vor dem Urlaub. An diesem Tag verhalten wir uns einfach so, wie viele Zeitmanagementexperten es am liebsten haben würden: konzentriert, Prioriäten setzend und immer den Blick für das Wesentliche geschärft.

Nach wie vor ist eine der interessantesten Produktivitätreserven der Verkauf. Die aktive Verkaufszeit (AVZ), also die Zeit vis-à-vis zum Kunden, beträgt in den meisten Unternehmen unter 20%. Die Besuchskosten sind weiter gestiegen. Hier liegen Produktivitätsreserven brach. In den Boomjahren der 80er und Anfang der 90er Jahre wurde eine Effizienzsteigerung im Vertrieb in vielen Unternehmen nur halbherzig oder gar nicht angegangen. Der Absatz lief oft praktisch von alleine. Das ist jetzt vorbei. Insoweit ist ein Produktivitätssteigerungsprogramm, mit dem eine Verdoppelung der aktiven Verkaufszeit angestrebt werden soll, ein entscheidender Zukunftsschritt. Darüber hinaus lassen sich derartige Programme, wie einer unserer Kunden errechnete, sehr schnell in Gewinn ummünzen.

Fazit: Die nächste Produktivitätswelle kommt oder ist bereits im Gang. Dieses Mal werden das Büro und der Vertrieb im Zentrum der Überlegungen stehen. Das erfordert Anpassungsprozesse und die Einführung neuer Technologien und Hilfsmittel.

Früher/Heute/Zukünftig Teil 1

Früher	Heute	Zukünftig
egozentriert	erfolgszentriert	soziozentriert
Vorgaben	Chaos	Vision
quantitative Ziele	qualitative Ziele	soziale Ziele
bekannt	Qualität	Profil
Akquisition	Beziehung	Netzwerk
Chef	Hierarchie	Familie
Abhängigkeit	Geld	Wissen
Kunde	Partner	Freund
Strategie	Vision	Task Force
Verkaufen	Marketing	Verschmelzung

© 1993 by Geffroy & Partner GmbH, Düsseldorf

Früher/Heute/Zukünftig Teil 2

Früher	Heute	Zukünftig
planorientiert	intuitionsorientiert	zufallsorientiert
Planung	Improvisation	Impulsivität
Manipulation	Überzeugung	Attraktivität
Verbraucher	Konsument	Prosument
linear	digital	Chaos
Produktbesitz	Lösungsbesitz	Zielgruppenbesitz
Fronten	Partner	Clubs
Umsatz	Profit	Umwelt (Ethik)
Bereiche	Profit Center	Family Center
starr	flexibel	impulsiv

© 1993 by Geffroy & Partner GmbH, Düsseldorf

Früher/Heute/Zukünftig Teil 3

Früher	Heute	Zukünftig
bewußt	unbewußt	mental
Bewußtsein	Unterbewußtsein	Geist
Marktführer	Zielgruppenführer	Glaubensführer
überreden	überzeugen	Beziehung
Zeitmanagement	Zeitenergie	Impulszeit
mechanistisch	systematisch	organisch
Maschine	Humanität	Szene
befehlen	motivieren	begeistern
Zahlen	Menschen	Systeme
Verkäufer	Gebietsmanager	Beziehungsnetzwerk

© 1993 by Geffroy & Partner GmbH, Düsseldorf

Früher/Heute/Zukünftig Teil 4

Früher	Heute	Zukünftig
Manager	Motivator	Katalysator
Druck	Überzeugung	Sog
Anzeige	Werbung	Anziehungskraft
Agrargesellschaft	Industriegesellschaft	Informationsges.
Produktwettbewerb	Marktwettbewerb	Zeitwettbewerb
Massenproduktion	Nischenproduktion	Individualproduktion
Informationshunger	Info-Überlastung	Informationsnetzwerk
organisierte Steuerung	Selbststeuerung	kybernetische Steuerung
Produzentenmacht	Konsumentenmacht	Szenenmacht
Kontrolle	Selbststeuerung	Surfen

© 1993 by Geffroy & Partner GmbH, Düsseldorf

2.2 Zukunft statt Heute

Noch auf dem Weg zum Flughafen holte Key-Account-Manager R. seinen **Funk-Laptop** aus der Tasche und schaltete ihn an. Während die Maschine automatisch mit der Empfangsstation Kontakt aufnahm und sich ins Datennetz einloggte, waren ein paar erklärende Worte zum Taxifahrer fällig. „Jetzt kann ich nicht nur überall mit dem Laptop arbeiten", sagte R., „sondern auch von überall her mit unserem Büro Kontakt aufnehmen. Texte, Bilder, Faxe senden und empfangen. Im Außendienst ist das einfach genial." Der Taxifahrer schüttelte ungläubig den Kopf. „Wie bei Raumschiff Enterprise...", setzte er an, doch im gleichen Moment hatte die Maschine schon Verbindung aufgenommen und die Aufmerksamkeit von R. auf sich gezogen. R. ging direkt auf die **Faxfunktion** und schickte das Grobangebot für einen Großkunden direkt an seinen Verkaufsleiter. Der Boß hatte eine Aversion gegen **elektronische Texte** und würde froh sein, etwas in den Händen zu halten. Kaum war das Fax durch, hob R. den Telefonhörer ab, fand die Telefonnummer im elektronischen Rolodex und ließ wählen. Noch während der Flughafen in Sicht kam, hatte er bereits alle Termine mit der Sekretärin abgeglichen.

Ein Blick auf die Anzeigentafel in der Abflughalle zeigte R., daß er wegen einer Verspätung noch Zeit hatte. Er fand einen freien Stuhl und schaltete den Laptop wieder ein. Aus der **Datenbank seiner Firma** holte er Hintergrundinformationen über seinen nächsten Großkunden und speicherte sie auf seine Festplatte. Im Flugzeug war es inzwischen erlaubt, mit Laptops zu arbeiten, allerdings ohne den Funkteil, um mögliche Störungen der empfindlichen Flugnavigation zu vermeiden.

Während R. in der Schlange vor dem Terminal wartete, holte er sich per **automatischer Update-Funktion** die neuesten Aktienkurse für sein Aktienportfolioprogramm. „Verdammt", dachte R., „diese Woche habe ich kein Glück mit den Aktien." Ein Blick auf die aktuellen Pressemeldungen, die sich der Computer ebenfalls stündlich aus dem Äther besorgte, machte klar, warum. Plötzlich schrillte der Summer des Laptops. R. öffnete nochmals den Deckel seines Lieblingsspielzeuges, der kleine Bildschirm erhellte sich, und das hagere Gesicht seines Chefs erschien formatfüllend. Normalerweise bedeutete es nichts Gutes, wenn sich der Boß trotz der höheren Kosten in Bild und Ton meldete, doch diesmal blitzten die Augen hinter der starglasigen Trotzky-Brille freundlich – er wollte ihm nur viel Glück für die bevorstehende Auftragsverhandlung wünschen.

Am Zielflughafen angekommen, entfalteten der Laptop und R. gleichzeitig verschiedene Aktivitäten. Kaum daß sich der Laptop wieder ins Datennetz eingeloggt hatte, kam auch schon die **elektronische Post** auf die Platte. R. würde sie später lesen. Dann holte sich der Laptop den lokalen Wetterbericht, ein Hotelverzeichnis und das aktuelle Kinoangebot. R. hatte inzwischen ein Taxi gefunden. Die Verhandlung war ohne größere Probleme verlaufen. R. hat die Ergebnisse gleich per Laptop nach Hause übertragen. Sein Hotel war zwar idyllisch, doch außerhalb des lokalen Datennetzes gelegen. Zum Glück hatte R. die **Satellitenzusatzantenne** dabei, die ihn direkt via Satellit mit seinem Arbeitsplatz verband: So konnte er alles termingerecht abliefern und sich gleichzeitig freuen, daß er die wesentlich höheren Kosten nicht selbst tragen mußte.

Wieder daheim war das Wetter besser, als er gedacht hatte. Unten am Fluß klappte er den Laptop auf und gab die letzten Informationen ein. Sein Angebot hatten Kollegen derweil überarbeitet, die letzte Version holte er sich aus der **Datenbank**. Zur Vorbereitung der anstehenden Außendiensttagung druckte R. schnell noch seine Auftragsbearbeitungsliste – drahtlos, versteht sich, diesmal über das redaktionseigene **Infrarotnetz**. Völlig losgelöst von allen Kabelzwängen hatte man natürlich wieder seinen Schreibtisch verstellt. „Das ist also der Vorteil der neuen Technik", dachte er.

Wie auch immer. R. versuchte per **Bildtelefon** seinen Kollegen aus dem Kundencenter zu erreichen. Leider kann er nur eine **Videonachricht** hinterlassen, denn Klaus hat heute Teamleiter-Erfahrungsaustausch. Er ist tatsächlich noch so altmodisch und versammelt sein Team persönlich um sich herum. Während der Sitzung werden auch keine Telefongespräche durchgestellt. Er ist eben nach wie vor davon überzeugt, daß man sich in die Augen schauen muß, und haßt die mittlerweile üblichen Videokonferenzen.

Das war auch eine der Bedingungen, die er machte, als das Team ihn zum Teamleiter wählte. Er war nur bereit, die Herausforderung zu übernehmen, da alle Teammitglieder glaubten, daß er der beste Mann für diesen Zeitjob sei. Ja, bis heute, im Jahre 1999, hat sich sehr viel geändert.

Kollegen stellen Kollegen ein, nicht mehr ein Personalchef oder ein Vorgesetzter, der sich immer den nach ihm schlechteren neuen Mitarbeiter aussucht. Jetzt sind Teams selbst verantwortlich für Erfolg und Ergebnis. Der Zugriff auf Informationen zu jeder Zeit und Informationen auf Abruf machen ja auch extrem flache Strukturen erst möglich. Die festen Arbeitszeiten sind abgeschafft, jeder arbeitet auf eine **Zeitkontokarte**. Obwohl das auch Theorie ist, weil die Aufgaben im Team und mit den Kollegen über den Zeiteinsatz entscheiden. Manchmal beneidet Klaus, wie er sagt, den Tobias, weil er einfach nur noch 30% seines Zeitkontos beruflich investiert, den Rest verbringt er im Landhaus in Südfrankreich. Was soll's, Klaus fühlt sich einfach wohl bei Jobs, die Spaß machen und Herausforderungen mit sich bringen, obwohl er vielleicht auch gerade deswegen vor zwei Jahren Pause gemacht hat und ein Jahr um die Welt gesegelt ist.

Ihm, wie übrigens auch Tobias und R., kann keiner mehr etwas vorschreiben, weil sie alle selbständig sind. Das große Unternehmen wie z.B. Anfang der 80er Jahre, das aus Arbeitgebervertretern, Prokuristen, Direktoren einerseits und Gewerkschaftern und Arbeitnehmervertretern andererseits zusammengesetzt war, gibt es nur noch vereinzelt. Zu unflexibel und egoistisch bei ihren Machtkämpfen waren diese Interessenvertretungen. Damals gab es die Diskussion: Produktionsstandort Deutschland, ja oder nein. Als ob das nicht schon lange geklärt gewesen wäre. Zum Glück hat man sich noch einmal rechtzeitig auf das besonnen, was das Volk der Dichter und Denker am besten kann: denken.

Denken heißt innovativ sein, Dienstleistungen anbieten und dem Geist des Produktes mehr Bedeutung beimessen als der physischen Hülle. Toll ist mittlerweile auch, daß die Firma zu einer Ansammlung unabhängiger Dienstleister und Spezialisten geworden ist, die bei Bedarf zu- oder abgerufen werden. Und sie sind vor allen Dingen für sich selbst verantwortlich und willig, da ihnen das Mitgestalten und -entscheiden Spaß macht. Das ist nicht zu vergleichen mit damals, als um „think big" und die große Firma gekämpft wurde.

Wer konnte auch ahnen, daß elektronische Netzwerke gigantische Projekte mit einer Vielzahl unabhängiger Spezialisten, die nahtlos ineinander arbeiten, erst möglich machten. Klar, damals sprach Alvin Toffler in seinem Buch „Machtbeben" bereits von einer sogenannten atmenden Organisation, die bei Bedarf wächst und sich nach der Lösung einer Aufgabe wieder auflöst. Auch sagte damals Bestsellerautor Tom Peters, daß im Jahre 2000 Unternehmen wie eine Steven-Spielberg-Filmproduktion funktionieren könnten: Ein Projekt wird durchgezogen, indem alle Mitglieder wie bei einem Film zusammengestellt werden. Doch wer hat das Anfang der 90er Jahre wirklich geglaubt?

R. erinnert sich an eine heftige Diskussion mit einem damaligen Kollegen über die Karriere der Zukunft. R. war überzeugt, daß bald nicht mehr gefragt ist, welche Position jemand hat, sondern was er für das Unternehmen und die Gemeinschaft der Menschen als Beitrag leistet. Damals hielt der Kollege das für einen völligen Blödsinn. R. hat ihn aus den Augen verloren. Schade, denn R. würde gerne heute die gleiche Diskussion noch einmal mit ihm führen. Aber wahrscheinlich würde der Kollege dann sagen, daß R. ihn damals mißverstanden hätte und er schon damals die These von der Projektkarriere vertreten hätte.

Und fast alle hatten damals, Anfang der 90er Jahre, den dramatischen Wechsel an der Kundenfront verschlafen. Erst lief alles noch super, ein Rekordergebnis nach dem anderen. Die Wiedervereinigung wurde noch einmal zum Turbo der Konjunktur. Und dann kam der große Knall: Konjunktureinbruch, Rezession, Kosten senken, Lean Production. Nach der Konjunkturkrise folgte die Strukturkrise in der Wirtschaft. Und immer noch hatte man nicht erkannt, daß der Verbraucher gar kein Verbraucher mehr war und nicht mehr als solcher behandelt werden wollte. Vielmehr war er bereits Produzent, Produzent seiner individuellen und klaren Vorstellungen, was er kaufen will, wie er kaufen will und warum er kaufen will. Nur hatte man ihn eigentlich nie so richtig gefragt. Man entschied selbst, was gut für ihn war.

Auch das ist heute Schnee von gestern. Es gibt elektronische Kundennetzwerke, Kundenpatenschaften, gemeinsame Projektentwickungen, Kundenclubs und einige Dinge mehr, über die damals, Anfang der 90er Jahre, ein Spezialist namens Geffroy ein Buch schrieb. „Clienting“ nannte er diesen entscheidenden Trend hin zu Netzwerken mit Kunden. Aber wer hat ihm, Toffler, Gerken, Peters und vielen anderen wirklich geglaubt?

So oder ähnlich können Sie sich im Jahre 1999 vielleicht zurückerinnern.

(Der erste Teil der Zukunftsgeschichte basiert auf einem Artikel aus der Zeitschrift MACup vom Oktober 1991, der mir freundlicherweise zur Verfügung gestellt wurde.)

3.
Strategie

3.1 Richtige Strategieentwicklung

Eine Strategie darf heute nicht mehr nur eine starre Positionierung sein, sondern sie muß sich permanent anpassen und mitfließen.

Der Kunde ist widersprüchlich geworden und nur noch schwer zu kalkulieren. Er kauft heute bei Armani einen Pullover und spart morgen ein paar Pfennige bei Albrecht. Die chaotischen Zustände nehmen immer mehr zu. Das macht deutlich, daß sich auch Strategien anpassen müssen.

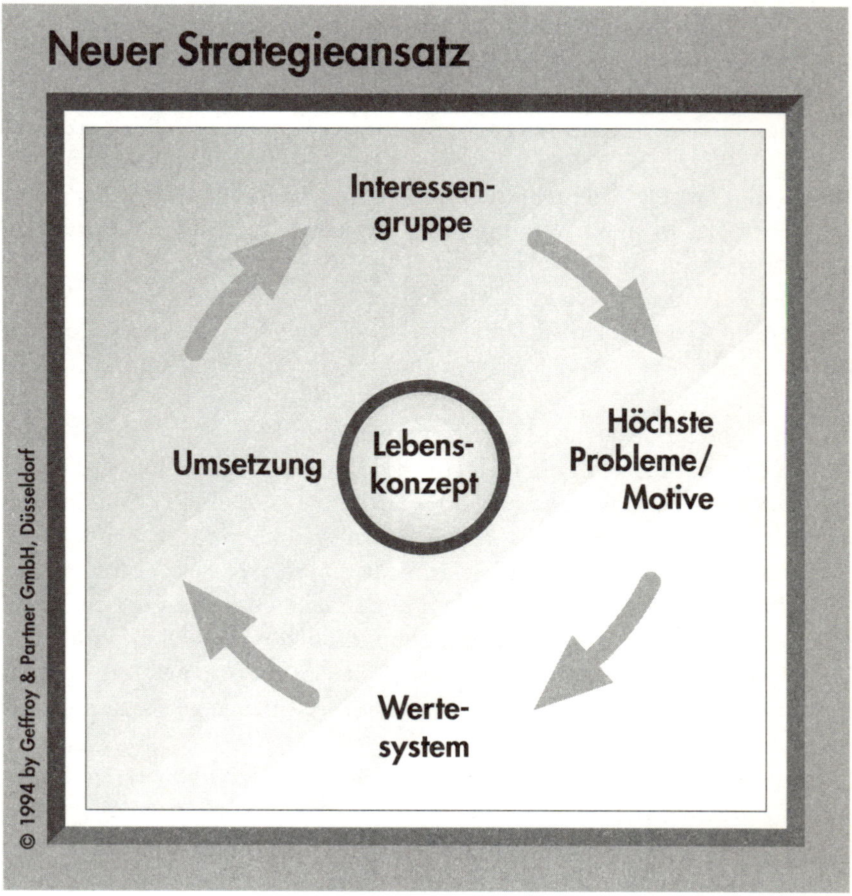

Die meisten Strategien für Millionen DM sind heute völlig falsch, weil sie erstens zu starr sind und zweitens den Menschen vergessen, der sie umsetzen soll.

Was nicht pro Mann und pro Tag umgesetzt werden kann, ist keine Strategie. Der Mitarbeiter muß umsetzbare Handlungsschritte erhalten.

Strategie ist das am meisten mißbrauchte Wort in Deutschland. Es wird geredet über Verhandlungsstrategie oder ähnliche Formulierungen für eines der wichtigsten Themen überhaupt in deutschen Unternehmen. Die **Strategie** ist immer langfristig über einen Zeitraum von mindestens drei Jahren anzulegen, wobei fünf Jahre durchaus auch als strategische Dimension gelten, ganz im Gegensatz zur Taktik, die den kurzfristigen Zeitraum bis zu drei Jahren abdecken soll.

Beide Begriffe kommen aus der Kriegslehre und sind am besten dadurch zu erklären, daß man zwar die Schlacht (Taktik) verlieren kann, aber den Krieg (Strategie) gewinnt.

Heute müssen wir noch einen weiteren wichtigen Begriff mit hinzunehmen: die Vision. Die **Vision** hat den sehr langfristigen Charakter von zehn Jahren und länger. Viele Unternehmer verändern ihre erfolgreiche Vision das ganze Leben nicht, was bei einer Strategie durchaus notwendig erscheint.

Der Quelle-Gründer Schickedanz baute ein sehr erfolgreiches Unternehmen auf, den Quelle-Versand, mit der Vision: Wir demokratisieren den Luxus für alle. Das ist eine Herausforderung, die ein Leben lang Gültigkeit haben kann.

Ein weiteres Beispiel sind die Drägerwerke in Lübeck und ihre Vision: Atmen für ein besseres Leben. Diese Vision wird ebenfalls immer Gültigkeit haben können. Sie erkennen aber auch bereits, daß die Formulierung nichts mit einem Produkt zu tun haben muß und keiner fest, klar und genau umrissenen Thematik entspricht. Sie ist unpräzise. Eine Vision ist eine Grundaufgabe, deren Umsetzung ein Leben lang Gültigkeit haben sollte. Es hat nichts mit Produkten zu tun, denn diese können sich im Laufe der Jahre und Jahrzehnte durchaus ändern. Eine Vision ist eine Herausforderung, die Kräfte zur Realisierung freisetzen soll, da sie zu Beginn oft als nicht realisierbar gilt.

Kennedys Vision, daß ein Amerikaner als erster den Fuß auf den Mond setzen wird, war so eine. Natürlich waren bis dahin noch viele Klippen zu überwinden, aber nur diese Vision machte die Realisierung möglich.

Steve Jobs, Apple-Mitbegründer und Impulsgeber für die Entwicklung

des Macintosh, machte mit seiner Vision „Ein Computer für den Rest von uns, der von jedem kinderleicht bedient werden kann" auch Unmögliches möglich.

Entscheidend ist noch einmal die feine Differenzierung zwischen einer Vision und einer Strategie, wie sie hier beschrieben wird. **Wichtig ist auch die Differenzierung zwischen Vision, Strategie und Taktik.** Die Strategie ist für Unternehmen überlebensentscheidend, allerdings zählt die richtige. Aus meiner Beratererfahrung kann ich als dauerhaft nur eine gültige Strategie empfehlen: die EKS-Strategie, also das von Wolfgang Mewes entwikkelte und jetzt von den FAZ-Informationsdiensten erfolgreich verfeinerte Konzept der engpaßkonzentrierten Strategie (EKS). Ich persönlich habe mich auf der Basis dieser Strategie selbständig gemacht und viele Lösungen daraus ableiten können.

Eine Strategie, die im Kern eine Produktstrategie ist, ist nicht existenzsichernd, da in einem immer schnelleren Tempo neue und bessere Wettbewerbsprodukte auf den Markt kommen. Bei diesem Wettlauf kann auf Dauer niemand mehr mithalten.

Sie sehen es daran, daß die Japaner von ihrem schnellen Tempo bei der Einführung neuer Fahrzeuge Abstand nehmen wollen. Oder Sony z. B. hat mit den zu schnellen Lebenszyklen eigener Produkte zu kämpfen. Achten Sie noch darauf, welchen Namen Ihr neues Fernsehgerät hat?

Ein weiteres Beispiel ist die Computerindustrie und deren augenblickliche Rezession. Bis vor kurzem hat sich fast niemand um den Kunden gekümmert und erst recht nicht bemüht. Ausnahmen bestätigen natürlich die Regel. Es wurden „Kisten" verkauft und Bits und Gigabytes. Das rächt sich jetzt. Der heutige wehrhafte Verbraucher revanchiert sich und kauft seine PCs bei demjenigen, der als Direktversender die günstigsten Tagespreise hat, getreu dem Motto: Kann es statt dem 386er auch ein 486er sein

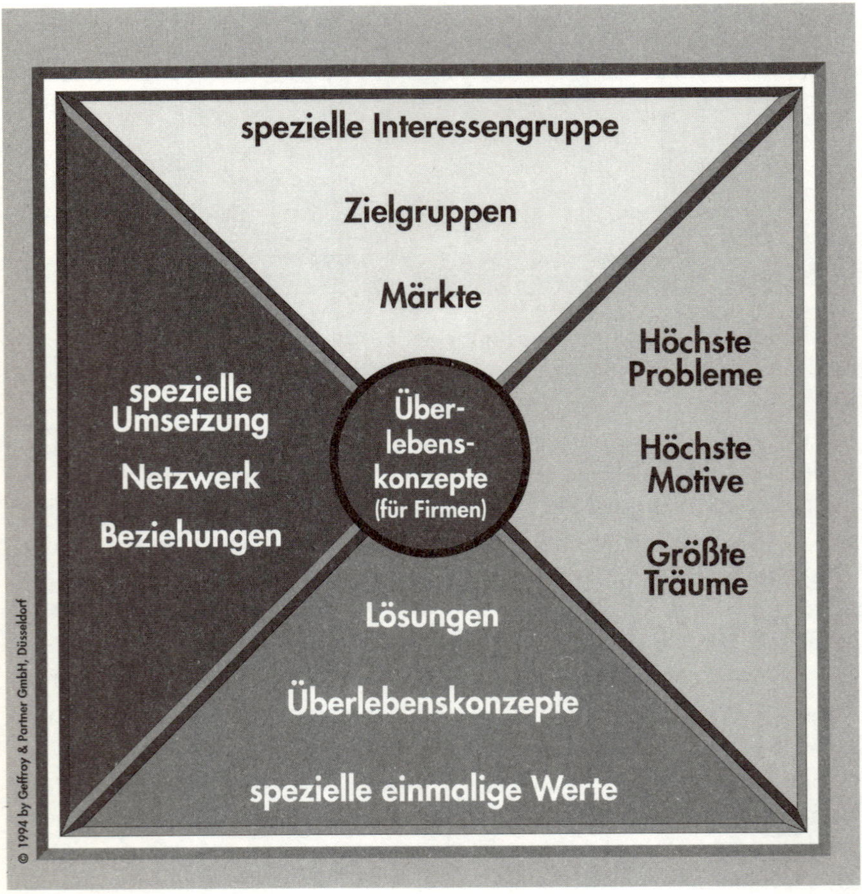

und später bereits ein 586er? Das erinnert mich sehr stark an den Marktplatz, über den ich früher immer gelaufen bin, um Obst und Gemüse zu kaufen. Letztendlich ist damit keinem gedient, weder dem Hersteller noch dem Verbraucher. Denn wer repariert die Geräte oder gibt Tips und beantwortet Fragen, die immer wieder auftauchen?

Ein weiteres Beispiel zeigt sich im Bereich der Zeitplansysteme. Alle Hersteller, die ausschließlich die Produktstrategie des besten Zeitplanbuches haben, werden ihr blaues Wunder erleben, denn der Wettbewerber heißt nicht Zeitplanbuchhersteller B, sondern ist der computergesteuerte Zeitplaner. Das wird die Zukunft sein. Bereits das Jahr 1993 wird auf diesem Sektor eine entscheidende Trendwende bringen. Damit wird auch bewiesen sein, daß weder eine Produktstrategie noch eine Wettbewerbsstrategie dauerhaft erfolgreich ist. Was nützt es Ihnen, wenn Sie Ihren direkten Wettbewerber beobachten und Ihre Planungen daran ausrichten, während der eigentliche Wettbewerber plötzlich aus einem ganz anderen Segment auftaucht? Das ist so z. B. auch in der Stahlindustrie geschehen, wo plötzlich viele Artikel gegen Plastikprodukte ausgetauscht wurden. Und das konnte auch nicht durch Thyssen, Klöckner, Hoesch, Krupp und Mannesmann aufgehalten werden.

Was ist zu tun? Welche Strategie hat Gültigkeit? Bleiben wir noch etwas bei den Beispielen. Was soll die Computerindustrie tun? Vordenker empfehlen die computerlose Computerfabrik, denn die Einzelteile kann man heute überall kaufen und in Fernost zusammenbauen. Lösungen und Mehrwert sollen angeboten werden, also Hardware plus Software plus Inhalte für diese Software plus Service ohne Ende. Microsoft wird als die Computerfirma der Zukunft gehandelt, obwohl sie gar keine Computerfirma ist, sondern nur Software, wie das berühmte Windows, erstellt.

Wieder andere Computerhersteller planen gar keine Produkte mehr für das Jahr 2000, sondern Lizenzen. Es werden Anwenderlösungen der Sonderklasse entwickelt, und dafür wird Geld in Form von Lizenzen verlangt. Das funktioniert auch. Denken Sie nur an das Videorecordersystem VHS. Stellen Sie sich vor, Sie haben jährliche Einnahmen von mehreren Millionen DM und brauchen dafür praktisch nichts mehr zu tun.

Andere Hersteller suchen ihr Glück in der Lean Production, der schlanken Produktion. Weg mit überflüssigen eigenen Produkten und Kapitalbindungen. Merken Sie, daß alle diese Überlegungen immer mehr vom eigentlichen Denken des Produktbesitzes weggehen? Produkte und reine Produkthersteller werden immer mehr zu einem Relikt aus der industriellen Ära. Sie wissen, daß wir uns in einem Riesentempo vom Industriezeitalter in das Informationszeitalter hineinentwickeln. **Die Informationsmacht wird wichtiger als die Geldmacht.** Und Fabrikbesitzer binden sehr viel unnützes Kapital in Anlagen und Ausrüstungen, weil alles selbst produziert werden soll.

So bleibt die Diversifikationsstrategie als Ausweg übrig. Allerdings warne ich auch hier eindringlich vor einer falschen Diversifikation. Eine falsche Diversifikation hat mit ihrem eigentlichen, ursprünglichen Betätigungsfeld gar nichts mehr zu tun, etwa bisher Stahlhändler und zukünftig Modefirma.

Ein deutscher Automobilhersteller hat genau das getan und sich in jeweils völlig artfremde Märkte eingekauft. Ob man diese dann behält, hängt von anderen Umständen ab. Ich habe bereits vor Jahren öffentlich auf die klar erkennbaren strategischen Fehler dieses Unternehmens hingewiesen. Heute untermauert die Presse meine These mit Zahlen – es freut mich nicht, bestätigt jedoch meine Strategie. Wenn Diversifikation für Sie ein Thema ist, dann nur in artverwandte Gebiete, auf die Sie Ihre Kernkompetenz übertragen können.

Produkt-, Wettbewerbs- und Diversifikationsstrategien sind demnach zukünftig risikoreich und nur in Ausnahmefällen dauerhaft sicher.

Dauerhafte Sicherheit bieten nur Kunden in Form von Interessengruppen. Denn solange Sie sich auf eine oder mehrere Interessengruppen spezialisieren und mit den Anforderungen Ihrer Interessengruppe mitfließen, werden Sie nie mehr Wachstumssorgen haben.

Wenn Sie sich beispielsweise auf die Gruppe der Manager spezialisiert hätten, die Zeitprobleme haben, könnten Sie als Zielgruppenbesitzer viel einfacher von papierorientierten Zeitplansystemen auf elektronische Zeitplaner umstellen, falls der Markt es erfordert, oder es dem Manager sogar selbst überlassen, wofür er sich entscheidet. Ihnen sollte es egal sein, denn Sie könnten beides liefern, weil Ihnen ja nicht die Fabrik gehört, sondern die Interessengruppe. Darüber hinaus könnten Sie Ihre Interessengruppe mit viel mehr Dienstleistung unterstützen, die hilft, Zeit zu sparen, beispielsweise 24-Stunden-Buchungsservice, falls die eigene Sekretärin schon zu Hause ist, und vieles mehr. Nun sollten Sie überzeugt sein, daß die Spezialisierung auf eine Interessengruppe immer mehr einbringt als eine Produktspezialisierung.

Wer ist Ihre Interessengruppe, auf die Sie sich spezialisieren wollen? Nach unseren Beratererfahrungen ist das ein sehr schwieriger Entwick-

lungsprozeß. Sie müssen sich jetzt von dem Gedanken des „jeder Kunde ist gleich wichtig“-Ansatzes lösen. Falls Sie es nicht bereits getan haben, hilft Ihnen die Pareto-Regel weiter, die besagt, daß Sie mit 20% des Einsatzes ca. 80% der Ergebnisse erzielen. Wir können auch sagen, mit 20% Ihrer Kunden erzielen Sie etwa 80% Ihres Umsatzes und umgekehrt. Doch Vorsicht! Pareto ist eine Momentaufnahme wie ein Foto. Es gilt für heute. Wer ist jedoch Ihr Zukunftskunde? Sie benötigen also noch ein Zukunftsfoto.

Wer ist Ihr interessantester Zukunftskunde? Unterteilen Sie Ihre Kunden in T für Topkunde, E für entwicklungsfähiger Kunde und V für Kunden, auf die Sie verzichten können. Jetzt verlassen Sie einmal die Beschäftigung mit Ihren Kunden und konzentrieren sich auf den Markt oder Ihr Absatzgebiet. Wer kommt noch in Frage, den Sie noch nicht haben? Nehmen Sie die gleiche Einteilung in T, E und V vor, wie oben beschrieben. Schält sich bereits eine Interessengruppe heraus?

Sie müssen Ihren zukünftigen Dreh- und Angelpunkt um Ihre Interessengruppe herum aufbauen. Investieren Sie lieber zwei Tage mehr in die Suche Ihrer idealen Interessengruppe, bevor Sie noch so aktiv in eingefahrenen Gleisen weiterarbeiten. Erarbeiten Sie zuerst quantitative Kriterien wie Umsatz, Deckungsbeitrag, Potential, bisheriger Anteil an den Kundenlieferungen oder im Privatbereich Einkommen, Familienstand, liquides Vermögen, Alter usw. Jetzt kommt die entscheidende Interessengruppendefinition: Welche Interessen hat Ihre Interessengruppe? Jede quantitative Interessengruppe läßt sich wiederum in spezielle Interessengruppen aufteilen. Nehmen wir als Beispiel alle Apple-Macintosh-Kunden. Alle besitzen zwar einen Mac, aber die speziellen Interessen liegen doch sehr weit auseinander, von der reinen Nutzung zur Textverarbeitung und Kalkulation bis zum DTP, Desk Top Publishing, also der elektronisch erstellten Zeitschrift und der Prospekterstellung. So unterschiedlich sind auch die Interessen. Der DTP-Kunde interessiert sich für andere Produkte und Leistungen als der Textverarbeitungskunde.

Bleiben wir auch noch einmal bei unserem eigenen Beispiel. Unsere regelmäßigen Analysen bei erfolgreichen Auftragsabschlüssen ergaben aus quantitativen Gesichtspunkten heraus kein Ergebnis. Weder die Firmengröße noch die Anzahl der Verkäufer, noch die Branche ließen eine Typologisierung zu, bis wir erkannten, daß unsere Auftraggeber fast ausschließlich Herausforderer sind, also Macher, die sich einer besonderen Aufgabe stellen und dabei ungeduldiger und anspruchsvoller sind als typische Manager. Unsere Strategie „Experten für Herausforderer" wurde entwickelt und mit großem Erfolg umgesetzt. Damit kann bereits jeder Mitarbeiter schnell und frühzeitig erkennen, ob Kunde und Anbieter zusammenpassen.

Nach der Definition Ihrer speziellen Interessengruppe erfolgt der zweite wesentliche Schritt. Welche speziellen Probleme und Wünsche hat diese Gruppe?

Jede spezielle Interessengruppe hat ihre eigenen speziellen Probleme oder Wünsche. Der Herausforderer beispielsweise erwartet sofort und schneller als jeder andere meßbare Veränderungen in seinem Unternehmen mit z. B. unserem Task-Force-Managementprogramm. Investieren Sie jetzt noch einmal genausoviel Zeit in die Kenntnis der speziellen Probleme Ihrer speziellen Interessengruppe. Unsere Erfahrung hat gezeigt, daß meistens gar keine oder nicht ausreichende Informationen über die eigenen Kunden vorliegen, insbesondere wenn es darum geht, die brennendsten Probleme wirklich zu kennen.

Laden Sie deshalb Ihre Kunden ein, und befragen Sie sie:

Wie sehen Sie die Zukunft?
Was sollte getan werden?
Was müssen wir tun, um Sie zu unterstützen?
Wie ist man gemeinsam erfolgreicher?

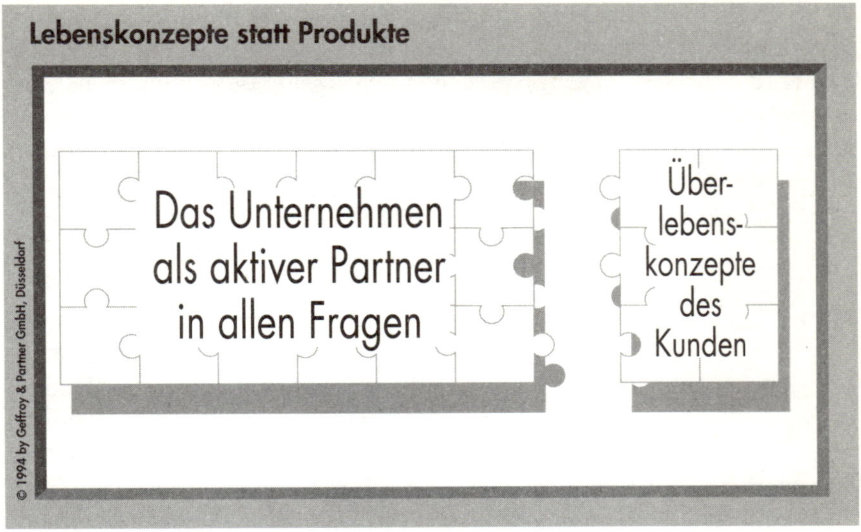

Sie werden feststellen, daß Sie genauso wie Ihre Kunden sehr viele positive Eindrücke mit nach Hause nehmen.

Jetzt folgt die dritte Stufe. Nach der Definition der speziellen Interessengruppe und deren spezieller Probleme ist **nunmehr die spezielle Lösung** gefragt.

Was können Sie besser machen als alle anderen Anbieter? Meistens hat es nichts direkt mit dem Produkt zu tun, sondern mit den Gesamtangebotsvorteilen, die Sie bieten können.

Dazu gehören Service, Garantien, persönliche Unterstützung und Lieferung von nichteigenen Produkten, damit der Kunde einfacher arbeiten kann.

Manche Lösungen sind so simpel und überzeugend, daß sich nach der Einführung jeder wundert, warum man darauf nicht schon früher gekommen ist. Dazu ist die von mir für Bücher entwickelte 1-Seiten-Methode ein klassisches Beispiel. Mein Buch ist mittlerweile Deutschlands meistgelesenes Verkaufsbuch der letzten Jahre geworden, 100000mal weltweit verkauft, in acht Sprachen übersetzt. Die 1-Seiten-Methode wurde exakt so entwickelt, wie es in diesem Strategiebeitrag beschrieben wird:

- Spezielle Interessengruppe: karriereorientierte Verkäufer
- Spezielles Problem: keine Lesemenschen, keine Zeit, kein Interesse, sich durch Hunderte von Seiten durchzukämpfen; andererseits aber sehr interessiert an neuen Informationen
- Spezielle Lösung: die 1-Seiten-Methode. Jede Seite ist in sich selbst abgeschlossen und in weniger als fünf Minuten zu lesen. Pro Seite wird eine Frage gestellt, und direkte, konkrete Antworten folgen.

Unsere neuen Erkenntnisse der Analyse erfolgreicher kundenorientiert geführter Unternehmen lassen ein strategisches Muster erkennen: Firmen verstehen sich als Unternehmensberater ihrer Kunden, um gemeinsam die Überlebenskonzepte des Kunden in allen Punkten zu verbessern, die möglich sind. Dabei ist die Produktqualität der unwichtigste, weil vorausgesetzte, Punkt. Jetzt werden gemeinsam alle Aspekte von elektronischem Datenaustausch, Lagerübernahme, Eingangskontrolle bis zu Logistikthemen, einfach alles, gemeinsam verbessert. Dadurch verbessert der Kunde seine eigene Überlebensstrategie gegenüber seinen eigenen Wettbewerbern. Partnering nennt es die Henkel KGaA. Das ermöglicht völlig neue strategische Chancen.

Mit der richtigen Strategie können Sie also Erfolge vorprogrammieren. Ich betone, daß dieser Weg für jedes Unternehmen und für jeden Mitarbeiter genauso für seine Interessengruppe nachvollziehbar ist.

Der Kreis schließt sich weiter mit der vierten Stufe der Strategie. Nach der speziellen Interessengruppe, den speziellen Problemen und Wünschen und der von Ihnen entwickelten speziellen Lösung ist jetzt die dafür geeignete spezielle **Umsetzung** der nächste Schritt. Dieser Aspekt hat ebenfalls eine hohe, wenn nicht die höchste Bedeutung. Wir haben viele gute Ideen und Lösungen daran scheitern sehen, daß die Umsetzung nicht zielgerichtet und schnell erfolgte.

Fassen wir noch einmal zusammen. Wesentlich ist die Konzentration auf eine spezielle Interessengruppe, die aufgrund von persönlichen Interessen an Ihren Leistungen ein besonderes Interesse hat. Diese Gruppe gilt es zu identifizieren. Dann gilt es, die Probleme, Wünsche, Träume, Ängste, Hoffnungen dieser Gruppe näher zu erforschen und kennenzulernen. Wo drückt sie wirklich der „Schuh“? Welchen Sinn sieht die Gruppe darin, gerade mit Ihnen zusammenzuarbeiten? Ich vermeide bewußt das Wort Produkt, denn in den 90er Jahren werden keine Produkte mehr verkauft, sondern nur noch gemeinsames lösungsbezogenes Denken.

Nach Kenntnis dieser Situation ist jetzt die Entwicklung einer einmaligen Lösung erforderlich, die möglichst eine Marktlücke abdeckt. Das ist einfach gesagt, aber Sie werden feststellen, daß Ihnen bei der Verinnerlichung dieser Denkstrukturen fast automatisch Nischenlösungen einfallen.

Wir können das mit Überzeugung sagen, denn wir sind bereits in vielen Fällen bei unseren Kunden fündig geworden, und manchmal wurden sogar ganze Marktregularien außer Kraft gesetzt. Es wurde praktisch ein ganz neuer Markt erfunden, der dann als eine echte Innovation und Marktlücke galt, so z. B. in der Finanzdienstleistungsbranche.

Nun folgt der letzte Schritt: **die spezielle Umsetzung**. Wie wollen Sie Ihre Lösung im Markt bekanntmachen? Auch hier ist das Suchen nach neuen Wegen sehr entscheidend. Die klassischen Wege der Neuprodukteinführung werden immer kostspieliger und uninteressanter.

Wir wissen heute, daß 98,2% klassischer Werbung ungenutzt auf dem Müll landen. 97% aller Bundesbürger sind informationsüberlastet. Weitere Artikel in diesem Buch werden detaillierte Informationen zu diesen Herausforderungen liefern.

Auch im Marketing und im Verkauf ist damit eine Trendwende angesagt. Neue Wege sind zu gehen. Allerdings sind diese Wege keine Standardwege, sondern individuelle Lösungen, abhängig von Ihrer persönlichen Situation.

Grundsätzlich sollte folgende Erfahrung berücksichtigt werden: Im Verkauf ist der eindeutige Trend zu einem Favoriten erkennbar, zum Empfehlungsgeschäft. Mehr und mehr Firmen erhalten ihre Aufträge praktisch durch passive oder aktive Vermittlung von Dritten – mit oder ohne Bezahlung, das ist systematisierbar.

Jahrelang war der Kaltbesuch out. Ohne Termin lief gar nichts. Heute erzielen die Firmen, die mit ihren Verkäufern einfach beim Kunden „klingeln“ – der sogenannte Kalttermin – große Erfolge. Verständlich ist es. Nach Jahren des Zeitmanagements hat man erkannt, daß man auch mit den angeblich besten Zeitplansystemen die Zeit nicht in den Griff bekommen kann. Und so ist heute mancher neugierig auf den Verkäufer, der es wagt, ohne Anmeldung zu erscheinen.

Erfolg bedeutet gegenteiliges Denken. Das scheint das dahinterstehende System zu sein, nach denen die neuen Erfolgsspielregeln ablaufen.

John Sculley von Apple Computer USA sagte einmal treffend: „Die besten Spielregeln ergeben sich immer dann, wenn man die Grundregeln ändert.“ Das sollte Ihr Leitsatz für die Einführung Ihrer Lösung im Markt sein. Aber es zeigen sich weitere Tendenzen. **Verknappen Sie Ihr Produkt oder Ihre Lösung.** Geben Sie es nicht oder nicht sofort jedem. Menschen wollen alles haben, was sie nicht bekommen können. Umgekehrt wollen sie nicht das, was jeder kaufen kann, selbst wenn man es ihnen schenken würde. So sind Menschen.

Bauen Sie einen Kundenclub auf, der mehr bietet als nur das Produkt. Ich persönlich sehe in dem Clubgedanken eine der interessantesten Wachstumschancen. An dieser Stelle muß ich Eigenwerbung betreiben. Heute gilt das von uns entwickelte ganzheitliche Akquisitionssystem als eine der interessantesten Möglichkeiten, Termine zu bekommen und über diesen Weg neue Produkte optimal verkaufen zu können. Es ist ein gestaffeltes 7xKontaktsystem, das in diesem Buch näher beschrieben wird und in der Spitze Responsequoten von 80% gebracht hat. Ich weiß, es klingt fast unglaubwürdig. Aber es funktioniert so gut, daß wir unsere Kunden nicht oder kaum dazu bringen können, öffentlich darüber zu sprechen, weil man die Konkurrenz nicht wachmachen möchte.

Nach über vier Jahren Erfahrung in der eigenen Firma und bei unseren Kunden mit diesem System liegen jetzt bereits gesicherte Erkenntnisse vor, daß die Terminquoten bei richtiger Planung durchweg bei sogenannten Kaltadressen zwischen 20% und 40% liegen, und damit erheblich über den bekannten Branchenzahlen.

Eine weitere Chance zur speziellen Umsetzung sind **Abendveranstaltungen oder Abendseminare.** Bei diesen Seminaren wird nicht nur das Produkt vorgestellt, sondern es werden auch durch einen externen Referenten Nutzwertinformationen geliefert. Der Teilnehmer muß von dieser Veranstaltung persönlich profitieren können. Immer mehr Netzwerke gemeinsamer Interessen entstehen. Ich las z. B. in der Zeitung, daß ein ostdeutscher Hersteller den ersten FCKW-freien Kühlschrank hergestellt hat und Greenpeace bereits über 43000 Bestellungen notiert haben soll. Das ist ein typischer Fall einer Kooperation mit einem Alliierten, der an der gleichen Lösung aus anderen Gründen interessiert ist.

Sie sehen, es gibt genügend Möglichkeiten, andere Wege zu gehen, damit Ihre Marktchance direkt und richtig genutzt werden kann. Clubgedanke, Abendseminare, Empfehlungsgeschäft, Verknappungsprinzip und ganzheitliches Akquisitionssystem dienen alle dem gleichen Ziel: beim zukünftigen Kunden **Sog statt Druck** zu erzeugen. Mit Druck können wir heute nichts mehr erreichen, weder in der eigenen Firma noch bei unseren Kunden und erst recht nicht bei neuen, völlig uninteressierten, überinformierten heutigen Kunden.

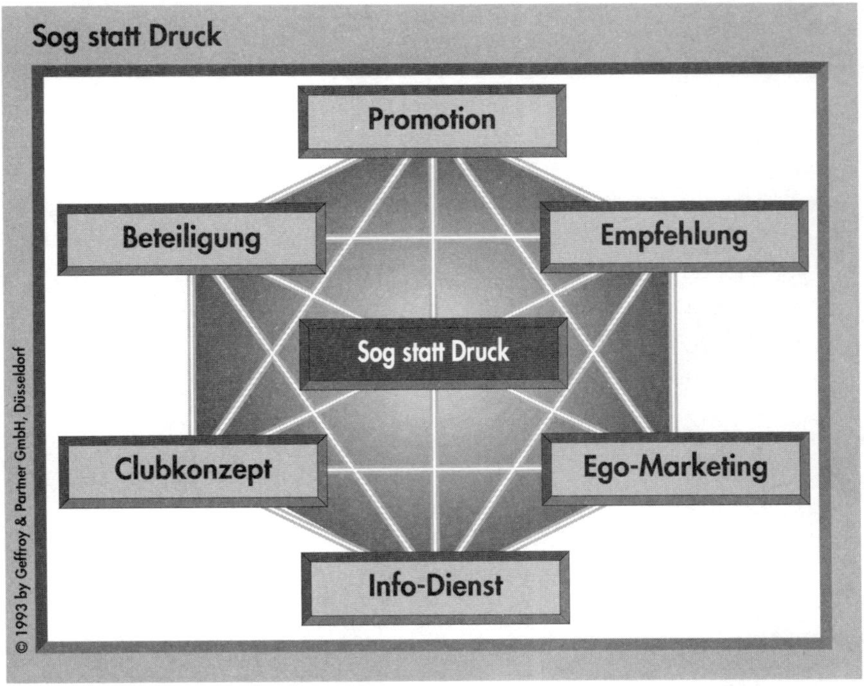

In meinen Vorträgen sage ich immer deutlich: Prospekte, Werbung, Manipulation sind tot. Inhaltlich bedeutet das, daß jegliche Form von Werbung vom heutigen Verbraucher sehr schnell als Manipulationsversuch eingestuft wird. Das führt zur Ablehnung des gesamten Angebotes, unabhängig davon, ob es gut oder schlecht ist. Insofern sind nach unseren Erfahrungen Prospekte, Anzeigen, klassische Werbebriefe und Couponanzeigen antiquierte Themen aus den 80er Jahren. Die 90er Jahre brauchen neue Lösungen, wie beispielhaft oben beschrieben wurde.

Blicken wir noch etwas weiter in die Zukunft, so werden neue Techniken wie interaktives Fernsehen, Bildtelefon, Personal Digital Assistents, Multimedia, Satellitenempfang und CD-ROM-Technologien völlig neue Chancen für das Marketing eröffnen. Ob wir es dann noch Marketing nennen können? Uns soll es egal sein.

Die letzte, wenn nicht entscheidende neue Idee zur Vermarktung Ihrer speziellen Lösung ist **der Wohnzimmerverkauf**. Ich prognostiziere einen Boom für Wohnzimmerverkäufe in den 90er Jahren. Im eigenen Heim wird man bald Anzüge aus der Boutique bestellen, sich über neue Anlageformen des Bankberaters informieren, die aus der Reinigung zusammen mit den Lebensmitteln kommenden Produkte schnell entgegennehmen und sich als Kunde sehr wohl fühlen. Das ist verständlich, denn es ist das eigene Heim, die eigene Burg, der sichere Ort. Dahinter steht der **Trend des Cocoonings**, des Einspinnens in das eigene Haus, weil man sich dort am sichersten und am wohlsten fühlt. Hier will ich als Kunde kaufen, ohne Angst haben zu müssen, daß man mich bestiehlt oder mein Leben bedroht. Dieser Trend ist in den USA bereits sehr ausgeprägt und seit einigen Jahren auch schon in Deutschland festzustellen. Durch die Zunahme der Gewalt auf unseren Straßen wird das eigene Heim immer häufiger als sicherster Ort eingestuft, den zu verlassen man immer weniger Lust hat – die Chance für Firmen, die den Wohnzimmerverkauf als ihre Chance zu nutzen wissen.

Haben Sie die vier Schritte umgesetzt:

- Spezielle Interessengruppe
- Spezielle Probleme/Motive
- Spezielle Lösung
- Spezielle Umsetzung

dann zählen Sie bereits zu den eindeutigen Gewinnern der Zukunft. Denn wann immer Ihre Gruppe neue Lösungen braucht, werden Sie diese liefern können.Noch einmal: Interessengruppenbesitz ist wichtiger als Produktbesitz. Für Ihren Erfolg wird ein weiteres Thema von zentraler Bedeutung sein, und zwar Fähigkeiten statt Papier. Zwei Drittel einer Strategie sollten auf die Entwicklung von Fähigkeiten der Mitarbeiter, die sie umsetzen sollen, gerichtet sein, somit nur ein Drittel der Fähigkeiten auf das Strategiepapier.

Der Wert des Papiers wird nicht unterschätzt, allerdings habe ich den Eindruck, daß manche Strategie auf dem Papier so toll aussieht und sich dann viele Consultants wundern, daß sie in der Praxis doch nicht funktioniert. Sinngemäß heißt das: Das einzige, was stört, ist der Mitarbeiter. Das ist natürlich der falsche Ansatz.

Menschen sind der einzige Schlüssel für Ihren zukünftigen Erfolg. In den meisten Fällen können die Mitarbeiter die neue Strategie nicht umsetzen, weil ihnen die Fähigkeiten nie vermittelt worden sind, wie z. B. permanent konzentriert mit wenigen A-Kunden zu arbeiten oder Neukunden „kalt" anzusprechen. Meistens wird aktives Arbeiten in Richtung Zielkunden oder in Richtung klassischer Kaltakquisition verlangt. Das ist nicht das Tagesgeschäft der Mitarbeiter. Sie sind in vielen Fällen an passives Arbeiten gewöhnt und sagen, daß sie kaum ihre eigentlichen Aufgaben erledigt bekommen. Die Mitarbeiter haben Motivationsprobleme und Angst. Wie profitieren sie davon, wenn sie sich für eine Strategieumsetzung einsetzen? **Mitarbeiter müssen von der neuen Strategieidee begeistert werden.** Sollte das „olympische Feuer" nicht entzündet werden, wird man wieder im Alltag versinken, und die Strategie ist vergessen, bevor sie angefangen hat. Die größte Hemmschwelle ist die Angst vor dem Unbekannten. Wie schaffe ich es, Dinge zu tun, die ich nicht kenne? Wie komme ich an Neukunden heran? Was sage ich einem Kunden, der nicht mehr aktiv betreut werden darf?

Menschen brauchen Mittel und Wege, sprich permanente Unterstützung, um neue Wege zu gehen. Neue Wege heißt, pro Mann und pro Tag gemeinsam an der Umsetzung zu arbeiten. Was aus der Strategie nicht ab dem nächsten Tag pro Mann und Tag umgesetzt werden kann, gefährdet die ganze Umsetzung. Damit wird die Zeitnutzung zum wesentlichen Element der strategischen Umsetzung.

Gibt es keine schnelle Umsetzung, wird der Wettbewerb nachziehen, und die neue Strategie ist wirkungslos. Die Schnelleren fressen die Langsameren. **Flexibilität, Zeitnutzung und Tempoführerschaft sind die entscheidenden Faktoren.** Allerdings muß der Mitarbeiter mit meßbaren und nachvollziehbaren Mitteln ausgestattet werden, damit er weiß, was er pro Tag zur Erreichung seiner Zielsetzung tun muß.

Damit ist die Strategieumsetzung auch zu einer Herausforderung bei der Überwindung von sozialen, psychologischen und zeitlichen Widerständen geworden. Nur wenn die einzelnen Schritte Ihrer Strategie ab dem nächsten Tag nachvollziehbar und erkennbar sind, hat Ihre Strategie eine Chance.

3.2 Vision statt Manipulation

Visionen bezeichne ich als Herz und Antriebsenergie einer ganzen Firma. Existiert keine Vision in dieser unruhigen und unkalkulierbaren Welt, fehlen die Orientierung und der Sinn. Auf diesen zweiten entscheidenden

Punkt werde ich später noch einmal zurückkommen. Bleiben wir erst einmal bei der Orientierung.

Diese kann nicht durch ein Produkt kommen, jedenfalls nicht dauerhaft in Zeiten immer schnellerer Lebenszyklen. Natürlich würde ein Forscherteam, das die Vision hat, ein wirklich wirksames Mittel gegen Aids zu finden, auch mit dieser Produktvision Erfolg haben. Nur, wie oft gibt es diese einmalige Produktchance denn im wirklichen Leben?

Also brauchen wir eine Vision, die sich von „Hard Facts" wie z. B. Produktdetails abkoppelt, eben eine Vision, die zwar vorstellbar, aber nicht greif- oder anfaßbar ist. Das wiederum macht die Vision nicht gerade einfach. Wer an Fakten und Daten glaubt, und das tun nicht wenige, hat damit seine liebe Not.

Die nächste Frage lautet: **Wer braucht überhaupt eine Vision?** Großunternehmen, Mittelständler, Kleinbetriebe? Hier gibt es eine klare Antwort: Jeder! Kein Unternehmen wird mit seinen Mitarbeitern oder alleine den Markterfolg haben, den es oder das Team braucht, wenn kein Sinn in der Tätigkeit gesehen wird.

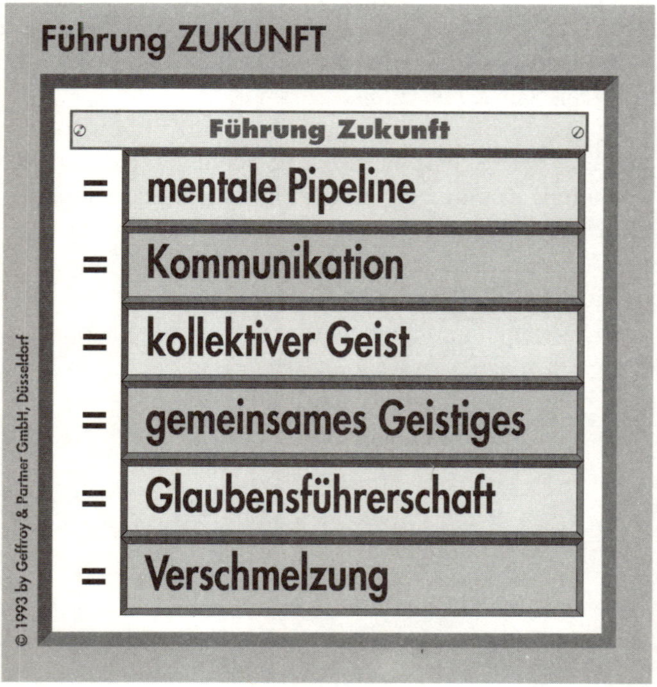

Damit wird die Sinnfrage zu einer der entscheidenden Fragen des ausklingenden Jahrhunderts. Geld hat als Sinn bereits bei den meisten ausgedient, dafür haben schon Lebensfreude in der Freizeit, hohe Steuern und unflexible Arbeitsbedingungen in den Firmen gesorgt. Was bleibt übrig? Spaß, Sinn am Tun und Herausforderungen im Team angehen. An die Zukunft glauben und sich als wertvoller Teil bei der Umsetzung einer herausragenden Zukunftsidee verstehen, das zählt.

Firmen brauchen Visionen, um Mitarbeiter zu motivieren und neue Mitarbeiter zu gewinnen. Wer einmal die Erfolgsstory von Microsoft-Gründer Bill Gates liest, erkennt deutlich, daß die besten Entwickler nur durch Gates Visionen, bei einer damals unbekannten Softwarefirma zu arbeiten, überzeugt wurden. Interessant ist, daß nur der Glaube daran zählte.

Je höher die Vorstellungskraft und der Glaube aller Beteiligten, um so größer sind die Chancen der Realisierung. Umgekehrt heißt es natürlich auch, daß keine Vision und kein Glaube an irgend etwas, was in der Zukunft Spaß macht, zu keinen Ergebnissen führt. Es handelt sich also in beiden Fällen um eine sich selbst erfüllende Prophezeiung. Wohin wollen Sie gehen?

Nehmen wir noch einmal Kennedy als Beispiel. Seine Vision war, daß ein Amerikaner als erster den Fuß auf den Mond setzen wird. Natürlich gab es sehr viele Kritiker, die ihm beweisen wolten, daß das völlig unmöglich ist. Und er hat es noch nicht einmal bestritten. Er pflegte nur jeden Einwand mit dem Satz zu beantworten: „O.k., Sie haben recht, aber ich sehe den Mann auf dem Mond."

Wie kann man sich gegen Einwände zur Wehr setzen? Überhaupt nicht. Irgendwann fängt man entweder an, daran zu glauben und auf die Erfüllung der Vision hinzuarbeiten, oder man sollte der Firma den Rücken kehren. In beiden Fällen haben Sie das Richtige erreicht. Nun wird sicher noch deutlicher, daß einer Firma die Energie fehlt, wenn sie keine Vision hat. Das soll nicht heißen, daß diese Vision von cleveren Unternehmensberatern für teures Geld ausgearbeitet worden ist und in einer wunderschönen Dokumentation vor sich hinschlummert. Ihre Vision muß jeden Tag gelebt und diskutiert werden. Hoffentlich führt sie sogar zu hitzigen Diskussionen – je hitziger, um so besser. Dann können Sie auch sicher sein, daß sich jeder damit beschäftigt und identifiziert.

In letzter Zeit hört man hier immer häufiger das Wort Mission. Wo liegt der Unterschied? Aus meiner Sicht ist die Mission die Aufgabe, eine Vision umzusetzen. Denn richtig verstanden ist die Vision eine Daueraufgabe, die für eine Firma ein Leben lang Gültigkeit haben sollte.

Damit kommen wir zu einem entscheidenden Unterschied. Eine Vision ist für ein Unternehmen die Erfüllung einer konstanten, dauerhauften und sozialen Grundaufgabe – zunächst einmal fernab vom Produktgedanken. Das ist auch keine Pseudodiskussion unter dem Gesichtspunkt Ethik. Es ist absolute Realität der Zukunft. Jedes Produkt und jedes Unternehmen muß sich in Zukunft die Frage gefallen lassen, welchen sinnvollen und glaubwürdigen Beitrag es zur Weltgemeinschaft und damit für die Menschen liefert.

Einige Ihrer entscheidenden Zukunftsfragen werden demnach lauten, welchen sinnvollen Beitrag Sie leisten, um sozialen Grundaufgaben zu entsprechen. Warum sollte man dies dann nicht direkt zum wesentlichen Kern der Unternehmensdenkwelt machen? Es geht also um die aktive Umsetzung einer Vision. Im Vergleich zu dem, was auf uns zukommen wird, ist die jetzige Diskussion über Umweltschutz und Umweltverträglichkeit sowie über Recycelbarkeit nur ein kleiner Vorgeschmack.

Als Titel dieses Themas habe ich „Vision statt Manipulation" gewählt, weil heute noch viele Unternehmen schlicht und einfach das bisher Ge-

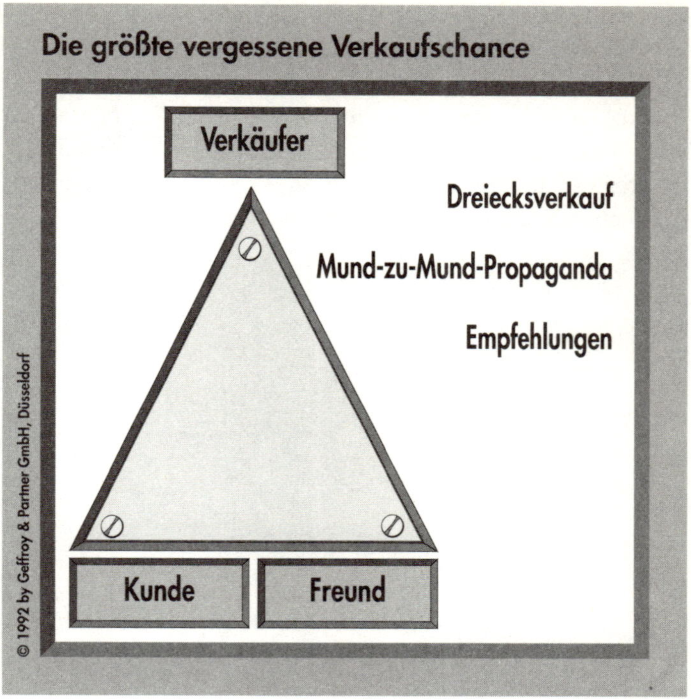

schilderte nicht nur ignorieren, sondern sogar gefährlich mit Falschaussagen und Unwahrheiten arbeiten. Da spielt der Verbraucher in der Zukunft nicht mehr mit.

Kommen wir wieder zu den Chancen. Ein Unternehmen, das umschwenkt, fürchtet vielleicht erst einmal, daß es jetzt umgekehrt von Kunden und Partnern ausgenutzt werden könnte. Dabei zeigen die Beispiele der Pionierunternehmen, daß das Gegenteil der Fall ist.

Mich beeindruckte vor einiger Zeit auf einem Kongreß der Beitrag eines Geschäftsführers von Dell Computer. Er bestätigte die Erfahrungen seines Unternehmens so: Die Gründe des Erfolges von Dell Computer liegen im wesentlichen in den Erfahrungen, die Dell als eine „Egoless Corporation" gemacht hat. Frei übersetzt heißt das: selbstlose Organisation. Natürlich braucht auch ein Unternehmen wie Dell Gewinne, nur ist das nicht das allein sinnmachende Denken des Dell-Managements. Die Kundenzufriedenheit ist hier der entscheidende Meßfaktor für den Erfolg.

Ein weiteres Beispiel hat mich ebenfalls beeindruckt. Klaus Steilmann,

Textilindustrieller mit Gewissen, sagte: „Ich möchte Bekleidung herstellen, die, wenn ich sie vergrabe, von Regenwürmern gefressen werden kann, ohne daß es ihnen schadet."

Unternehmen und Unternehmer mit Gewissen sind auf dem Vormarsch. Dabei ist es viel leichter, als man glaubt, Lösungen anzubieten, die den Menschen wirklich helfen. Hierin liegt eine weitere Chance auf dem Weg hin zum ehrlichen und fairen Netzwerk mit Kunden.

4.
Führung

4.1 Mitarbeitermotivation in den 90er Jahren

Die Motivation der Mitarbeiter wird in den 90er Jahren eine noch größere Herausforderung für Führungskräfte als in den vergangenen 30 Jahren. Denn in den letzten Jahren hat sich in den Erwartungen der Mitarbeiter ein tiefgreifender Wandel vollzogen. Diesen müssen wir berücksichtigen, wenn wir sie an unser Unternehmen binden wollen. Dazu kommt, daß auch besondere Rahmenbedingungen die Motivationsaufgabe schwieriger machen als in der Vergangenheit.

Unternehmensgröße oder Branche spielen für die Art der Mitarbeitermotivation keine Rolle. Die Probleme sind ähnlich. Allerdings sind kleinere Firmen noch stärker darauf angewiesen, daß ihre Mitarbeiter im Boot bleiben. Und Firmen mit vielen jüngeren Mitarbeitern, wie es für manche Branchen typisch ist, sehen sich den veränderten Anforderungen an die Motivationsaufgabe verstärkt ausgesetzt, denn der Unterschied zwischen den Sinnfragen der jüngeren und der älteren Generation wird immer größer.

In diesem Beitrag möchte ich den zahlreichen Führungstheorien keine weitere hinzufügen. Es ist vielmehr mein Ziel, Ihnen – basierend auf den Erfahrungen im eigenen Unternehmen – einige **konkrete Anregungen** für eine **wirksame Mitarbeitermotivation in den 90er Jahren anzubieten.**

Unter welchen Rahmenbedingungen wird sich diese Aufgabe in den nächsten Jahren stellen, und welche Folgerungen ergeben sich daraus?

Der wachsende Anteil der Freizeit

In den kommenden Jahren wird die Freizeit unsere Arbeitswelt weitaus stärker beeinflussen als früher. Hierzu bietet eine Studie des BAT-Freizeit-Forschungsinstitutes aufschlußreiche Hinweise: In dieser Untersuchung wird unsere Zeit eingeteilt in Arbeitszeit, Freizeit, Schlafen und Grundbedürfnisse. Im Jahre 1950 betrug der Anteil der Arbeitszeit an der gesamten zur Verfügung stehenden Zeit 31 %. Dagegen machte die Freizeit nur 18 % aus. Im Jahr 1970 war der Anteil der Arbeitszeit schon auf 26 % zurückgegangen, lag aber immer noch über dem der Freizeit.

Im Jahr 1990, und das ist das Revolutionäre, liegt der Anteil der Freizeit zum ersten Mal über dem der Arbeitszeit!

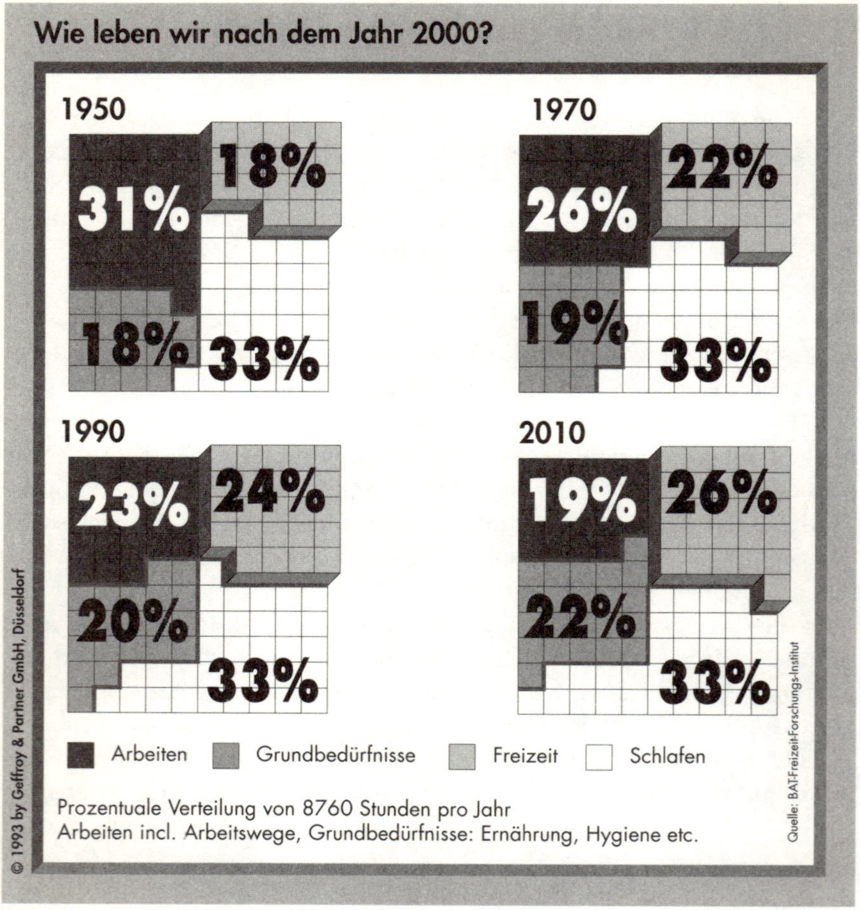

Es wird also in der Zukunft nicht mehr möglich sein, so zwischen Arbeitszeit und Freizeit zu differenzieren, wie es in der Vergangenheit der Fall war.

Die veränderten Anforderungen des Marktes

Früher wurden angebotene Lösungen von den Kunden akzeptiert, ohne daß die Verkäufer lange verhandeln mußten. Die Produkte wurden gekauft, weil der Bedarf groß und die Konkurrenz viel geringer war als heute. Inzwischen hat sich jedoch einiges grundlegend geändert: Viele neue Wettbewerber sind auf den Markt gekommen, Patente sind abgelaufen. Ein internationaler Wettbewerb ist entstanden, der sich im europäischen Binnenmarkt noch verstärken wird. Diese veränderten Marktbedingungen **haben erhöhte Anforderungen an die Leistungsfähigkeit unserer Mitarbeiter mit sich gebracht.**

Hiervon sind vor allem die Verkäufer betroffen. In den 90er Jahren sollen sie folgendem **Anforderungsprofil** gerecht werden: Sie sollen Planer, Systemspezialist, Betriebswirt, Controller, Psychologe, Teamleader, Berater und Freund in einer Person sein. Es wird sehr schwierig für die Verkäufer, diesen enormen Ansprüchen gerecht zu werden.

Gleichzeitig bedeutet dies, daß sie so motiviert werden müssen, daß sie sich in einem viel stärkeren Maße als bisher mit dem Unternehmen und dessen Zielsetzungen auseinandersetzen.

Der Wertewandel im Bewußtsein unserer Mitarbeiter

Während auf der einen Seite der Markt noch mehr Leistungskraft und Einsatzbereitschaft von unseren Mitarbeitern verlangt, gibt es auf der anderen Seite einen Wertewandel bei vielen Menschen: Für immer mehr ist **Karriere** heute nicht mehr das oberste Ziel und wird nicht mehr gleichgesetzt mit

persönlicher Zufriedenheit. Ziele wie zum Beispiel „ein glückliches Familienleben führen" oder „die eigenen Fähigkeiten kreativ weiterentwickeln" haben dem Karrierestreben in vielen Fällen den ersten Rang abgelaufen.

Hierzu ein Schlüsselerlebnis aus eigener Erfahrung: Ein mir bekannter Manager, der in der Zeitschrift „Capital" als Top-Führungskraft vorgestellt wurde, hat zahlreiche Firmen sehr erfolgreich saniert. Als ich ihn bei der letzten Firma fragte, ob denn jetzt bald die nächste an die Reihe käme, entgegnete er: „Wissen Sie, ich habe meine Arbeit lange gemacht. Aber jetzt werde ich diese Firma noch zwei bis drei Jahre auf Vordermann bringen, und dann werde ich in dieser Firma auch bleiben. Ich möchte mich endlich einmal um meine Familie kümmern." **Dieses Neusetzen von Prioritäten** ist heute typisch für immer mehr, insbesondere jüngere Mitarbeiter, aber auch für Führungskräfte. Und wir müssen uns damit auseinandersetzen, wenn wir unseren Erfolg auch in den nächsten Jahren sichern wollen.

Die veränderten Wertvorstellungen bedeuten nicht, daß es heute kein Erfolgsstreben bei den Mitarbeitern mehr gibt. Es gibt immer noch den Wunsch, etwas zu bewegen, derjenige zu sein, der sagt: „Ich bin stolz, daß wir den Auftrag bekommen haben und nicht die Konkurrenz zwei Straßen weiter." Nur sind es andere Wege als früher, um diese positiven Faktoren zu nutzen.

Welche Möglichkeiten gibt es, um unsere Mitarbeiter, und hier speziell unsere Verkäufer, auch unter veränderten Bedingungen erfolgreich zu motivieren?

Was Verkäufer wirklich anspricht, und wo sie ihre Sorgen haben

In meinem Buch „Zeitmanagement für Verkäufer“ stelle ich die Behauptung auf – die ich auch belegen kann –, daß die Verkäufer heute ein soziales Problem bekommen, wenn sie sich nicht mit der Firma identifizieren können. Aus folgendem Grund: Wenn der Verkäufer den heutigen hohen Anforderungen gerecht werden will, dann ist er genauso von den Arbeitszeitverkürzungen ausgeschlossen wie die Führungskräfte – ohne jedoch die gleiche soziale Akzeptanz wie diese in der Gesellschaft zu erfahren. Während eine Führungskraft allein schon deshalb so lange arbeiten muß, weil sich das nach herrschender Meinung so gehört, findet der Verkäufer für seinen Arbeitseinsatz wenig Verständnis. Viele seiner Freunde sagen ja: „Du bist doch dumm. Du arbeitest 50 bis 60 Stunden. Kannst du nicht ein bißchen herüberkommen, denn wir wollen jetzt joggen gehen.“

Diese Probleme drehen sich im Kopf vieler Verkäufer. Wenn wir es hier nicht schaffen, einen Gegenpol zu setzen, springen uns die Leute scharenweise ab mit der Begründung: „Der Außendienst ist auch nicht mehr das Wahre. Ich gehe in eine andere Firma und spiele da mal den Tüftler.“

Wir haben also in den kommenden Jahren einen Verkäufertyp, der anders motiviert werden muß und der ein anderes Selbstverständnis hat als der Verkäufer in der Vergangenheit. Es wäre nun kurzsichtig zu glauben, das Problem ließe sich mit einer höheren Bezahlung lösen. Man spricht zwar heute von einer gerechten Entlohnung, aber das heißt etwas anderes als Maximierung der Provision.

Entscheidend ist, daß wir dem Verkäufer ein anderes soziales Umfeld bieten. Wir müssen ihm und allen anderen Mitarbeitern die Möglichkeit geben, in unserer Firma erfolgreich zu sein und anerkannt zu werden. Denn wenn es diese Möglichkeit in der Firma nicht gibt, werden sie sich ihre Erfolgserlebnisse in der Freizeit holen.

Gleichzeitig bieten wir damit auch die Lösung für ein anderes Problem: Viele Menschen wissen mit zu viel Freizeit gar nichts anzufangen. In den USA befürchtet man bereits die Auswirkungen des Freizeitfrusts auf die Arbeit. Wenn wir es also schaffen, daß unsere Mitarbeiter in der Firma die Erfolgserlebnisse bekommen, die sie sonst in der Freizeit suchen, können wir auch derartigen Problemen frühzeitig entgegenwirken.

Welche Wege gibt es nun konkret, um für eine gute Motivation unserer Mitarbeiter und speziell unserer Verkäufer zu sorgen?

Machen Sie den Verkäufer zur wichtigsten Person in Ihrem Haus

Früher stand der Verkäufer in vielen Unternehmen ganz unten in der Hierarchie. Es erschien vielen Unternehmensleitungen auch gar nicht erforderlich, den Verkäufer besonders zu motivieren, denn – wie bereits erwähnt – früher wurden die Produkte verkauft, ohne daß sich der Verkäufer besonders anstrengen mußte.

Wie oft wurde gesagt: „Also, wir brauchen auch noch so ein paar Jungs, die uns die Sachen verteilen, große Investitionen sind dafür nicht nötig, und schöne Büros sind auch nicht erforderlich. Die sollen froh sein, daß sie in unserem Unternehmen überhaupt mitarbeiten dürfen." Doch diese Einstellung ist aufgrund der veränderten Marktbedingungen nicht mehr tragbar.

Wenn wir in den 90er Jahren überhaupt noch aktiv und erfolgreich sein wollen, müssen wir den Spieß herumdrehen. Dann müssen wir den **Verkäufer an die erste Stelle setzen** und die logische Konsequenz aus dem verwirklichen, was die Amerikaner so treffend „no client, no company" nennen.

Gegensatz oder Chance?

Freizeit	Arbeitszeit
Familie	Firma
Spaß	Herausforderung
Sport	Erfolg
Hierarchie	Heterarchie
Zentrale Steuerung	Selbststeuerung

© 1992 by Geffroy & Partner GmbH, Düsseldorf

Deswegen ist der Verkäufer in den 90er Jahren in einer ganz anderen Situation. Er muß gestreichelt und unterstützt werden.

Was meinen Sie, wie viele frustrierte Verkäufer zu mir sagen: „Herr Geffroy, tun Sie mir einen Gefallen, sagen Sie dem Geschäftsführer um Gottes Willen einmal, daß wir wichtig sind.“ Wie oft gebraucht so mancher Vorgesetzte den Killersatz Nummer 1 für die Motivation: „Meine Herren, jeder ist ersetzbar! Ich lasse mich doch von Ihnen nicht unter Druck setzen.“ Im Gegensatz dazu sollten Sie Ihre Anerkennung ausdrücken, indem Sie zu Ihrem Verkäufer sagen: „Wissen Sie, wer der wichtigste Mann hier ist? Der wichtigste Mann, das sind Sie. Ich brauche Sie, und ich verlasse mich auf Sie. Denn wenn Sie nicht die Aufträge hereinholen, dann können wir unsere Firma zumachen."

Bieten Sie Ihren Mitarbeitern die Möglichkeit, sich schöpferisch weiterzuentwickeln

Die Weiterentwicklung der eigenen Fähigkeiten ist heute ein ganz wichtiges Ziel für die meisten Menschen. Sie wollen kreativ sein und sich in ihrer Arbeit weiterentwickeln, statt einer stupiden Arbeit nachzugehen und nach „Schema F" zu arbeiten. Geben Sie deshalb den Mitarbeitern die Möglichkeit, zu tüfteln und selbst schwierige Probleme selbständig oder im Team zu lösen.

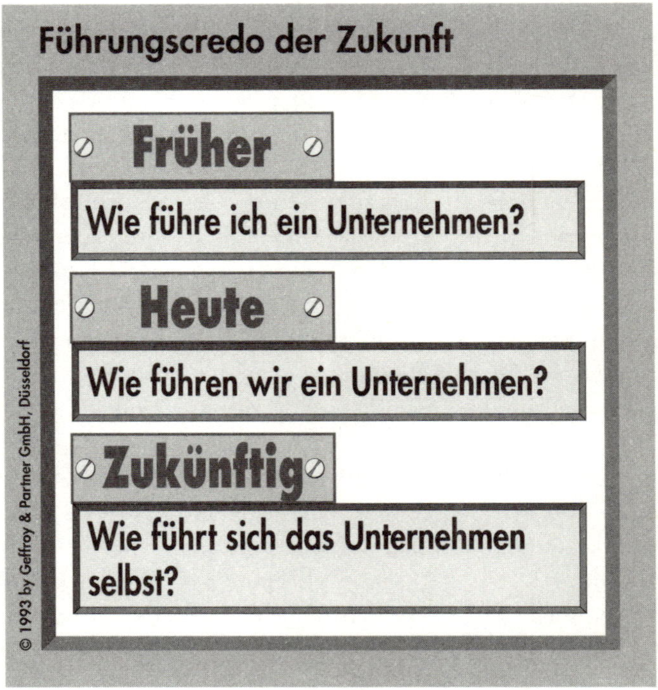

Wir arbeiten z.B. in unserem Unternehmen mit Desktop Publishing. Dafür brauchen wir unsere Spezialisten. Wenn ich dann sage: „Ich habe da ein Problem, das nur Sie lösen können“, dann sitzt der angesprochene Mitarbeiter meist bis spät abends vor seinem Bildschirm und sucht nach einer geeigneten Lösungsmöglichkeit. Und er genießt die Zeremonie, wenn er am nächsten Morgen eine Einzelpräsentation macht und seine Lösung in einem weißen Umschlag überreicht.

Natürlich wird nicht jede Lösung, die Ihnen ein Mitarbeiter präsentiert, optimal sein. Loben Sie ihn trotzdem. Und sehen Sie darin eine Gelegenheit, zusammen mit dem Mitarbeiter daran weiterzuarbeiten und die gemeinsam entwickelte optimale Lösung umzusetzen. Wenn Sie Ihre Mitarbeiter etwas schaffen lassen, das sie fordert und woran sie Spaß haben, und wenn Sie ihnen die Chance geben, ihre Ideen durchzusetzen, bieten Sie ihnen so eine wichtige Möglichkeit der **Selbstverwirklichung.**

Sorgen Sie für eine familiäre Atmosphäre in Ihrem Unternehmen

Ein glückliches Familienleben steht heute in der Werteskala der meisten Menschen ganz oben. Wenn es uns also gelingt, eine solche Atmosphäre auch in unserer Firma zu schaffen, so daß man den Eindruck hat, in einer Großfamilie zu arbeiten, und darüber glücklich ist, dann ist heute viel gewonnen.

Bilden Sie dazu Teams, in denen es keine Hierarchiestufen gibt. Vielmehr sollten sie von einem Partnerschaftsgefühl bestimmt sein. Und jeder sollte in der Gewißheit arbeiten können: „Gemeinsam schaffen wir es.“ Wenn Sie in solchen kleineren Einheiten arbeiten, werden Sie sehen, wie **positiv sich eine familiäre Atmosphäre auf die Leistungen der Mitarbeiter auswirkt.** Und lassen Sie auch die Ehepartner Ihrer Mitarbeiter am Erfolg teilhaben. Denn ein intaktes Familienleben ist immer noch die beste Voraussetzung für die Einsatzfreude der Mitarbeiter.

Bringen Sie in Ihr Unternehmen die positiven Eigenschaften hinein, die für eine Familie zutreffen, wie z.B. gegenseitige Hilfe, Lob, Schutz, Anerkennung und Verständnis füreinander, gemeinsames Feiern von Erfolgen und Trost bei Niederlagen. Natürlich streitet man auch in der Familie gelegentlich, warum auch nicht, ist doch danach die Versöhnung immer am schönsten.

Bei einer Umfrage unter jüngeren Menschen wurden auf die Frage, welches die wichtigsten Anforderungen in der Arbeitswelt seien, folgende Eigenschaften genannt: Fleiß, Selbstvertrauen, Leistungsstreben und Selbständigkeit.

Doch daß diese Nennungen auf einem anerzogenen Rollenverständnis beruhen, zeigte sich wenige Minuten später, als die gleichen Leute befragt wurden, wie sie heute ihre Kinder erziehen würden. Da kam heraus, daß Selbstvertrauen wichtig sei, Lebensfreude, Offenheit und Ehrlichkeit im Umgang miteinander. Warum sollten wir diese Faktoren nicht in den Arbeitsalltag einbringen? Und gemeinsam lachen mit den Mitarbeitern?

Im Zusammenhang damit haben wir sehr gute Erfahrungen mit der Einführung von **Projektabenden** gemacht. Wir treffen uns einmal pro Monat, und die Teilnahme ist freiwillig. Trotzdem sind immer alle da. Dann werden Themen diskutiert, die nicht von der Geschäftsleitung, sondern von den Mitarbeitern kommen. Diese Projektabende bringen einen doppelten

Nutzen: Zum einen wächst das Verständnis füreinander stark, und andererseits kommen auch viele neue Ideen heraus, die gemeinsam weiterentwikkelt werden.

Ebenfalls gute Erfahrungen haben wir mit der Einführung einer Liste gemacht, in die wir unsere Mitarbeiter von Zeit zu Zeit eintragen lassen, wie motiviert sie sich fühlen. Wenn sich dann z. B. bei einem halbjährlichen Vergleich eine niedrigere Motivation ergibt, wissen wir, daß irgend etwas im Unternehmen vorgefallen ist, mit dem wir uns auseinandersetzen müssen. Gleichzeitig haben wir so auf praktische Art und Weise eine Diskussionsgrundlage für ein Gespräch mit unseren Mitarbeitern in der Hand.

Bieten Sie Ihren Mitarbeitern einen regelmäßigen Informationsaustausch

Auch **mehr Offenheit bei der Weitergabe von Informationen** ist heute ein wichtiger Erfolgsfaktor. Wie oft höre ich Mitarbeiter in Firmen den Satz sagen: „Wenn man uns die Informationen doch weitergeben würde, dann könnten wir etwas daraus machen." Besonders die Verkäufer sind auf mehr Offenheit im Informationsfluß angewiesen, denn sie sind durch eine Doppelfunktion belastet: Auf der einen Seite müssen sie Einzelkämpfer sein und beim Kunden alleine reden und überzeugen, auf der anderen Seite sind sie in das Team der Mitarbeiter eingebunden. Dort stehen sie jedoch immer etwas isoliert da, weil sie ja nur selten im Haus sind. Bei einer Untersuchung hat man entsprechend festgestellt, daß die Kündigungsrate von Verkäufern dann am niedrigsten war, wenn ein regelmäßiger Informations- und Erfahrungsaustausch stattfand.

Geben Sie Ihren Mitarbeitern eine Vision

Eine herausfordernde Vision mobilisiert die Energien, die Kreativität und die Begeisterung der Mitarbeiter in ungeahntem Ausmaß.

Wir müssen den Mitarbeitern eine Botschaft vermitteln, bei der es um mehr geht als um Umsätze oder das Erzielen bestimmter Deckungsbeiträge, z. B. daß wir gemeinsam etwas Einmaliges schaffen wollen, daß wir die beste Lösung bieten wollen, daß wir in unserem Team etwas erreichen wollen, das normalerweise unmöglich erscheint.

Mit einer solchen Vision müssen sich die Mitarbeiter identifizieren können. Und es muß ihnen möglich sein, stolz auf das zu sein, was sie und ihre Firma leisten.

Dabei muß die Vision immer präsent sein, d. h., wir dürfen die Botschaft nicht nur einmal oder mehrere Male vermitteln. Vielmehr müssen wir sie so lange wiederholen, bis alle sie verinnerlicht haben. Wenn Sie eine Botschaft vermitteln, wie z. B. „Wir sind die Besten auf unserem Gebiet, wir haben die beste Systemlösung“, werden Sie feststellen, wie Ihre Leute plötzlich „akkern“, wenn ein Wettbewerber Ihnen diesen Anspruch streitig machen will.

Seien Sie nicht nur Unternehmensführer, sondern auch Visionär, Botschafter einer Idee. Und bieten Sie Ihren Leuten ein Ideal, an das sie glauben können, das mehr ist, als von morgens bis abends einen Job zu tun. Geben Sie Ihren Mitarbeitern die Möglichkeit, an etwas zu glauben, das irgendwo in der Ferne liegt. Geben Sie ihnen einen Traum vor, der Berge versetzen kann. Und wenn Sie die Botschaft vermitteln: „Ich will Sie, um gemeinsam etwas zu erreichen“, dann haben Sie sie in einem Boot.

Mensch gewinnt Mensch

Die Formel für den Erfolg in den 90er Jahren heißt „Mensch gewinnt Mensch“. Wenn es uns gelingt, durch unsere **Partnerschaft mit den Mitarbeitern diese als Menschen zu gewinnen**, haben wir die wichtigste Grundlage für eine erfolgreiche Mitarbeitermotivation geschaffen. Und wenn sich unsere Mitarbeiter in unserem Unternehmen wohl fühlen, werden sie dieses Gefühl auch nach außen tragen.

Dies gilt besonders für unsere Verkäufer. Denn erfolgreich sind sie nicht aufgrund eingeübter Verkaufstechniken. Was vor allem für den Kunden zählt, sind neben einem soliden Fachwissen **Freundlichkeit**, **Zuverlässigkeit** und ein **sympathisches Wesen**. Diese Eigenschaften können unsere Mitarbeiter nur ausstrahlen, wenn sie wissen, daß sie selbst und ihre Leistungen in unserem Unternehmen anerkannt werden und daß sie dort eine Atmosphäre vorfinden, die Freude am Leben nicht ausschließt, sondern sie als wesentliche Voraussetzung für eine erfolgreiche Arbeit begreift.

Gerade unter jüngeren Leuten nimmt die Zahl derer zu, die nach einem Sinn für ihr Leben suchen. Wenn wir sie dabei unterstützen können, daß unser Unternehmen einen Teil dieses Sinns bieten kann, sind wir auf dem besten Wege, um unsere Mitarbeiter besser an uns zu binden.

4.2 Menschen im Mittelpunkt

Im Zentrum unternehmerischen Denkens und Handelns ist der Mensch.

Zunächst ist das sicherlich eine Binsenweisheit, und es leuchtet jedem ein, daß natürlich der Mensch sowohl der Ursprung als auch das Ziel einer Handlung, sowohl der Hebelarm wie auch die Drehachse des Denkens ist.

Gerade im Bereich der mittelständischen Unternehmen hat sich aber im Laufe der Jahre in manchen Betrieben der Zweck selbständig gemacht und sich vom Menschen ein gutes Stück weit entfernt.

Die Wahrheit in vielen Unternehmen ist heute, daß unter Umständen um des Unternehmens selbst willen, aus Gewohnheit oder ganz einfach, weil man nicht mehr anders kann, gedacht und gehandelt wird.

Da aber nur der Mensch Einsatz und Aufwand rechtfertigt, ist das Verlieren dieses zentralen Beweggrundes gleichzeitig auch das Verlieren einer unternehmerischen Zielprämisse, die verantwortlich für den eigentlichen Erfolg ist.

Im täglichen Leben haben immer drei Menschen miteinander zu tun:

- der Mensch als Mitarbeiter
- der Mensch als Kunde
- der Mensch als Unternehmer

Fangen wir bei unserem Menschen-Mitarbeiter an. Jemand, den wir zunächst eingestellt haben, damit er uns Arbeit abnimmt, damit wir selbst mehr erreichen können, als wenn wir alleine arbeiten würden, jemand, der für uns die Hauptaufgabe hat, einen Mehrwert für das Unternehmen und den Unternehmer zu erwirtschaften.

Hin und wieder gerät dabei in Vergessenheit, daß es sich eben um einen Menschen-Mitarbeiter handelt, der genau die gleichen Wünsche, Träume und Sorgen hat wie wir selbst, der für sich persönlich ein relativ ähnliches Ziel hat wie der Unternehmer. Er hat auch ein ökonomisches Prinzip und wünscht sich, mit möglichst wenig Arbeit möglichst viel Geld zu verdienen, und sein Streben nach seinem persönlichen Vorteil ist eine absolut legale menschliche Eigenschaft. Genauso wie wir gerne in Wohlstand, Reichtum und einem kleinen bißchen Luxus leben möchten, gilt das auch für jeden unserer Mitarbeiter.

In ihm also den Menschen zu sehen heißt zunächst, zu akzeptieren, daß er genauso ein egoistisches Interesse für sich in Anspruch nimmt, wie wir unser egoistisches Interesse für uns in Anspruch nehmen.

Grundsätzlich ist dieser Mensch, der in unserem Unternehmen beschäftigt ist, ein Teilerfolg für unser Unternehmen, denn er muß in unserem Namen draußen beim Kunden handeln und sprechen, damit unser Unternehmen erfolgreich ist.

Im Grunde genommen ist der Mitarbeiter für das Unternehmen einer der Lieferanten, er liefert seine Arbeitskraft ab, und wir bezahlen ihn dafür. Genauso, wie wir mit unserem besten Lieferanten meistens auch ein gutes „menschliches“ Verhältnis haben, weil wir wissen, daß auch ein Lieferant dann besser und reibungsloser funktioniert, wenn wir auf der Sympathieebene zu ihm Kontakt halten, genauso wird der Mitarbeiter, den wir als Mensch achten, unserem Unternehmen erfolgreicher dienen als derjenige, den wir lediglich als Tagelöhner sehen und behandeln.

Kommen wir zu unserem Menschen-Kunden. Er erwartet z. B. einen Handwerker sehr oft mit den gleichen Gefühlen, mit denen man selbst zu seinem Zahnarzt geht. Er hat ein Stück Angst vor den Dingen, die auf ihn zukommen, und er macht sich Sorgen, ob all das so erledigt wird, wie er es will.

Viele der Handlungen unseres Kunden sind bestimmt von einem „Nicht-Wissen“ und einer „Nicht-Information“ über das, was wir in seinem Bereich arbeiten.

Bei einigen Kunden führt diese Angst, die sie haben, zu einer durchaus menschlichen Reaktion. Sie werden aggressiv, und diese Aggression entlädt sich dann auf uns in Form von Widerständen, Bösartigkeiten und unnötigen Schwierigkeiten.

Wenn wir uns klarmachen, daß sich mancher Kunde uns, den Spezialisten, gegenüber genauso hilflos fühlt, wie wir uns zum Beispiel einem Spezialisten für moderne Datenverarbeitung gegenüber hilflos fühlen, dann werden wir unseren Menschen-Kunden ein gutes Stück besser verstehen und Schwierigkeiten und Risiken vermeiden.

Kommen wir zu dem Menschen-Unternehmer, also zu uns selbst. Einige von uns selbst haben vergessen, daß sie Menschen sind. Vor lauter Arbeit, vor lauter Rotieren, vor lauter Alltag ist für manchen ein Stück Lebensqualität und Lebenszeit verlorengegangen.

Erst ist die Freizeit verlorengegangen, dann die Ehe, dann die Kinder, dann die Freunde, dann die Freude und irgendwann die Kraft und der Sinn und damit der Erfolg im Unternehmen.

„Würden Sie Ihre Gefühle verkaufen?“

In einem sehr klugen Denkexperiment wurde eine Reihe von Menschen einmal befragt, ob sie für eine Million DM ihre Gefühle verkaufen würden. Und da ein Leben ohne Fühlen von Freude und Leid, von Sieg oder Niederlage, von Macht oder Ohnmacht nicht lebenswert wäre, war die Antwort natürlich nein. Dennoch verkaufen viele Menschen ihre Gefühle längst für viel weniger als eine Million. Es gibt sie, die vergrämten, verarbeiteten, verbrauchten Kollegen, die sich wundern, warum sie keine Kraft mehr haben, erfolgreich zu sein, die sich selbst nicht mehr motivieren können und sich von den Zwängen, die sich im Laufe der Jahre ergeben haben, nur noch treiben lassen, selbst aber längst keinen Antrieb mehr haben.

Unsere drei Menschen, der Mitarbeiter, der Kunde und der Unternehmer, haben erst dadurch ein lebenswertes Leben, daß sie sich ihrer Menschlichkeit bewußt sind, und das führt zu einem einfachen Gesamtbild: Wenn Menschen miteinander umgehen, ist der verständnisvolle Weg immer der erfolgreichere. Wenn wir gütlich miteinander auskommen, geht alles leichter mit Kunden und Lieferanten und Mitarbeitern und selbstverständlich mit uns selbst.

Den Menschen im Zentrum des Handelns zu sehen bedeutet, Menschlichkeit als Denkprinzip zu akzeptieren, d.h., bewußt unnötige Reibungen zu vermeiden. Die freie Kraft steht dann für die Erledigung unserer Aufgaben zur Verfügung. So wird bewußt praktizierte Menschlichkeit auf allen Ebenen zu einem sehr einfachen Rezept, erfolgreicher zu wirken mit weniger Kraft und einer guten Portion mehr persönlicher Ausgeglichenheit und persönlichem Glück.

Damit entsteht für uns als Unternehmer die Aufgabe, sich mit dem Bereich der menschlichen Faktoren wie Führung und Verkauf und Eigenmotivation auseinanderzusetzen, sie zu erlernen, und wir müssen diese Faktoren in unseren Arbeitstag einbeziehen, wenn wir der Nutznießer ihrer Wirkung werden wollen.

Der Mensch im Zentrum des Handelns führt zu neuen Handlungsweisen.

Der Mensch-Mitarbeiter

In Unternehmen vollzieht sich eine massive Änderung im Bereich der Mitarbeiter. Es entsteht ein vollkommen neuer Mitarbeitertyp.

Der Arbeiter oder Angestellte ist nicht mehr Vollzugsmaschine eines sturen Ablaufs, der in Akkordgrößen gemessen werden kann, sondern vielmehr ist er zunehmend mit Arbeiten und Handlungsweisen beauftragt, zu denen der Umgang mit Kunden gehört.

Ob er erfolgreich ist, hängt also davon ab, ob er die Fähigkeit besitzt, mit anderen Menschen gut auszukommen. Ein Zusatzverkauf oder eine Reklamationsverhinderung ist dort, wo Sympathie und menschliche Wärme vorhanden sind, überhaupt erst möglich.

Damit ist der Erfolg unserer Mitarbeiter und somit unseres Unternehmens auch von seinem Wollen und seiner Motivation abhängig. Als Unternehmer müsssen wir für diese Motivation sorgen und die menschlichen Faktoren gezielt in unserem Unternehmen herausarbeiten.

Hier drei konkrete Ideen für den Menschen-Mitarbeiter:

● *Das Beurteilungssystem*

Die Einführung eines Beurteilungssystems für Mitarbeiter oder ein klares Personalbeurteilungssystem, auch für mittlere Betriebe, gibt dem Mitarbeiter die Chance, seine Leistung zu verbessern und zu erkennen, wo seine Leistung verbesserungswürdig ist.

Zunächst bedeutet ein Beurteilungssystem die Erfassung des Ist-Zustandes. In vielen Unternehmen wird dabei klar, daß bisher aufgrund von Gefühl und persönlicher Sympathie bewertet worden ist. Eine Systematik in der Mitarbeiterbeurteilung führt hier zu mehr Gerechtigkeit. Jeder Unternehmer, der sich mit Mitarbeiterbeurteilung beschäftigt, wird auch die Erfahrung machen, daß er über seinen Mitarbeiter eine Menge Informationen sammeln kann, die gerade aus dem menschlichen Bereich dieser Person sind, so daß auch das persönliche Verhältnis zu ihm wesentlich erleichtert wird.

● *Das Prämiensystem*

Eine Bezahlung, selbst eine gute Bezahlung, ist für den Mitarbeiter fast nie eine Motivation. Das durch eigene Leistung Erreichbare und Veränderbare ist dagegen eine starke Motivation für Mitarbeiter. Zu erkennen, daß sie mit ihren Anstrengungen für das Unternehmen und den Unternehmer erfolgreich sein können und dabei selbst Nutzen haben, ist ein starker Grund, erfolgreich sein zu wollen. In unserer jahrelangen Arbeit haben wir bis heute keine Antwort auf die Frage der Mitarbeiter gefunden: **„Warum soll ich verkaufen oder höflich sein? Damit der Chef noch reicher wird und sich noch einen Mercedes mehr leisten kann?“**

Durch die Dichte unseres sozialen Netzes ist Kündigung in den wenigsten Fällen noch etwas, was einen Mitarbeiter schreckt.

Wenn wir wollen, daß er im Sinne eines gesamterfolgreichen Unternehmens ein Maximum an Leistung für uns bringt, müssen wir lernen, mit dem Mitarbeiter zu teilen. Wer uns ein Stück reicher macht, darf doch gerne ein Stück unseres Erfolges abhaben.

Es ist Zeit, uns daran zu erinnern, was anfangs gesagt wurde. Unser Mitarbeiter ist aus dem gleichen Fleisch und Blut wie wir selbst, er hat die gleichen Wünsche, Hoffnungen und Träume, und wenn wir in ihm diese menschlichen Eigenschaften erkennen und danach handeln, wird er zu unserem eigenen Erfolg beitragen, weil er ein persönliches Interesse in dem gemeinsamen Erfolg findet.

Dazu gehören auch Weiterbildungskonzepte, die ihm die Chance geben, innerhalb des Unternehmens besser zu werden. Es ist eine der natürlichen Eigenschaften des Menschen, daß er gut sein will und besser werden möchte.

Erfolgreiche Unternehmensführer haben die Fähigkeit, diesen Wunsch, gut zu sein, beim Mitarbeiter zu fördern.

- *Die professionelle Führung*

In den nächsten Jahren wird der Unternehmensführer zunehmend einen Teil seiner Unternehmensführungstätigkeit dafür verwenden, Mitarbeiter richtig zu führen. Menschenführung ist genauso ein Bestandteil der Arbeit in einem Betrieb wie Buchführung, Materialbeschaffung, Planung oder Kalkulation. Menschenführung heißt, die anvertrauten Mitarbeiter so gut wie möglich anzuleiten, erfolgreich zu sein, indem man ihnen zum eigenen Erfolg und zum eigenen Profit verhilft, d.h., im Unternehmen erfolgreich und profitabel zu arbeiten.

Zu professionellem Führen gehört es, die menschlichen Faktoren und die menschliche Zuwendung gezielt einzusetzen, um dem Mitarbeiter das Klima seelischen Wohlbefindens zu schaffen, in dem er erst seine 100%ige Leistung bringen kann.

Keineswegs ist der Kunde ein lästiges Ding, das wir dazu brauchen, daß unser Betrieb funktioniert. Der Kunde ist für jedes Unternehmen die Ursache, daß Geld verdient wird. Wenn uns draußen der Kunde den Auftrag nicht gibt, funktioniert in unserem Unternehmen gar nichts.

No client – no company, kein Kunde – keine Firma, diese Spruchweisheit gilt auch für jedes Verkaufen. Seit es Unternehmen gibt, gibt es eine Grundweisheit für den Umgang mit Kunden: Ich muß Nutzen bringen, um Nutzen zu erhalten. Nur wenn ich einem Kunden Nutzen bieten kann, ist für mich selbst und für mein Unternehmen Nutzen möglich.

Da ist es am einfachsten, sich daran zu orientieren, wie wir selbst mit unseren Lieferanten verfahren. Wir kaufen bei dem Lieferanten, der uns nützlich ist, der uns von Leistung, Preis, Service her als derjenige erscheint, der unsere Bedürfnisse am besten befriedigt.

Und es kommt ein sehr starker menschlicher Faktor dazu. Wir alle wissen, bei einem sympathischen Lieferanten, bei einem guten Freund ist der Preis nicht das Wichtigste, es ist unter Umständen wichtiger, einen guten alten Vertrauten zu haben, mit dem man Geschäfte macht.

Wenn wir als Maßstab unsere eigenen menschlichen Wünsche nehmen, haben wir eine sehr gute Anleitung dafür, wie wir uns unseren Kunden gegenüber verhalten sollen. Genauso wie wir uns wünschen, daß uns ein Lieferant behandelt, daß er an uns denkt, daß er fürsorglich und fair mit uns verfährt, genauso sind das die Wünsche unseres Kunden an unser Unternehmen. Ein alte Weisheit sagt: Hin und wieder ist es sinnvoll, die Frage zu stellen, ob ich in meinem Unternehmen eigentlich gerne Kunde sein würde!

Darin steckt nichts weiter als die uralte Volksweisheit: Was du nicht willst, daß man dir tut, das füg auch keinem andern zu, oder: Wie man in den Wald hineinruft, so schallt es heraus.

Wenn wir unser eigenes Verhalten zu unseren Mitmenschen so gestalten, daß wir mit unserem Verhalten wirklich zufrieden sein können, dann haben wir den entscheidenden Schritt getan, den Menschen wirklich in das Zentrum unseres Denkens und Handelns zu stellen.

Der Mensch-Unternehmer

Wir haben es schon besprochen. Manch einer von uns hat vergessen, daß er selbst Mensch ist, und damit die Chance verloren, mit hoher eigener Motivation ein lebenswertes Leben zu gestalten. Hier ist sehr sinnvoll, sich selbst die Frage zu stellen: „Wofür arbeite ich eigentlich?"

Wenn Ihnen keine Antwort einfällt, dann wird in sehr kurzer Zeit auch kein Sinn mehr da sein zu arbeiten, denn eine grundsätzliche Zielorientierung, die einem zu jeder Zeit klarmacht, warum es sinnvoll ist, sich anzustrengen, sich zu verändern und zu bewegen, ist der einzig dauerhafte Grund, mit Schwung und Ausdauer tätig zu sein.

Das Ziel

Nahezu jede Unternehmensphilosophie und jedes Persönlichkeitstraining, das angeboten wird, läuft darauf hinaus, daß Erfolg nur möglich ist, wenn eine klare Zieldefinition vorliegt. Nur sagt uns niemand, wo wir ein Ziel finden können und welche Aufgaben heute noch von einer Qualität sind, daß sie eine generelle Anstrengung rechtfertigen.

Viele, gerade junge Menschen, haben heute eine eher zynische und resignierende Einstellung zu dem, was auf sie wartet. Eine geschädigte Umwelt, eine unglaubwürdige Politik quer durch alle Parteien, quer durch alle Staatsformen und quer durch alle Regierungssysteme dieser Welt, das Schicksal einer Nachkriegsgeneration, der viele lebensnotwendige Grundwerte verlorengegangen sind, machen es manchmal sehr schwer, eine klare Richtung für das eigene Handeln zu finden. Für einen Unternehmer sind die Ziele nach wie vor in der Freude, Verantwortung für andere zu tragen, zu finden, in der Freude und der Erfüllung, seinen Beitrag in der Gemeinschaft der Menschen und Bürger zu leisten, und in der Aufgabenerfüllung für die eigene Familie und die eigenen Kinder.

Wenn sich keiner bewegt, bewegt sich nichts.

Ein wesentliches Ziel für alle Unternehmen, die ich kenne, ist es sicherlich, ein erfolgreiches Unternehmen zu führen und an diesem Erfolg Freude und eigene Motivation zu gewinnen. Sie sollen noch einige Ideen erhalten, die die Freude an der Arbeit vielleicht ein kleines bißchen steigern.

Dazu gehört zum Beispiel ein Belohnungssystem für sich selbst. So wie wir Prämien für Mitarbeiter festlegen, um diese anzuspornen, ist es auch sinnvoll, für uns selbst einige Dinge festzulegen, die Spaß machen und mit denen wir uns für den Berg Arbeit, den wir tagein, tagaus erledigen müssen, belohnen können. Dazu gehört es, Siege zu feiern und Niederlagen auch einmal bewußt in die Schublade zu stecken und sich damit nicht die Seele eintrüben zu lassen. Dazu gehört es, für den Unternehmer ganz besonders, sich mit den Möglichkeiten des modernen Zeitmanagements auseinanderzusetzen, um die Freiräume und die Freizeit zu schaffen, wo man die Früchte seines Erfolges genießen kann, wo man als Lohn für die Alltagssorgen sein Vergnügen genießt. Wenn einem als Unternehmer der geschäftliche Erfolg hold ist, stellen viele Kollegen fest, daß es die menschlichen Dinge sind, die den Reiz und die Befriedigung eines Lebens ausmachen, daß es die ideellen Werte sind, die von wirklich hoher Bedeutung sind. Das Finale ist daher auch ganz eindeutig:

Wir sind Menschen, die Menschen beschäftigen, um mit Menschen Geschäfte zu machen.

Wir alle wissen, Geld um des Geldes willen verdienen ist unsinnig. Geld kann immer nur ein Mittel sein, damit wir uns andere Dinge gönnen können, die im Bereich von Vergnügungen, von Erfolg, von Lachen, von Spaß, kurz im Bereich der Menschlichkeit liegen.

Wenn wir wirklich in das Zentrum unseres Denkens und Handelns den Menschen stellen, wird sich der geschäftliche Erfolg mit Sicherheit ebenfalls einstellen.

Im Zentrum des Denkens und Handelns steht der Mensch.

Das heißt nicht vertrottelte Gutmütigkeit, das heißt nicht in allen Punkten Weichheit, wo unternehmerische Härte notwendig ist, das heißt nicht, die Profitabilität eines Unternehmens aus dem Auge zu verlieren. „Im Zentrum des Denkens und Handelns steht der Mensch" heißt, die Verantwortung zu tragen für Mitarbeiter, für Kunden und für uns selbst, mit unserer Handlungsweise zum Erfolg der Familien-, Firmen-, deutschen-, internationalen Gemeinschaft beizutragen.

Wenn es uns gelingt, einen Menschen zum Freund zu gewinnen, werden wir nicht verhindern können, an ihm ein Stück reicher zu werden.

5.
Marketing

5.1 Neudenken statt Altwissen

Wir befinden uns heute in einer Zeit, in der sich viele Rahmenbedingungen gleichzeitig verändern. Obwohl wir in der Geschichte noch nie über solche Informationen verfügt haben wie heute, teilen sich die Denkwelten in zwei Lager: in das „Altwissen" und das „Neuwissen". Seit dem Jahr 1800 hat sich das Wissen der Menschheit atemberaubend vervielfacht.

Ich möchte Ihnen konkrete Ratschläge geben, wie Sie Ihre Umsätze erheblich steigern und wie Sie mit Direct-Mailings wesentlich höhere Rückläufe erzielen als bisher.

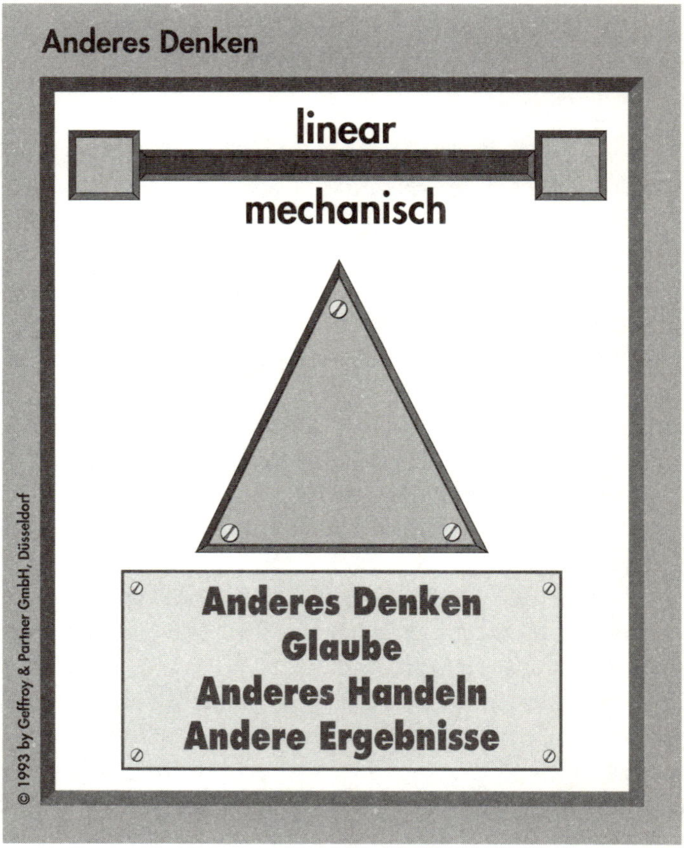

Das Stichwort heißt: **ganzheitliches Akquisitionssystem**. Damit haben wir einen ganz anderen Weg beschritten. Anstoß gab eine Geschichte, die mir vor Jahren passiert ist. In einem ägyptischen Museum sagte die Führerin zu uns: „Unsere Pharaonen haben ganz anders gedacht. Sie haben gedacht, daß das Leben erst nach dem Tod beginnt." Aufgrund der Tatsache, daß die Pharaonen anders gedacht haben, haben sie ab Beginn des bewußten Lebens anders gehandelt. Der einzige Grund für das andere Handeln war, daß sie geglaubt haben, was man ihnen gesagt hat.

Auch das Motto dieses Beitrages lautet: Allein **anderes Denken** führt zu anderem Handeln, und nur das andere Handeln führt zu **anderen Ergebnissen**. Drei Megatrends werden unsere Situation in den nächsten Jahren erheblich verändern.

Megatrend 1: Die digitale Welt

Die heutige Welt ist unkalkulierbar, unplanbar und unvorhersehbar. Der Wandel vom „In" zum „Out" geht wesentlich schneller als in der Vergangenheit. Auch der Kunde der Zukunft hat sich gewandelt, ist widersprüchlich und unkalkulierbar. Heute geht er zu McDonald's und morgen ins Aubergine oder in ein anderes Toprestaurant.

Bis vor kurzem hatten wir den sogenannten Yuppie-Boom, jetzt geht der Trend zur **neuen Bescheidenheit**. Derselbe Kunde geht einerseits zu Aldi, um ein paar Pfennige zu sparen, aber seine Rolex-Uhr kauft er im besten Geschäft.

Der Verbraucher selbst wird immer unkalkulierbarer, und die Unplanbarkeit erstreckt sich mittlerweile auf alle Branchen. Das Tempo des Wandels wird auf dem entscheidenden Spielfeld Markt ausgetragen.

Wie kann das Unternehmen diesen wandlungsfähigen Kunden dauerhaft an sich binden?

Das Unternehmen der Zukunft muß **Wandlungsfähigkeit** besitzen und neue **Trendimpulse** frühzeitig aktiv in seine Strategie einbeziehen. Es gilt, das Tempo des Wandels selbst zu bestimmen.

Das klassische Element des heutigen Verkaufens, im entscheidenden Moment auch Druck auf den Kunden auszuüben, wird in den 90er Jahren nicht mehr funktionieren. Nur durch ein **glaubwürdiges Beziehungsmanagement** zum Kunden läßt sich diese digitale Welt in den Griff bekommen.

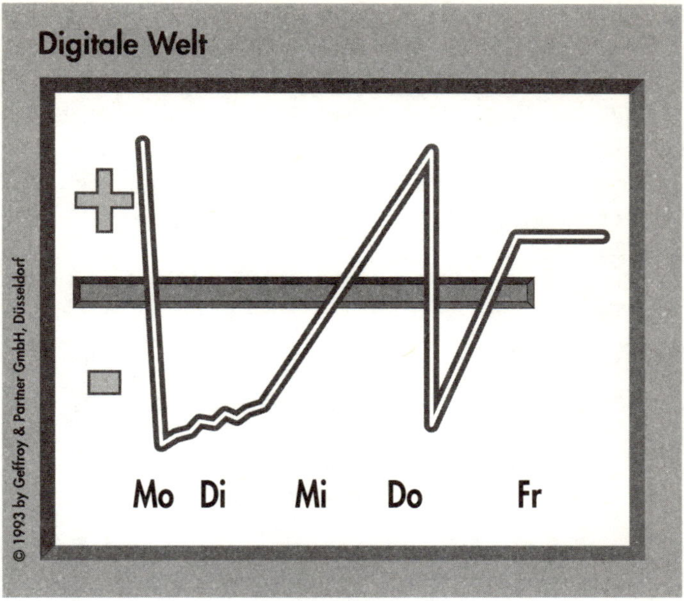

Bei der heutigen Produktvielfalt kann der Kunde häufig nicht mehr beurteilen, welches Produkt besser und welches schlechter ist. Es bleibt nur der Glaube, daß das, was Sie sagen und tun, das Richtige ist. Das funktioniert aber nur dann, wenn Sie eine Beziehung zu einem Menschen aufgebaut haben.

Megatrend 2: Die mentale Welt

Der deutsche Bundesbürger leidet – laut neuesten Untersuchungen – unter einer Informationsüberlastung von 97%, und im Durchschnitt landen 98,2% der von den Massenmedien gebotenen Informationen ungenutzt auf dem Müll.

Nach einer Untersuchung von Professor Kroeber-Riel verwendet ein Zeitungsleser zwei Sekunden für die Betrachtung einer Anzeige. Werbung als Manipulation ist tot.

Der übersensibilisierte Kunde von heute hat jedwede Werbebotschaft in irgendeiner Variation mittlerweile 100-, ja 1000fach gesehen oder gehört. Dementsprechend hat er ein Gespür dafür, ob man ihm etwas zu verkaufen versucht, was er nicht will, oder ob es ein glaubwürdiges Produkt ist.

Der Kunde ist so informationsüberlastet, daß man andere Wege gehen muß, um in seinen Kopf hineinzukommen.

Von 1975 bis 1988 hat es eine **Wissensexplosion** gegeben mit einem Faktor von 1:600. Bei einer solchen Flut von Informationen hilft sich der Mensch vor allem durch Verdrängen und Kästchendenken.

Der informationsüberlastete Kunde hat gewissermaßen einen Filter, der mit klassischen Methoden fast nicht mehr zu öffnen ist. Das Öffnen des Filters stellt für den Verkäufer eine große Herausforderung dar.

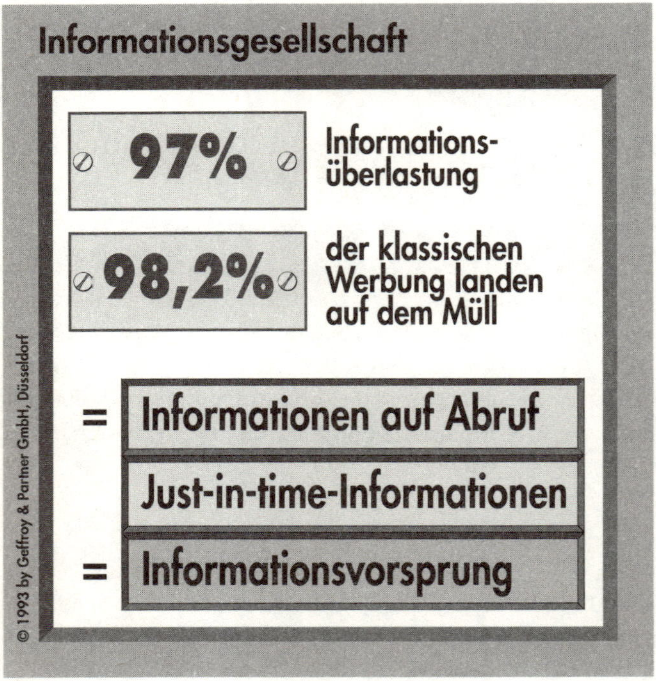

Dieser überinformierte, aber in seiner Denkwelt allein gelassene Kunde glaubt, alles zu wissen, und weiß deshalb nicht mehr sehr viel. Der Kunde wird Ihnen nur zuhören, wenn Sie eine glaubwürdige Beziehung zu ihm herstellen – mit Vertrauen, Zuverlässigkeit und Freundschaft. Dem Freund hört man auch ohne Kästchendenken zu.

Megatrend 3: Die Neuzeit-Welt

Der wichtigste Faktor der Zukunft ist Zeit, nicht Geld. **Zeit ist die neue Währung.** Zeitnutzung wird der strategische Faktor in den 90er Jahren.

Die Menschen lassen sich grob in zwei Zeitkategorien einteilen: Erstens gibt es die Arbeitnehmer mit einer 35-Stunden-Woche. Hier müssen Sie prüfen, ob Sie für diese Zielgruppe adäquate Lösungen anbieten können. In der anderen Gruppe mit einer 50-, 60- oder sogar 70-Stunden-Woche befinden sich die Menschen, die Geld haben, aber keine Zeit, um es auszugeben.

Wie kann man diesen Zeitfaktor für sich nutzen?

Immer mehr Bürger arbeiten, die Zahl der berufstätigen Frauen nimmt zu. Immer weniger Menschen haben Gelegenheit, die notwendigen Pflichten wie Einkaufen oder Reparaturen zu erledigen. Sie genießen lieber ihre Zeit mit Faulenzen oder bevorzugten Aktivitäten. Das bedeutet Riesenchancen für Unternehmen mit Produkten, die Zeit sparen helfen: Fast food, Videotheken auf Rädern, Mikrowellenherde, Versandhandel, Zeitplansysteme etc.

Gleichzeitig verursacht diese Entwicklung Riesensorgen für die Unternehmen im Hinblick auf die Motivation ihrer Mitarbeiter.

Eine interessante Analyse für die 90er Jahre besagt, daß ein Unternehmen, das heute viermal **schneller reagiert** als der Wettbewerber – bei Reklamationen, Anforderungen, Lieferungen und Zeitsparideen –, dreimal schneller wachsen wird als der Wettbewerber, zweimal höhere Profite erreicht und langfristig die Nummer 1 in seinem Markt werden wird.

Die Frage stellt sich, wie wir den Faktor Zeit aktiver in unsere Arbeit einbeziehen, unsere Zeit besser in den Griff bekommen und die Zeit für unsere Kunden besser nutzen können.

Die Konsequenz: Trend der Zukunft

Die neuen Herausforderungen stellen unser bisheriges Denken komplett auf den Kopf, sind aber gleichzeitig der Lösungsweg. Wenn das Tempo des Wandels eine Eigendynamik hat, Märkte, Kunden und Anforderungen immer unkalkulierbarer werden, Freizeit-/Arbeitsgesellschaft und Wertewandel uns alle beeinflussen, Zeitnutzung und Zeitflexibilität entscheidend sind, dann gibt es nur eine dauerhafte Lösung, um vom Tempo des Wandels nicht überrollt zu werden. Nutzen Sie die digitale und die mentale Welt für sich: Alle sind auf Orientierungssuche. Alle suchen Halt. Das Gefühl entscheidet, der Glaube daran, daß das Angebotene besser und richtiger ist.

Der Weg zum Kunden der Zukunft geht ausschließlich über ein ganzheitliches Akquisitionssystem. Der fast verschlossene Filter des überinformierten Kunden läßt sich nur durch Beziehungsmanagement öffnen, d. h., man muß kontinuierlich um einen Kunden werben.

Bilden Sie mit dem Kunden eine Einheit, soweit es geht. Aber konzentrieren Sie sich auf eine Zielgruppe. **Unternehmen und Kunde verschmelzen zu einer Einheit, um gemeinsame Ziele zu erreichen.** Das Unternehmen handelt zum Nutzen des Kunden und der Verbraucher zum Nutzen des Unternehmens. **Gemeinsames Agieren bringt** für beide Beteiligten Vorteile. Sie brauchen eine Strategie, bei der beide gewinnen.

Markt und Unternehmen, Mitarbeiter und Kunde müssen zu einem System zusammenfließen, das sich selbst steuert und trägt. Es entsteht ein alles umspannendes Verknüpfungssystem, ein **Netzwerksystem**, das sich dynamisch selbst weiterentwickelt.

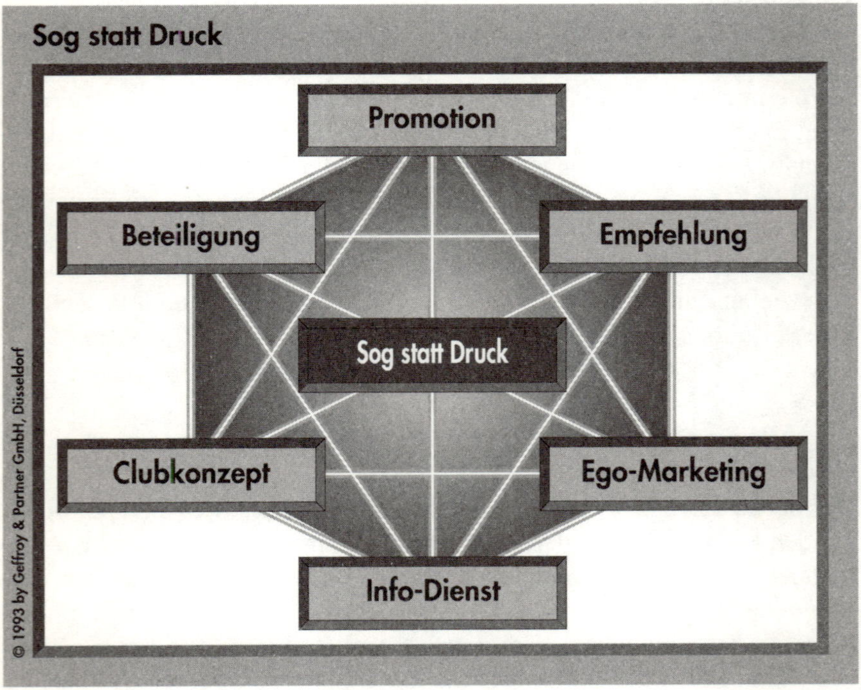

Das Vernetzen mit den Mitarbeitern (durch Beteiligung), mit der Umwelt (Umweltverträglichkeit, Stiftung Warentest), mit dem Abnehmer (Franchise) und mit dem Kunden (Kundenakademien, Kundenschulungszentren) wird ungeahnte Möglichkeiten aufzeigen.

Wir alle sind gefordert, denn unser bisheriges Denken baut auf Frontenbildung auf. Wir müssen in **neuen Dimensionen denken.** Aber es müssen bestimmte Schritte eingehalten, Stufen erklommen werden. Ein chinesisches Sprichwort sagt: **Der erste Schritt ist der schwierigste.**

Natürlich sind Sie als Unternehmen genauso individuell und widersprüchlich wie die erwähnten Kunden und Verbraucher. Deshalb kann es auch keine Patentlösung geben.

Das Diffizilste ist, einen Kunden, der zunächst zu Ihrem Produkt nein sagt, über einen bestimmten Kontaktweg zu einem Ja zu bewegen. Wir wollen alle häufig sehr schnell – zu schnell – vom Nein zum Ja kommen. Die Kundengewinnung wird in der Regel nach zwei bis drei Versuchen gestoppt. Nach unseren speziellen Erfahrungen quer durch alle Branchen werden jedoch heutzutage **sieben Kontakte** benötigt, um einen bislang uninteressierten Menschen dazu zu bringen, bei Ihnen zu kaufen oder mit Ihnen zusammenzuarbeiten. Grundsätzlich gibt es drei Wege, diesen Kunden für sich zu gewinnen:

- den Kunden siebenmal zu sich kommen lassen oder siebenmal zu ihm gehen
- siebenmal per Telefon kontaktieren
- sieben Mailing-Aktionen

Jeder dieser Wege ist, isoliert betrachtet, wenig effizient. Die entscheidende Frage lautet: **Wie mischen wir sieben aus 21 Möglichkeiten optimal?** Wenn Sie heute eine klassische Mailing-Aktion durchführen – ein Brief, ein Prospekt und eine Antwortkarte – dann machen Sie genau dasselbe wie alle anderen.

Gehen Sie andere, kreative Wege. Wir haben zum Beispiel einem Kunden im Immobilienverkauf keinen Prospekt geschickt, sondern eine Vision entwickelt. Wir haben dem Kunden einen Holzzug mit einer Geschichte zugesandt. Das Motto war „Wer auf den Europazug aufspringt, indem er die angebotenen Immobilien kauft, wird davon profitieren". Die Resonanz auf diese Aktion war unwahrscheinlich groß.

Heute wissen wir, daß der Grund für diesen Erfolg in dem von uns beschrittenen Weg lag. Die beiden naheliegendsten Wege, um Menschen zu erreichen, gehen über das **Sehen** und das **Hören**. Weitgehend ungenutzte Aufnahmekanäle sind die des **Fühlens** und des **Riechens**. Alles, was ein Kunde anfassen kann – wir nennen das **haptische Verkaufshilfe** –, spricht seine rechte, die emotionale Gehirnhälfte an. Hier liegen große Chancen.

Der optimale Verkauf, einen Kunden über ein vernetztes System zu gewinnen und dauerhaft zu halten, hat meist als allerersten Schritt einen Brief, der nur das Ziel hat, zum ersten Mal zu sagen: Lieber Kunde, hier bin ich. Im zweiten Mailing sollten Sie keinen Prospekt, sondern eine Beipackidee hinzufügen. Etwas zum Anfassen, zum Fühlen löst den maximalen Impuls bei Ihren potentiellen Kunden aus. Beim dritten Kontakt sollten Sie anrufen und ihm ein Geschenk, eine Gelegenheit, ein Ereignis, wie z.B. den Besuch einer Veranstaltung, einen Tag der offenen Tür oder einen Sonderbonus anbieten. Der vierte Schritt heißt: Schenken Sie dem Kunden etwas auf glaubwürdige Art und Weise.

Diese ersten vier Stufen haben das Ziel, den informationsüberlasteten Kunden für sich aufzubereiten, damit er ja sagt zu einer Beziehung. Dann können Sie per Telefon einen Termin vereinbaren oder mit Ihrem Kunden persönlich in Kontakt treten. Bedenken Sie bei allen Ihren Aktivitäten, daß Sie nur durch anderes Denken bessere Ergebnisse erreichen werden.

Kreativität ist das Telefonat mit Ihrem Unterbewußtsein.

5.2 Der sprunghafte Kunde

Dem sprunghaften Verbraucher von heute ist mit aggressiven Verkaufsstrategien von gestern nicht mehr beizukommen: Kundenbindung am Beispiel des Einzelhandels braucht ein zeitgemäßes Erfolgsrezept.

Die neue Zauberformel der Verkaufsexperten heißt **Beziehungsmanagement**. Dahinter verbirgt sich eine geschickte Kombination von Spaß und Service, Erlebnis und attraktivem Angebot, der sich selbst abgebrühte Verbraucher nicht entziehen können. Denn das neue Verkaufen schafft Kundenbindung mit menschlichem Mehrwert.

Das feste Band zum Kunden

Der Handel kann sich vom Zirkus einiges abschauen, glaubt Bernhard Paul, Direktor des sympathischen Zirkus Roncalli. Mit dem kunterbunten Roncalli-Projekt hat Paul die Manege vom konventionell biederen Image, von der showmäßig-professionellen Sterilität befreit und den Menschen wieder in den Mittelpunkt gestellt: Die Zuschauer, besser gesagt die Kunden, werden hofiert wie Könige.

Das ist gut für Roncalli. Doch was kann der Handel tatsächlich vom Zirkus lernen? Offensichtlich eine ganze Menge, denn kreative Einzelhändler machen es inzwischen Roncalli-Chef Paul mit eigenen Mitteln und einigem Erfolg nach.

Angeführt wird diese Avantgarde der neuen Menschlichkeit im Verkauf von einem beispielgebenden Quartett: Wolfgang Kösters, Glas-Porzellan-Kreamik-Händler in Essen, Francois Loeb, Warenhausbesitzer in Bern, Eberhard Schlotz, Raumausstatter aus Reichenbach bei Stuttgart, und Helmut Becker, Chef des „interessantesten Autohauses der Welt“ – eben „Auto Becker“ in Düsseldorf.

Alle vier Händler singen das hohe Lied des neuen Verkaufens der menschlichen Art. Bei ihnen werden neue wie alte Kunden intensiv gepflegt und mit vielfältigen Aktionen verwöhnt, die allesamt in ein Konzept passen: Beziehungsmanagement.

Becker, Schlotz, Loeb und Kösters haben, jeder auf seine Weise, das Dilemma gelöst, in dem letztlich alle Einzelhändler stecken. Denn trotz dem Schlagwort vom Erlebnishandel, das seit Jahren Furore macht, wird die Differenzierung im Wettbewerb bei zunehmend austauschbaren Warenangeboten immer schwieriger. „Was sowohl die funktionale Leistungsfähigkeit als auch den Preis betrifft, hat der Wettbewerb die Produkte fast undifferenzierbar über einen Leisten gezogen“, beschreibt der Kölner Handelsberater Horst Tiedtke die Situation.

Dem Kunden bleibt bei seiner Kaufentscheidung oft nur das Vertrauen in den Ratschlag seines Händlers. Das funktioniert aber nur dann, wenn der Händler eine glaubwürdige Beziehung zum Kunden aufgebaut hat. Das haben inzwischen auch die Großkonzerne und die ersten Handelsketten erkannt. Um so wichtiger ist es, den Informationsvorsprung zu nutzen und jetzt dem von mir „Beziehungsmanagement“ getauften Konzept Taten folgen zu lassen. Beim Zimmern von dauerhaften Käufer-Verkäufer-Beziehungskisten spielen findigen Unternehmern die sozialen Strukturen in die

Hände. So hat Wolfgang Kösters, Porzellan-Fachhändler aus Essen, bei zahlreichen Kundengesprächen festgestellt, daß sich viele seiner Kunden einsam fühlen. „Die leben in einem gepflegten Einfamilienhaus mit Hecke drumherum, und ihren Nachbarn haben sie weder gesehen noch gesprochen", weiß Kösters. Diesen Kontaktmangel macht sich Kösters gezielt zunutze. Unter dem Motto „Zu Gast bei Kösters" bat er seine Kunden zu Tischgesprächen mit lokaler Prominenz. „Die Rosonanz auf diese Einladung war so groß, daß wir die ganze Aktion fünfmal wiederholen mußten", beschreibt Kösters den Erfolg seines Kunden-Kontaktprogramms.

Jede Mark, die Kösters und seine Wahlverwandten Becker, Loeb und Schlotz in die Kundenbindung investieren, ist eine Zukunftsinvestition, denn die Betreuungskosten unterschreiten in der Relation zum Umsatz in aller Regel die Akquisitionskosten zur Neukundengewinnung, da mit der Dauer und Intensität des Beziehungsmanagements zumeist auch das Kaufvolumen steigt. So kann Porzellan-Händler Kösters darauf verweisen, daß „der durchschnittliche Umsatz pro Kunde in unserem Geschäft doppelt so hoch ist wie im Branchendurchschnitt". Das steht Kösters, der zugleich Vorsitzender seines Branchenverbandes ist, freilich wohl an.

Die alten Marketingpfade sind ausgetreten

Der Weg zu erfolgreicher Kundenbindung liegt allerdings abseits der ausgetretenen Marketingpfade. Mit tollen Anzeigen, Prospekten und flott getexteten Werbebriefen allein erzielen Unternehmer heute in der Regel nicht mehr den nötigen und möglichen Umsatzzuwachs, denn die klassischen Kommunikationskanäle sind zunehmend verstopft. Provokativ überspitzt heißt das: Werbung als Manipulationsfaktor ist tot. Um in Kundenköpfe hineinzukommen, müssen wir neue Wege gehen. Händler wie Wolfgang Kösters realisieren diese neuen Wege mit Fingerspitzengefühl und oft aus dem Bauch heraus. Doch noch fehlt der strategische Unterbau. Als Ratgeber, wie man Beziehungsmanagement planmäßig aufzieht, habe ich einen „Beziehungs-Knigge" mit neuen goldenen Regeln erarbeitet.

Der menschliche Faktor muß wiederentdeckt werden

Dabei müssen Händler keinen falschen Ehrgeiz entwickeln und das Rad neu erfinden: Es genügt meist schon, sich einfach daran zu erinnern, daß das Handeln seit jeher eine soziale Komponente hatte, sich also darauf zurückzubesinnen, daß der Tante-Emma-Laden einmal Nachrichtenbörse, Treffpunkt und Kummerkasten war. Im Zeitalter hektischer Super- und Hypershoppingcenter ist der Laden, was seine integrierende Funktion angeht, zum Horrorladen geworden. „Der Konsument hat sich zwar gewandelt, aber sein Bedürfnis nach menschlicher Wärme hat sich in unserer technisierten Welt verstärkt“, erläutert Francois Loeb, Chef des Warenhauses Loeb in Bern. Die Emotion, die Zuwendung, muß aber echt sein und darf sich nicht in hohlen Werbeslogans erschöpfen. Übertrieben laute und schrille Artikulation schadet eher, als sie nützt.

Um die Kommunikation mit Kunden glaubhaft, individuell und moderat zu gestalten, müssen Kundenzufriedenheiten gezielt ausgelotet werden: also weg vom Verkaufsmonolog, hin zum Kundendialog mit Feedback für die Mitarbeiter an der Verkaufsfront.

In Loebs Berner Kaufhaus können sich Kunden mit „Danke-Kaffeegutscheinen“ den Verkäufern gegenüber als zufrieden offenbaren. Mit der eingeheimsten Trophäe hat sich der prämierte Mitarbeiter einen Gratiskaffee im Personalrestaurant des Warenhauses gesichert. „Es geht dabei nicht um den Kaffee, sondern vielmehr um die Interaktion, das Beziehungsmanagement, das dabei abläuft: Der Kunde weiß, es dreht sich bei uns alles um ihn und seine Zufriedenheit“, erläutert Loeb die Intention der von amerikanischen Fluggesellschaften abgeschauten Idee. Zur glaubwürdigen Kundenkommunikation gehört außerdem ein vernünftiges Beschwerdemanagement. Die Mitarbeiter an den Reklamationsschaltern werden mit viel Negativem konfrontiert. Um das „Syndrom“, die Eskalation der Miesepetrigkeit zwischen unzufriedenen Kunden und genervten Mitarbeitern an der Reklamationsfront, zu vermeiden, schult Loeb sein Personal entsprechend.

„Wir vermitteln deshalb die Technik des Zuhörens, unsere Mitarbeiter gehen auf die Emotionen des Kunden ein“, erläutert Warenhaus-Chef Loeb. Wahre Wunder wirkt es, wenn Kunden ihre Enttäuschung sofort abreagieren können und die Möglichkeit haben, über eine kostenlose Kummernummer sofort Dampf abzulassen.

Der totale Service sorgt für Lebensqualität

Die wiederentdeckte Menschlichkeit fällt in eine Welt, die hektischer kaum sein kann. Das birgt aber gleichfalls Chancen für das Beziehungsmanagement à la Kösters oder Loeb. Der wichtigste Faktor der Zukunft ist die Zeit, nicht das Geld: Eine sinnvolle Zeitnutzung wird also der strategische Faktor der 90er Jahre werden. Immer mehr Bürger arbeiten, die Zahl der berufstätigen Frauen nimmt zu. Das bedeutet Riesenchancen für Unternehmen mit Produkten, die Zeit sparen helfen, oder Unternehmen, die Full Service anbieten. Genau darauf setzt der gelernte Malermeister und Raumausstatter Eberhard Schlotz aus dem schwäbischen Reichenbach. Wenn er seine Aufträge ausführt, sind seine Kunden oftmals verreist. „Ich bekomme den Schlüssel in die Hand gedrückt, und der Auftraggeber fährt dann für eine Woche in Urlaub", erläutert der 40jährige Schwabe.

Seine Klientel weiß, daß sie bei Schlotz Service mit Premiumqualität aus einem Guß bekommt. „Dazu gehört, daß wir nach getaner Arbeit den Teppich saugen und die Gardinen waschen", umreißt Schlotz seine Serviceleistungen. Mit diesem Konzept steht er in Reichenbach nicht allein. In dem 7400-Seelen-Städtchen bei Stuttgart hat sich eine Gruppe junger und gleichgesinnter Unternehmer zusammengeschlossen: Unter dem Namen „Avantgarde" wollen sie „dem Kunden einfach mehr bieten, als er in üblichen Geschäften bekommt", so Karl-Friedrich Bader, Mitinitiator der Avantgardisten. Um den Kunden den angestrebten Komplettservice zu bieten, klüngelt die Gruppe recht heftig untereinander. So kann ein Häuslebauer seine Inneneinrichtung bei Guido Layers „Casa Stanza" planen lassen, Eberhard Schlotz sorgt für die nötigen Wohnaccessoires, und Karl-Friedrich Bader plaziert in dem Neubau die passende Küche. Eine Hand wäscht eben die andere, und der Kunde spart sich die nervige Suche nach geeigneten Händlern.

Der richtige Ton macht die Kundenbindung

Der Schlüssel zu einem gekonnten und damit erfolgreichen Beziehungsmanagement, wie es Schlotz und seine Freunde vormachen, liegt aber auch in der Wahl der richtigen Tonart. Für die Werbung bedeutet das, daß nichts weniger angesagt ist als schrill überdrehte Marktschreierei. Das Personal muß auf die Kunst des Zuhörens und der leisen Töne geschult werden. Dabei gilt es, sich nicht zu verzetteln, sondern Sortiment und Präsentation konsequent auf die Zielgruppe auszurichten.

Die Binsenweisheit „Time is Money" bekommt dabei für fortschrittlich denkende Händler den Wert einer goldenen Erfolgsregel. In einer von mir aufgestellten Analyse für die 90er Jahre gewinnen jene Unternehmen, die heute viermal schneller reagieren als der Wettbewerber – bei Reklamationen, Anforderungen, Lieferungen und anderen zeitsparenden Serviceideen. Nach meiner Einschätzung wachsen diese aufgeweckten Firmen dreimal schneller als ihre Wettbewerber. Und schließlich streichen die Quicken den doppelten Profit ein.

Die Konsequenz aus diesem prognostischen Rechenexempel ist offensichtich: Nur so werden Sie langfristig die Nummer 1 im angestammten Markt. Becker in der Autobranche und Kösters bei den GPK-Händlern machen es erfolgreich vor. Beide vermelden sogar nationale Marktführerschaft.

Praxisfall 1: Händler Wolfgang Kösters Beziehungsreise

„Um beim Kunden nachhaltig im Gespräch zu bleiben, muß ich Außergewöhnliches mit hohem Erinnerungswert liefern", weiß Beziehungsstratege Wolfgang Kösters. Getreu diesem Motto veranstaltete Kösters im letzten Jahr für seine Kunden eine Reise zu den Ursprüngen des Porzellans, nach China. Für 48 Kunden betätigte sich der agile Händler neun Tage lang als Reiseführer bei dem Trip durch das Reich der Mitte – und das bei Kosten für die Reise von immerhin fast 4000 Mark, die jeder seiner Begleiter zuvor auf den Tisch geblättert hatte.

Während der neun Tage konnte sich der Unternehmer ausschließlich der Pflege guter Kundenbeziehungen widmen und sich in entspannter Atmosphäre anhören, was seine Klientel über die Firma denkt, was sie gut und was sie schlecht findet. „Die Beziehungen zu unserem Geschäft kommen nicht mehr nur über die Ware zustande, sondern über emotionale Dinge wie etwa Gastlichkeit", bewertet Kösters die rege Beteiligung an der von ihm höchstpersönlich initiierten Tour. Als Veranstalter ließ der clevere Geschäftsmann jedoch ein professionelles Reisebüro auftreten. Die Vorteile liegen auf der Hand: Einerseits profitierte der Porzellanhändler von den Insidertips der Touristikprofis, andererseits konnte er als Initiator die Verantwortung für die bei jeder Reise unvermeidlichen Pannen auf den Organisator, das Reisebüro, durchreichen. Jede Panne im Beziehungsmanagement schloß Kösters so aus.

Praxisfall 2: Händlergruppe Avantgarde Beziehungsmedium

Für die Avantgardisten aus Reichenbach hört der Service am Kunden nach dem Kauf noch lange nicht auf. Um auch nach Geschäftsschluß noch in den Köpfen der Käufer präsent zu sein, geben die zehn Schwaben eigens eine Zeitschrift heraus. Über das peppig gemachte Lifestyle-Blättchen werden die Kunden über die neuesten Trends in den Branchen der Avantgarde-Mitglieder informiert. Dabei wird nicht jeder Kunde automatisch mit einem Exemplar bedacht, sondern die Zeitschrift wird nur einem handverlesenen Kreis besonders treuer und kaufkräftiger Kunden zugänglich gemacht. „Unsere Stammkunden fühlen sich dadurch gebauchpinselt und ausgezeichnet. Aber gerade bei denen, die keine Zeitschrift bekommen, sind wir noch verstärkt im Gespräch", beschreibt der Primus inter pares der Avantgardisten, Eberhard Schlotz, die Wirkung des Blatts. Im Vordergrund des Konzepts stand für Schlotz nicht die Werbung für die einzelnen Produkte der Mitglieder, sondern die positive Darstellung der Servicephilosophie der ganzen Gruppe. „Wir wollen in puncto Glaubwürdigkeit beim Kunden das sein, was Mercedes-Benz in der Automobilbranche ist", erläutert der Schwabe das ehrgeizige Ziel der Avantgardisten.

Praxisfall 3: Autohändler Helmut Becker

Im Jahr 1947 begann Auto Becker in Düsseldorf als Tauschbörse für gebrauchte Autoteile. Heute steht der Name des nach eigener Einschätzung „interessantesten Autohauses der Welt" nicht zuletzt auch für unverbrauchte Ideen beim Beziehungsmanagement. Das Vehikel, mit dem Firmenchef Helmut Becker seine Kundenbestandspflege betreibt, ist der „auto welt"-Club: ein Verein von Autofreaks, der mit dem Klischee von penetrant bleifüßiger PS-Protzerei sehr wenig gemein hat. So organisiert der Club zusammen mit dem Autohaus Werksbesichtigungen und Reisen. Über technische Novitäten konnten sich die Clubmitglieder beispielsweise letztes Jahr auf der Weltausstellung Expo '92 im spanischen Sevilla informieren. Organisiert und subventioniert wurde der Trip durch das Autohaus.

Zur Palette der Leistungen für den Kunden gehören außerdem interessante Vergünstigungen und bevorzugte Mitgliedschaften in anderen Organisationen und Vereinigungen. Wer dem Verein beitritt, ist automatisch

Mitglied im AvD, dem Automobilclub von Deutschland, und kann dessen volle Serviceleistungen in Anspruch nehmen. Die halbjährlich erscheinende Zeitschrift „auto welt", ein Hochglanzmagazin, vollgestopft mit allem, was das Herz eines Autonarren schneller schlagen läßt, gibt es gratis. Um es nicht nur bei dem Schein vom alternativen Automobilclub zu belassen, engagiert sich der „auto welt" in den Bereichen Umwelt und Verkehrssicherheit. Unter der Mitarbeit des wohl renommiertesten Sicherheitsexperten Europas, Professor Max Danner, prämieren die Mitglieder alljährlich die besten Ideen zur Ökologie und zur automobilen Sicherheit.

Neun goldene Verkaufsregeln

Profis in allen Branchen setzen heute auf ein geschicktes Beziehungsmanagement, weil traditionelle Wege zum Kunden nicht mehr den gewünschten Erfolg bringen.

REGEL 1: Kontinuierlich um Kunden werben

Der fast verschlossene Filter des überinformierten Kunden läßt sich nur durch Beziehungsmanagement öffnen, man muß also kontinuierlich um einen Kunden werben. Aber konzentrieren Sie sich auf eine Zielgruppe. Dann verschmelzen Unternehmen und Kunde zu einer Einheit.

REGEL 2: Den Faden nicht abreißen lassen

Viele Kontakte gehen verloren, weil sie nicht hartnäckig genug weiterbearbeitet werden. Nach dem Verkauf ein Bonbon anbieten: So beeindrucken Sie den Kunden und halten auch nach Geschäftsabschluß die Verbindung aufrecht.

REGEL 3: Gemeinsame Erlebnisse planen

Reisen für Kunden sind alt, aber noch immer beliebt und kostenneutral. Denn zu den Exotik- und Abenteuertrips werden nur Kunden eingeladen, bei denen man das Verkaufsziel erreicht hat, also Reisekosten im Gewinn eingespielt wurden. Gemeinsame Tennis- oder Golfturniere sind eine ausgesprochen nützliche Kontaktmöglichkeit.

REGEL 4: Veranstaltungen aufziehen

Der direkte Kontakt auf neutralem Parkett, mit Erlebnissen verbunden, lockt reservierte Zielkunden aus ihrer Zurückhaltung. Bei einer Abendgala mit Gattinnen oder Gatten können zwischen Geschäftspartnern private Sympathien entstehen. Bei einer Hausmesse werden die eigenen Leistungen ungestört vom Wettbewerb im besten Licht präsentiert. Ein Kundenseminar mit gefragten Experten schafft beispielsweise Gelegenheit für einen Erfahrungsaustausch und neue Kontakte.

REGEL 5: Kleine Gefälligkeiten erweisen

Der amerikanische Psychologe Robert B. Cialdini fand heraus, daß sich Menschen für eine positive Leistung revanchieren wollen, wobei die Höhe des Rückgeschenks keine Rolle spielt. So beschert nicht die Attraktivität des Preises Folgekäufe, sondern die Kunst, eine Zusatzleistung zu erbringen, ohne dafür eine direkte Gegenleistung zu erwarten.

REGEL 6: Mit Informationen locken

Die Hauszeitschrift berichtet über Markttrends und stellt neue Produkte ausführlich vor. Ein Newsletter aus Ihrer Firma bringt für Ihre Kunden komprimiert auf zwei bis vier Seiten Tips, Trends und Gelegenheiten. Eine Videokassette stellt in Wort und Bild technisch anspruchsvolle Novitäten vor. Der Chefbrief setzt den I-Punkt auf alles.

REGEL 7: Im Dreieck verkaufen lernen

Beim Dreiecksverkauf gewinnt der Verkäufer eine Person, die ihn wiederum weitervermittelt. Autokäufer beispielsweise fragen den Händler nach einer günstigen Versicherung, und Computerkäufer suchen Adressen für Spezialzubehör. Bestes Praxisbeispiel liefert die Avantgarde-Gruppe.

REGEL 8: Hartnäckig bleiben

Bevor ein Kunde sich zum Kauf entschließt, vergehen bis zu sieben Kontakte. In Unkenntnis des 7 × Kontaktsystems scheitern Verkaufsbemühungen praktisch fünf Minuten vor dem Ziel.

REGEL 9: Klaren Linien folgen

Die beiden naheliegendsten Wege, um Menschen zu erreichen, gehen über das Sehen und das Hören. Dementsprechend überlastet sind diese Kanäle. Alles, was ein Kunde anfassen kann, spricht seine rechte, die emotionale Gehirnhälfte an. Der optimale Verkauf gewinnt deshalb Kunden über ein vernetztes System. Etwas zum Anfassen und Fühlen löst beim potentiellen Kunden die intensivsten Impulse aus.

Quelle: Handel heute 6/92

6.
Verkauf

6.1 Neuland für Verkäufer

Die richtige Denkwelt

Man weiß heute, daß die wirklich entscheidenden Erfolgsfaktoren eines Unternehmens nicht Gewinn und Umsatz sind, sondern Image, Sympathie, Zuverlässigkeit und Vertrauen – alles sogenannte weiche Faktoren.

Diese Erkenntnis läßt sich auch auf den **Erfolg im Verkauf** übertragen. Nur selten werden Aufträge nach rein logischen Regeln vergeben. Stets spielt die Psychologie dabei eine bedeutende Rolle. Gefragt sind deshalb Verkäufer, die über viel Einfühlungsvermögen im Umgang mit dem Kunden verfügen und im Einvernehmen mit sich selbst sind.

Erfolg oder Niederlage hängen heute im Verkauf mehr denn je davon ab, ob ein Verkäufer seinen Erfolgswillen in Einklang mit den Wünschen und Problemen des Kunden bringt. Wie ein Verkäufer denkt, so handelt er auch und erzielt entsprechende Ergebnisse. Das heißt: **Will er die Nummer 1 sein,** wird er anders denken und handeln und damit zu anderen Ergebnissen kommen als ein Verkäufer, der nur im Strom mitschwimmt, weil er ganz andere Ziele verfolgt.

Sprechen Sie das Unterbewußtsein des Kunden an!

Obwohl heute eindeutig bewiesen ist, daß Verkaufserfolge zu einem wesentlichen Teil auf psychologische Faktoren zurückzuführen sind, wird im Verkauf immer noch viel mehr Wert auf Logik und rationales Denken gelegt. Beweist aber die klassische Werbung nicht jeden Tag aufs neue, daß **wirkliche Erfolge durch eine Ansprache des Unterbewußtseins erzielt werden?**

Unser Gehirn ist ein Apparat, der sehr komplex und vernetzt denken und handeln kann. Aber nur **10 % unseres Gehirns setzen wir bewußt ein. 90% aller Handlungen laufen unbewußt ab.** Diese Tatsache muß sich der Verkäufer zunutze machen, wenn er seine Erfolge optimieren will. Es muß ihm gelingen, praktikable Hilfen in der Überzeugungskunst einzusetzen, die gezielt das Unterbewußtsein des Kunden ansprechen. Welche Auswirkungen hat dies auf die Praxis?

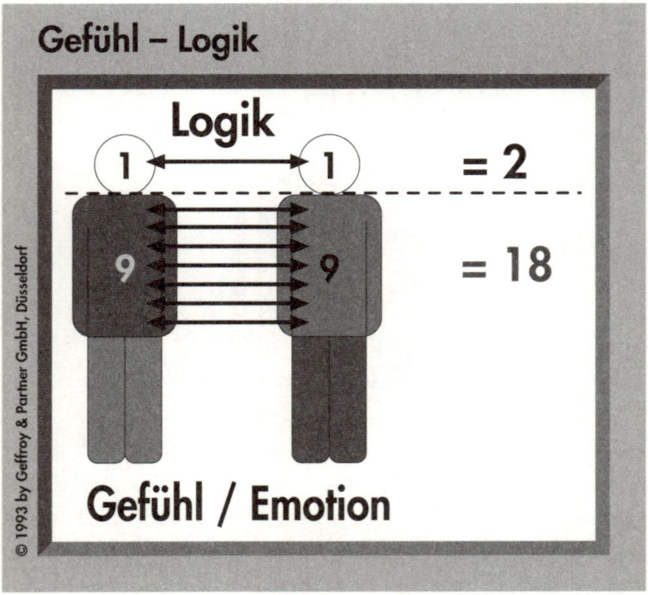

Es bedeutet zum Beispiel, daß Ihre unbewußten Körpersignale (Mimik, Gestik) in Einklang stehen müssen mit dem, was Sie sagen und tun. Und Sie müssen unterschwellige Signale und Wirkungen psychologisch geschickt mit dem Unterbewußtsein des Kunden verknüpfen. Sie müssen die psychologischen Wechselwirkungen beachten, die zwischen Ihnen und Ihrem Kunden stattfinden. Wie wirken Sie auf den Kunden, wie reagiert dieser darauf, und wie nehmen Sie Ihrerseits die Reaktion des Kunden auf? Wenn Sie sich nach diesen psychologischen Grundprinzipien verhalten, werden Sie Ihre Verkaufserfolge nachhaltig steigern können.

Programmieren Sie Ihren Erfolg mental vor!

Als weiterer entscheidender Faktor für den Erfolg beim Kunden erweist sich heute immer mehr die **mentale Vorbereitung vor der Verkaufsverhandlung**. Führende Wissenschaftler, wie zum Beispiel Professor Fritz Stemme, haben nachgewiesen, daß sich Gehirn und Körper schon vor dem Vollzug einer bestimmten Handlung auf die Bewegungsabläufe einstellen. Man kann ganze Situationen im Geist wie in einem Film vorerleben und trainieren und sich für gewünschte Erfolge damit selbst programmieren.

Damit gewinnt die Einstellung des Verkäufers zu seinem Erfolg beim Kunden und zu seinem Beruf ganz allgemein eine immer größere Bedeutung. Der Glaube an den eigenen Sieg oder an die eigene Niederlage bewirkt maßgeblich, ob der Verkäufer erfolgreich aus einer Verkaufsverhandlung herausgeht oder nicht.

Hier einige Empfehlungen, wie Sie Ihren Erfolg mental vorprogrammieren können:

- Trainieren Sie regelmäßig, einfach als Denksportübung, im Geist einzelne Abläufe von Verkaufsverhandlungen oder ganze Verkaufssituationen – zum Beispiel den Preisverkauf. Die Vorstellungskraft muß dazu führen, daß Sie bereits den Ernstfall durchleben.
- Prüfen Sie Ihre Einstellung vor dem nächsten Besuch beim Kunden. Haben Sie eher ein positives Gefühl oder eher ein negatives? Fragen Sie sich, warum welches Gefühl überwiegt, und leiten Sie daraus die richtigen Schritte ab. Wer positiv denkt, wird auch positiv überzeugen.
- Gehen Sie Ihre Verhandlung in Gedanken vorher durch. Ihr Unterbewußtsein kann sich damit bereits jetzt auseinandersetzen, und Sie werden eine sicherere Verhandlung führen, als wenn Sie einfach „reinspringen".

- Bringen Sie sich in eine positive Stimmung. Ein bekannter Verkaufsprofi spielt zum Beispiel auf dem Weg zu einem schwierigen Kunden immer sein Lieblingslied auf Kassette ab – ein guter Weg, um mit einfachen Mitteln in eine positive Stimmung zu kommen. Vermeiden Sie andererseits das Denken an ärgerliche Dinge, denn dies beeinflußt Ihr späteres Verkaufsgespräch nur nachteilig.

Erforschen Sie systematisch die Motive Ihrer Kunden!

Wer heute als Verkäufer erfolgreich sein will, muß sich auch mit der Denkwelt seiner Kunden intensiv auseinandersetzen. Ohne die Kenntnis der wirklichen Antriebsfedern für die Nachfrage nach einem Produkt ist Verkaufen ein reines Glücksspiel. Entsprechend lautet auch eine der häufigsten Antworten, warum ein Auftrag verloren wurde: „Ich habe die Motive meines Kunden nicht richtig erkannt."

Versuchen Sie deshalb, die Kaufmotive Ihrer Kunden richtig einzuordnen. Dabei ist es hilfreich, wenn Sie die Grundstrukturen typischer Käufer kennen. Anerkannte Fachleute, wie z.B. Professor Werner Correll oder Rolf W. Schirm, haben Menschen nach Motivationstypen eingestuft und leiten daraus Verhaltensmuster ab. Einige Beispiele:

- **Der Prestigetyp.** Ihn spricht alles an, was andere noch nicht haben. Das Neueste zählt. Das Produkt muß ein Unikat sein oder eine Revolution. Deshalb muß ihm ein Produkt als einmalig und etwas ganz Besonderes präsentiert werden. Oft erkennt man den Prestigetyp bereits an seiner Kleidung.
- **Der Sicherheitstyp.** Seine Einstellung lautet: „Nur nichts tun, was auffällt." Er kauft Bewährtes. Neuigkeiten gegenüber ist er weniger aufgeschlossen, denn er will kein Versuchskaninchen sein. Ihn überzeugen Beweise in Form von Referenzen, ein unbefristetes Rückgaberecht oder verlängerte Garantien.
- **Der Gewinntyp.** Er ist eher ein Zahlenmensch. Profitabilitätsrechnungen, Return-on-Investment-Ermittlungen sind seine Lieblingsthemen. Zahlen zählen. Von allen Motivationstypen ist er der rationalste (falls Menschen überhaupt rational sind). Er will stets ins Detail gehen und über Fakten informiert werden. Entspricht der Verkäufer seiner „Rechteckigkeit", hat er gute Chancen.

Nutzen Sie erfolgserprobte Einflußhilfen!

Motivationskünstler beherrschen die Kunst, andere Menschen für ihre Sache zu gewinnen. Sie nutzen dabei psychologische Erkenntnisse, die erstaunlich treffsicher sind. Der amerikanische Psychologe Robert B. Cialdini hat herausgefunden, worauf die überwältigenden Erfolge dieser Überzeugungsprofis beruhen. Die dabei festgestellten Grundprinzipien kann jeder anwenden:

- **Schenken Sie Ihrem Kunden etwas** – Sie werden dafür ebenfalls etwas bekommen, denn jeder Mensch meint, sich für Gefälligkeiten revanchieren zu müssen. Das ist wie ein innerer Zwang.
- **Bitten Sie Ihre zufriedenen Kunden, sich schriftlich zu äußern,** zum Beispiel durch ein Referenzschreiben. Die Schriftlichkeit festigt auch die positive Einstellung des Kunden Ihnen gegenüber und ist ein Dokument gegenüber anderen.
- Kunden schätzen das positiv ein, was sich bei anderen bereits bewährt hat und von diesen akzeptiert wird. **Bringen Sie Ihren Kunden deshalb Beweise.** Haben Sie das meistverkaufte Produkt, sind Sie der älteste Meisterbetrieb in Ihrer Stadt?
- Je einmaliger ein Produkt ist, desto größer ist die Kauflust. **Bieten Sie Ihre Produkte deshalb nur zeitbegrenzt oder in limitierter Menge an**, denn knappe Waren lassen sich besser und teurer verkaufen. In vielen Fällen fängt der Kunde erst dann an, sich für ein Produkt wirklich zu interessieren, wenn es nicht oder fast nicht mehr zu bekommen ist. So werden zum Beispiel Autos wie der Ferrari oder der Mercedes 500 SL zu erheblichen Überpreisen verkauft.

Die richtige Verhandlung

Der Verkäufer von heute ist in der Regel mit den nötigen Verkaufstechniken gut vertraut. Umdenken und weiterdenken muß er vor allem in zwei Bereichen: im Menschen und in der Methode.

„Mensch gewinnt Mensch“, so lautet die wichtigste Regel für zukünftige Verkaufserfolge, und mit ihrer Bedeutung muß sich jeder Verkäufer heute intensiv auseinandersetzen. Es genügt längst nicht mehr, nur den Namen des Kunden zu wissen. Alles muß von ihm bekannt sein: seine Stärken und Schwächen, vor allem aber seine Motive.

Der zweite Erfolgsfaktor heißt: **strategisches Verkaufen**. Die Notwendigkeit dafür ergibt sich aus der Komplexität der heutigen Verkaufsaufgaben: Waren früher für eine Kaufentscheidung ein oder zwei Gesprächspartner auf der Kundenseite zu überzeugen, so sind es heute fünf und mehr.

Der Verkäufer wird zum Gebietsmanager und erfüllt zukünftig Aufgaben, die heute noch vom Verkaufsleiter wahrgenommen werden. Dabei wird seine Arbeit in den nächsten Jahren durch die Computertechnologie stark beeinflußt werden. Auf den Punkt gebracht bedeutet dies, daß planendes Handeln und klare strategische und systematische Aktivitäten den Verkauf der 90er Jahre prägen werden. Daraus ergibt sich ein erheblicher Weiterbildungsbedarf, weil derartige Aufgaben vielen Verkäufern erst nahegebracht werden müssen.

Gewinnen Sie Ihren Kunden als Menschen!

Der Kunde als Mensch muß im Mittelpunkt aller Aktivitäten stehen. Dies erfordert allerdings ein noch viel intensiveres Eingehen auf seine Motive und Bedürfnisse, als es bisher üblich war.

Entscheidend dabei ist, daß der Verkäufer die Auffassungen und Einstellungen des Kunden akzeptiert. Und er muß dem Kunden glaubhaft machen können, daß er genauso denkt wie dieser – natürlich vorausgesetzt, daß er dies im eigenen und im Unternehmenssinn akzeptieren kann. Das bedeutet z. B. in der Praxis, daß er den Kunden davon überzeugen kann, daß er das empfohlene Produkt bei einem Rollenwechsel selbst kaufen würde. Aus Verhandlungspartnern werden so „Gedankenpartner" – eine fundamentale Basis für den Verkaufserfolg.

Sorgen Sie für einen optimalen ersten Eindruck!

Der erfolgreiche Verkäufer legt großen Wert auf seine Wirkung beim Kunden. Vom Haarschnitt über die Brille bis zur Uhr und Kleidung überläßt er nichts dem Zufall. Er kennt **die Wirkung des ersten Augenblicks,** in dem die subjektive Kaufentscheidung bereits zu einem großen Teil getroffen wird. Der „Strahlemann", der selbstsicher, aber ohne jegliche Arroganz auftritt, wirkt auf den Kunden sympathisch. Ein Beweis für eine solche positive Wirkung gibt Robert B. Cialdini in seinem Buch „Einfluß". Hier geht er auf die Beobachtung ein, daß sympathisch wirkende Menschen bei Bußgeldverfahren besser wegkamen als finster dreinblickende Zeitgenossen. Einige Empfehlungen, wie Sie die Sympathie Ihrer Kunden gewinnen:

- **Passen Sie Ihre Optik an.** Bei einem Handwerker ist eine andere Kleiderordnung angebracht als bei einem Industrieeinkäufer. Das Vertauschen von Blouson mit Jacket bewirkt oft schon Wunder.
- **Trainieren Sie, mehr zu lächeln.** Jeder Profifotograf wird Ihnen bestätigen, daß schon ein Sekundenbruchteil zwischen zwei Fotos genügt, um ganz anders auszusehen. Trainieren Sie Ihr Lächeln vor dem Spiegel, genauso wie es Profimodels machen.
- **Setzen Sie Sympathiegesten ein**. Beginnen Sie das Gespräch bei Ihrem Kunden mit einem ehrlich gemeinten Kompliment. Im Büro des Kunden gibt es in der Regel genügend Anlässe.
- **Halten Sie Blickkontakt.** Ein noch so guter Anzug nützt Ihnen nichts, wenn Sie am Kunden vorbeiblicken, denn das ist ein nonverbales Fluchtsignal und reduziert das Vertrauen. Da dieses in kürzester Zeit aufgebaut werden muß, ist die Kontaktaufnahme über das Auge des Kunden entscheidend.

Reagieren Sie sekundengenau!

Verkaufsverhandlungen müssen mit System geführt werden, damit der Verkäufer das Gespräch führt, nicht der Kunde. Die traditionellen Verkaufstechniken ermöglichen die Gesprächsführung mit einem Kunden mit wenig Erfahrung. Doch welcher Kunde ist heute noch unerfahren und hat nicht selbst bereits an Verhandlungsseminaren teilgenommen?

Der Verkäufer muß also zusätzliche Erfolgsfaktoren einsetzen, die der veränderten Situation auf der Käuferseite gerecht werden. Bei empirischen Untersuchungen über die Gründe für erfolgreich geführte Verkaufsgespräche haben wir festgestellt, daß in den meisten Fällen eine Sekunde im Verkaufsgespräch über den Auftragserhalt entscheidet. Die Kenntnis und Anwendung von Verkaufspsychologie und -techniken ist nur die Voraussetzung, um zu diesem optimalen Zeitpunkt zu kommen. Es ist der Moment, in dem der Kunde den aus seiner Sicht wesentlichen Grund für einen möglichen Kauf erzählt, wobei dies oft beiläufig erfolgt.

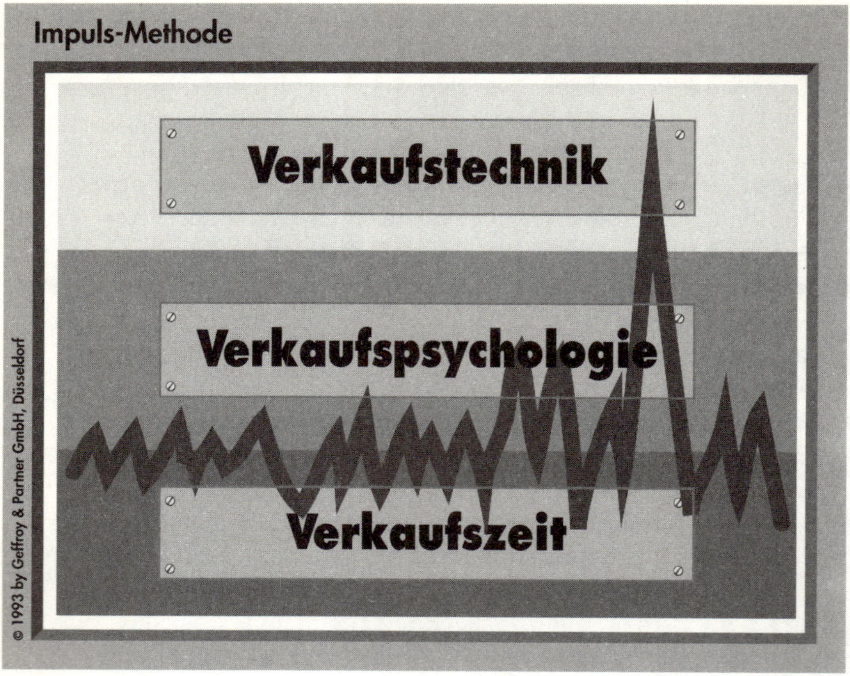

Häufig geht dieses entscheidende Kaufmotiv in der Vielzahl der besprochenen Dinge unter. Verkäufer und Kunde überreden den optimalen Kaufzeitpunkt, ohne dies zu merken. Wenn der Verkäufer den optimalen Zeitpunkt im Verkaufsgespräch jedoch erkennt, kann er durch eine gezielte Argumentation und geeignete Maßnahmen die spezielle Vorstellung des Kunden nutzen und vertiefen. Gelingt es ihm, die Bedeutung dieses Aspektes als unabdingbares Muß für eine Kaufentscheidung zu dramatisieren, hat er gewonnen. Der Kunde sieht seinen – jetzt auch von ihm so eingeschätzten – wichtigsten Anforderungspunkt erfüllt und hat nun im Verkäufer den optimalen Lieferanten.

Was können Sie tun, um den optimalen Zeitpunkt im Verkaufsgespräch sicher zu erkennen?

- **Setzen Sie die Verhandlungsprioritäten anders.** Weniger präsentieren und reden, dafür mehr Konzentration auf den entscheidenden Moment durch aktives Zuhören ist hier der geeignete Weg.

- Der optimale Kaufzeitpunkt kommt meist erst im letzten Drittel des Verkaufsgespräches. Bis dahin müssen Sie **Vertrauen und Sympathie aufgebaut haben**, damit sich der Kunde „öffnet".
- Gibt der Kunde von sich aus einen wichtigen Kaufgrund, z. B. ein hoher Rabatt, schon vorher preis, müssen Sie prüfen, ob es dieser Punkt wert ist, so von Ihnen dramatisiert zu werden, daß der Kunde seine Erfüllung zu einem kaufentscheidenden Kriterium macht. Denn eines sollten Sie sicherstellen: Der Wettbewerber sollte dieses Kaufmotiv möglichst nicht genauso gut erfüllen können wie Sie. Deshalb ist zum Beispiel der Preis kein geeigneter Punkt, weil der Wettbewerb schnell nachziehen kann. Eine Sonderlackierung, die nur Sie anbieten, wäre da schon besser geeignet.
- Oft wird das entscheidende Kaufmotiv erst durch eine intensive Diskussion über dieses Thema im Gehirn des Kunden verankert. Seien Sie deshalb in diesem Punkt besonders **diskussionsfreundlich** und auskunftsbereit. Je mehr Zeit für diesen Punkt verwendet wird, desto sicherer wird der Auftrag.

Machen Sie Nägel mit Köpfen!

Häufig gehen Aufträge verloren, weil der Verkäufer sich nicht hartnäckig genug dafür einsetzt, noch während der Verhandlung eine Teilentscheidung vom Kunden mitzunehmen. Selten unterschreibt ein Kunde sofort, und man vertagt sich auf ein weiteres Treffen oder Angebot. Damit beginnt die Risikophase, weil Verkäufer eines Konkurrenzunternehmens den Auftrag wegnehmen können.

Entscheidend ist deshalb das Verhalten des Verkäufers in der letzten Phase der Verhandlung. **Kann er den Kunden moralisch zur Treue verpflichten und so dem Wettbewerber einen Riegel vorschieben?**

So können Sie dieses Ziel erreichen:

- **Lassen Sie kein Gespräch ohne Ergebnis zu.** Legen Sie bei jedem Gespräch fest, was der Kunde und was Sie bis zum nächsten Termin zu erledigen haben. Sie können zum Beispiel einen Termin vereinbaren, bis zu dem der Kunde Ihnen eine Skizze zusendet oder eine fehlende Information nachliefert. Je mehr Zeit er für Ihre Firma investiert, desto weniger Zeit hat er, Ihren Wettbewerber kennenzulernen.

- **Stellen Sie bei jedem Gespräch Abschlußfragen.** Wenn noch kein Auftrag möglich ist, fragen Sie zum Beispiel: „Wie hoch ist die Chance, den Auftrag zu erhalten?“ oder ganz direkt: „Wenn wir diesen Punkt lösen, erhalten wir dann den Auftrag?“ Abschlußfragen müssen auf den Punkt treffen, da Sie sich jetzt auf die Reaktion konzentrieren müssen.
- Nehmen Sie moralisch Einfluß auf den Kunden und setzen Sie sich selbst als Trumpf in Verhandlungen ein. Fragen Sie den Kunden: „Kann ich sichergehen, daß Sie aufgrund unserer guten Beziehung den Auftrag in der Zwischenzeit nicht an andere vergeben werden?“ Sie haben damit zwar keine Garantie für einen Auftragserhalt, aber Sie können eine Kurzentscheidung verhindern.

Die Kaufmotive

Die großen 3 Kaufmotive sind stärker als alle anderen.

Furcht vor Schaden, Verlust, Krankheit

Eitelkeit das Bemühen um Anerkennung durch Freunde, Nachbarn, Kollegen, Mitbewerber

Gewinnsucht zur wirtschaftlichen Sicherung oder Erweiterung der finanziellen Möglichkeiten

In 90 von 100 Verkaufssituationen können Sie sich auf mindestens eines der drei Hauptmotive beziehen. Wo der Bezug möglich ist, ist dieses Argument Ihr stärkstes.

© 1993 by Geffroy & Partner GmbH, Düsseldorf

- Bauen Sie sich eine Hintertür ein. Lassen Sie durchblicken, daß Sie mit einem Zugeständnis eines Zulieferers rechnen oder daß es eine Sonderaktion geben könne. So beugen Sie der Gefahr vor, daß sich der Kunde für einen Wettbewerber entscheidet, ohne vorher noch einmal mit Ihnen gesprochen zu haben.

Die richtige Systematik

Die 90er Jahre sind das Jahrzehnt der Zeit. Zeit wird in der Zukunft noch wertvoller sein als Geld. Denn während Geld heute bei den meisten in ausreichendem Maße verfügbar ist, wird das nutzbare Zeitbudget durch die Fülle neuer Aufgaben und die gestiegenen Anforderungen immer knapper. Insbesondere aus drei Gründen muß der Verkäufer zukünftig für eine optimale Zeitnutzung sorgen:

1. Die aktive Verkaufszeit, d.h. die Zeit vis-à-vis zum Kunden, ist mittlerweile in vielen Unternehmen unter die kritische Grenze von 15% gerutscht. Das bedeutet einen Zeitverlust von 85% für vergleichsweise unbedeutendere Tätigkeiten, die zum Beispiel delegiert werden könnten.
2. Bedingt durch den Trend zur Freizeitgesellschaft akzeptiert der Verkäufer nicht mehr klaglos eine Regelarbeitszeit von 50 bis 60 Stunden.
3. Die Kosten für einen Kundenbesuch sind mittlerweile auf 150 bis 400 DM gestiegen. Unrentable Kundenbesuche schlagen voll auf den Gewinn durch.

Trotzdem ist das systematische, zeitlich effiziente Verkaufen nicht für jeden Verkäufer eine Selbstverständlichkeit. Denn welcher Verkäufer ist schon in den Vertrieb gegangen, um zu planen, sich zu organisieren und mit hoher Disziplin und Konsequenz, am besten noch mit einem **Zeitplanbuch,** seine Aufgaben zu meistern? Gerade die große Freiheit war ja für viele der Beweggrund, den Verkäuferberuf zu ergreifen. Deshalb muß erst das Selbstverständnis im Kopf der Mitarbeiter geändert werden, bevor spezielle Selbstmanagementseminare Nutzen bieten können.

Wenn allerdings die Chancen einer systematischen Zeitplanung erkannt sind, sind die Auswirkungen enorm: Zweistellige Umsatzzuwachsraten, bessere Profite und kürzere Arbeitszeiten sind dann keine Seltenheit mehr. Oft bringen schon geringfügige Änderungen der eigenen Arbeitsweise und etwas mehr Systematik erhebliche Verbesserungen. Dazu ist allerdings Konsequenz unumgänglich.

Konzentrieren Sie sich auf das Wesentliche!

Die von dem Italiener Pareto aufgestellte Erfolgsregel, **20% des Einsatzes bringen 80% des Ergebnisses**, ist auch im Verkauf gültig.

Auf ihn angewendet bedeutet diese Regel, daß mit etwa 20% der Kunden oder in 20% der Zeit bereits 80% des Umsatzes erzielt werden. Eine Konzentration auf die wirklich interessanten A-Kunden – schon vorhandene sowie auch potentielle – bringt deshalb eine erhebliche Umsatzsteigerung mit sich. Die übrigen Kontakte können mit Brief oder Telefon gepflegt oder auf den Innendienst übertragen werden.

Allerdings setzt eine gezielte Konzentration der Kräfte die Fähigkeit voraus, **Prioritäten setzen zu können** – eine Gabe, die bei vielen Verkäufern noch unterentwickelt ist und erst einmal wie Tennisspielen erlernt werden muß. Denn die meisten neigen dazu, alle Kunden und Aktivitäten als gleich wichtig einzustufen. Doch das ist ein aussichtsloses Unterfangen.

Erhöhen Sie die aktive Verkaufszeit!

Die aktive Verkaufszeit bei den richtigen, d. h. umsatzstärksten Kunden zu erhöhen bringt die sichersten Aufträge. Folgende Maßnahmen haben sich hierzu bestens bewährt:

- Reduzieren Sie die Anwesenheit in der eigenen Firma, indem Sie sich **ein tragbares Büro** durch ein Zeitplanbuch oder einen Laptop-Computer einrichten. Erledigen Sie mehr von unterwegs.
- Führen Sie **kürzere Kundenbesuche** zu ungünstigen Zeiten für den Kunden durch – vor dem Mittagessen oder vor dem Feierabend. Die Gespräche werden automatisch kürzer.
- **Verbessern Sie Ihre Tourenplanung.** Ein Besuch mehr pro Tag ist fast immer möglich.
- **Besuchen Sie mehrere Abteilungen bei einem Kunden.** Gehen Sie auch einmal eine Etage höher oder tiefer.
- **Laden Sie an einem Tag mehrere Kunden zu einem Informationssemi-**

nar in Ihr Haus ein. So verdoppeln Sie an einem Tag Ihre aktive Verkaufszeit.

Installieren Sie ein systematisches Gebietsmanagement!

Nur durch das richtige Verhältnis zwischen kurz-, mittel- und langfristigen Aktivitäten können Sie ein Verkaufsgebiet optimal ausschöpfen. Deshalb müssen geplante Aktivitäten, z. B. zur Neukundengewinnung oder Einführung neuer Produkte, bereits am Jahresanfang feststehen.

Eine systematische Gebietsplanung gründet sich auf folgende Maßnahmen:

- Räumen Sie einem bestimmten Gebietsziel, unabhängig vom Jahresumsatzziel, oberste Priorität ein.
- Erarbeiten Sie dafür ein gezieltes Maßnahmenpaket.
- Ermitteln Sie Ihre aktiven Kunden und deren Verteilung, und erstellen Sie eine monatliche Top-ten-Liste der besten Kunden.
- Überprüfen Sie, welche Neukunden Sie gewonnen haben und welche verloren wurden. Welches waren die Gründe dafür? Welche der verlorenen Kunden müssen auf jeden Fall zurückgewonnen werden?
- Stellen Sie fest, welche zusätzlichen Absatzreserven noch in Ihrem Gebiet stecken.

Perfektionieren Sie Ihre Angebotsverfolgung!

Viele Kontakte gehen verloren, weil sie nicht hartnäckig genug nachverfolgt werden. Diesem Problem können Sie durch einige Maßnahmen leicht Abhilfe verschaffen:

- Halten Sie alle Projekte auf einer Angebotsliste schriftlich fest.
- Legen Sie Kontakttermine zur Nachverfolgung persönlich fest. Das macht Eindruck.
- Sparen Sie im Verkaufsgespräch bewußt ein bis zwei wichtige Punkte aus. So haben Sie später eine gute Möglichkeit zur erneuten Kontaktaufnahme.
- Arbeiten Sie in Ihre Angebote Entscheidungstermine für den Kunden ein. Dadurch erhöhen Sie Ihre Kontaktchancen.

- Laden Sie den Kunden zu einer Werksbesichtigung ein, oder besuchen Sie mit ihm gemeinsam Referenzkunden.
- Verabreden Sie bei jedem Termin gleich den nächsten Zeitpunkt für ein Treffen. So wird der Kontakt nie unterbrochen.

Die richtige Kundenbetreuung

Das Tempo des Wandels, das heute alle Lebensbereiche beherrscht, hat auch vor den Märkten nicht haltgemacht. Die Erwartungen und Wünsche der Kunden ändern sich schneller als je zuvor und haben diese unkalkulierbar gemacht. Was gestern noch als absolutes Erfolgsrezept galt, kann deshalb schon heute ein Unternehmen in den Ruin führen.

Die Geschwindigkeit der Veränderungen im Nachfrageverhalten stellt Unternehmen und Verkäufer vor eine besondere Herausforderung: Denn wie sollen sie einschätzen können, was der Kunde heute und in der Zukunft verlangt? Umsatzvorgaben zu erreichen kann damit für den Verkäufer zum Roulettspiel werden.

Glücklicherweise ist dieser Trend noch nicht in vielen Branchen zu beobachten. Doch durch die Öffnung der Grenzen wird seine Verbreitung beschleunigt werden. Welche Lösungen gibt es für dieses schwierige Problem?

Unsere Erfahrungen bei vielen Unternehmen zeigen, daß häufig noch ein Frontendenken vorhanden ist: Hier wir, dort der Markt. Eine enge Abstimmung auf und eine konsequente Zusammenarbeit mit den Kunden wird kaum realisiert. Die strategische Reserve „Kunde" und eine systematische Kundenbetreuung kommen zu kurz. Dabei liegen hier enorme Chancen, denn ein betreuter Kunde ist ein zufriedener Kunde, der gerne bereit ist, seine Aufträge zu erhöhen und bei anderen Kunden Empfehlungen auszusprechen. Nachweislich ist eine aktive Kundenbetreuung der schnellste und einfachste Weg, um an neue Kunden zu kommen. Deshalb sollten Unternehmen und Kunde im gemeinsamen Interesse eng zusammenarbeiten.

Geben und Nehmen

Menschen neigen dazu, nach bestimmten Verhaltensmustern zu reagieren. So wurde bereits an früherer Stelle darauf hingewiesen, daß Gefälligkeiten in der Regel vom Kunden durch eine Gegenleistung belohnt werden – eine „Gesetzmäßigkeit", die von Robert Cialdini eingehend untersucht wurde. Er fand heraus, daß sich Menschen für eine positive Leistung revanchieren wollen, wobei die Größe des Geschenks für das Gegengeschenk keine Rolle spielt. So verdankt mancher Spitzenverkäufer seinen Aufstieg der Tatsache, daß kleine Gefälligkeiten oft zu großen Aufträgen führen.

Damit ist eine wichtige Verhaltensempfehlung für den Umgang mit dem Kunden herauskristallisiert: **Erst geben, ohne gleich nehmen zu wollen,** darin besteht die Kunst der Kundenbindung. Die Bereitschaft, eine Zusatzleistung zu erbringen, ohne dafür eine unmittelbare Gegenleistung zu erwarten, beschert Folgeaufträge – nicht die Attraktivität des Preises. Mancher Verkäufer ist schon fürstlich belohnt worden, wenn er seinem Kunden den so dringend benötigten Installateur besorgt hat!

Bauen Sie einen regelmäßigen Informationsdienst auf!

Kundenbesuche oder Telefonate allein reichen für eine langfristige Kundenbindung nicht aus. Ein wirksames Instrument ist dagegen der Aufbau eines **systematischen Informationsdienstes.** Verstärken Sie Ihre Kundenbeziehungen durch regelmäßige Informationen über Ihr Unternehmen und Ihre Aktivitäten. Folgende Möglichkeiten bieten sich hierzu an:

- Geben Sie eine monatliche Hauszeitschrift heraus, in der Sie über aktuelle Markttrends berichten und Ihren Kunden nützliche Informationen bieten.
- Richten Sie einen Newsletterdienst ein, der – komprimiert auf zwei bis vier Seiten – Tips und Wissenswertes vermittelt. Auch Sonderangebote oder Sonderaktivitäten können Sie hier präsentieren.
- Durch die Herausgabe einer Videokassette nutzen Sie die neuen Möglichkeiten der visuellen Technik – ein zeitgemäßer Weg, um zum Beispiel über technisch anspruchsvolle Novitäten zu berichten.
- Eine Audiokassette hält aktuelle Tips für eilige Kunden bereit oder für solche, die viel Zeit im Auto verbringen.

Organisieren Sie Veranstaltungen für Ihre Kunden!

Die Durchführung von Veranstaltungen für die Kunden ist ein erprobter Weg, ein prägnantes Unterscheidungsmerkmal gegenüber der Konkurrenz zu schaffen. Solche Veranstaltungen ermöglichen den direkten Kontakt zum Kunden und machen die Bereitschaft eines Unternehmens deutlich, Zusatzleistungen über das Produkt hinaus anzubieten. Einige Beispiele hierzu:

- Auf einer Kundenakademie informieren Sie Ihren Kunden kostenlos oder zu Vorzugspreisen über die neuesten Entwicklungen auf einem Gebiet. Diese Variante wird häufig in der Computerindustrie praktiziert.
- Im Rahmen einer Abendveranstaltung informieren Sie Ihre Kunden in zeitlich komprimierter Form über für sie interessante Themen. Ein Unternehmen der Baubranche führt derartige Veranstaltungen mit großem Erfolg durch.
- Ein Tag der offenen Tür bietet Ihnen nicht nur die Möglichkeit, das eigene Unternehmen vorzustellen, sondern verstärkt auch die Kundenbindung.
- Eine Hausmesse, aus aktuellem Anlaß veranstaltet, dient der Absicht, die eigenen Leistungen ungestört von der Konkurrenz zu präsentieren. Sie ist gleichzeitig eine hervorragende Chance zur Neukundengewinnung.
- In Kundenseminaren, die regelmäßig durchgeführt werden, lassen Sie Experten zu Wort kommen, stellen neue Entwicklungen vor und ermöglichen den Teilnehmern einen Erfahrungsaustausch unter Kollegen.

Bieten Sie mehr Zusatzaktivitäten an!

Der Kunde ist das beste Kapital einer Firma. Deshalb ist es sinnvoll, viel Zeit und Ideen in eine systematische Kundenbetreuung zu investieren – noch mehr als bisher. Bei nüchterner Kalkulation wird sofort ersichtlich, daß die Durchführung derartiger Aktivitäten günstiger ist als eine Neukundengewinnung über den klassischen Weg. Nachfolgend einige Ideen:

- Lassen Sie die Geburtstage von allen wichtigen Entscheidern im Kundenunternehmen erfassen, und gratulieren Sie persönlich oder schriftlich.

- Prüfen Sie, ob Sie einen Kundenbeirat gründen können, bei dem ein Kunde unter bestimmten Voraussetzungen Mitglied werden kann.
- Geben Sie für Ihre Kunden eine Mitgliedskarte heraus, die bestimmte Vorteile oder einen Prestigegewinn sichert.
- Führen Sie Incentive-Reisen für Ihre Kunden durch, an denen diese nach Erfüllung eines bestimmten Verkaufsziels teilnehmen können. Der Vorteil hierbei ist, daß sich Incentive-Reisen gewissermaßen von selbst bezahlen, da die Reise erst bei der Erfüllung der Vorgabe mit einkalkuliertem Gewinn von Ihnen veranstaltet wird.
- Bieten Sie ein Angebot des Monats speziell für Ihre Kunden an. Dieses können Ihre Kunden zu Vorzugskonditionen erwerben.

Die richtige Akquisition

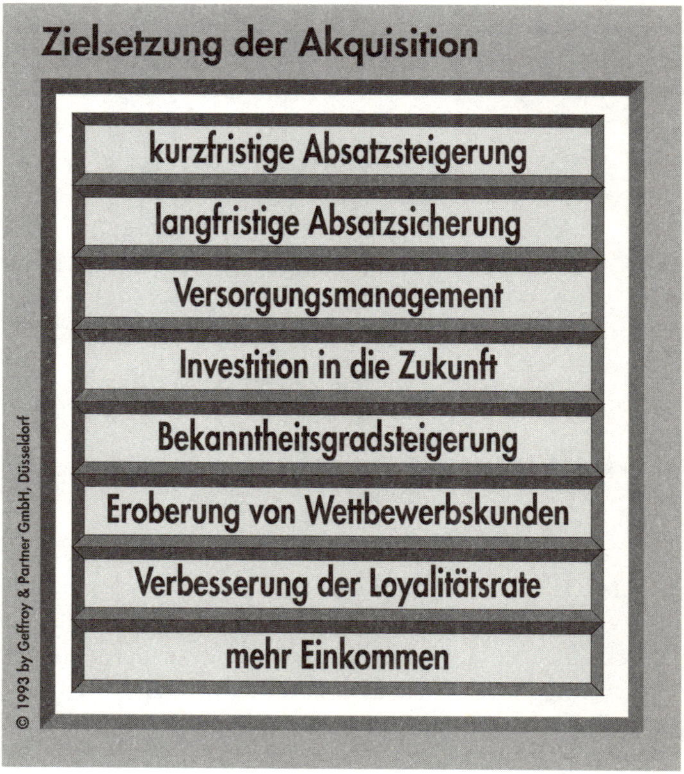

Die systematische Akquisition versteht sich heute als ein Netzwerk verschiedener Einzelbausteine aus den Bereichen Marketing und Verkauf. Neue Kombinationen aus Methode und Technik prägen das Bild erfolgreicher Neukundengewinnung: Computergesteuerte Akquisition, vor Ort eingesetzte PCs und Tandemlösungen zwischen Innen- und Außendienst sind nur einige Beispiele im Maßnahmenkatalog zeitgemäßer Akquisition. Autotelefone, eine kostenlose Bestellannahme, Anrufbeantworter rund um die Uhr, Telefax, Mailbox-Systeme und Btx schaffen zusätzliche Flexibilität und Kontaktmöglichkeiten.

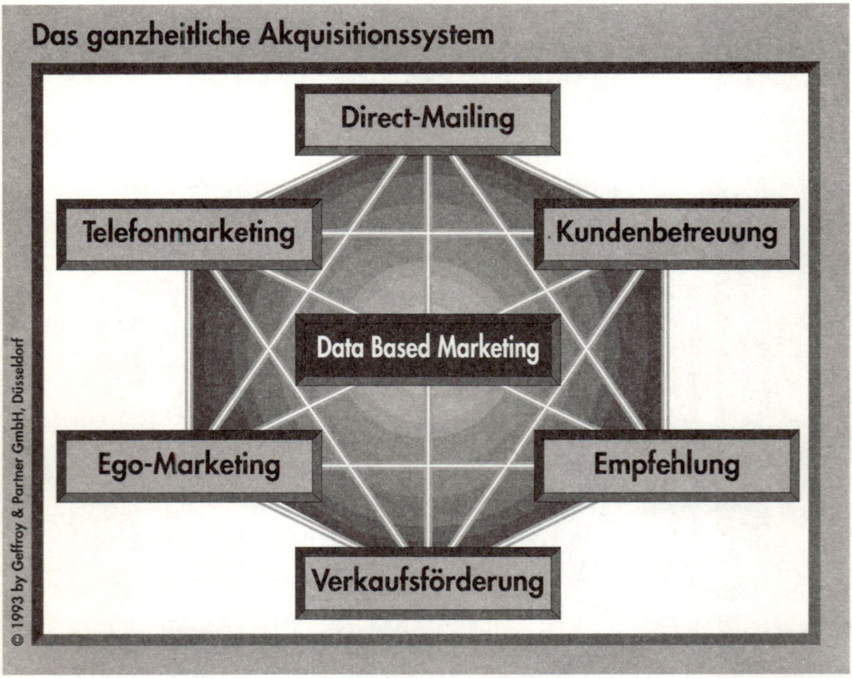

Wichtig dabei ist die Kombination. Nur Telefonmarketing bringt genauso wenig wie Direct-Mailing allein. Erst die geschickte Kombination zwischen Verkaufsförderung, Kundenbetreuung, Empfehlungsgeschäft, Telefon-, Marketing-, Briefwerbung und Öffentlichkeitsarbeit sowie Kooperationen mit anderen Firmen entscheiden über die Verkaufserfolge der Zukunft.

So kann das langwierige Neukundengeschäft bis zum kritischen Punkt der Kaufbereitschaft des Kunden optimal vorbereitet werden, und der Verkäufer braucht seine wertvolle Zeit nur auf die chancenreichsten Neukontakte zu konzentrieren.

Dabei sind Mammutaktionen out. Die Umsetzung der Maßnahmen erfolgt vor Ort durch die jeweiligen Vertriebspartner. Agenturen, Niederlassungen oder Händler entscheiden sich für den jeweils sinnvollsten Mix an Aktivitäten und setzen ihn mit eigenem Zeitplan und eigenem Controlling um.

Bauen Sie ein leistungsfähiges Kontaktsystem auf!

Neukundengewinnung ist in den 90er Jahren ein schwieriges Unternehmen, denn der umworbene potentielle Kunde ist in aller Regel gut ausgebildet, erfahren und im Umgang mit Verkäufern versiert.

Da auch die Entscheider auf der Einkaufsseite heute unter Zeitdruck leiden, kommen viele Angebote entweder gar nicht mehr auf ihren Tisch oder werden aus Zeitmangel nicht gelesen. Ähnlich scheitern persönliche Kontaktversuche. Untersuchungen bei vielen Unternehmen haben ergeben, daß heute ein möglicher Kunde siebenmal kontaktiert werden muß, bevor er sich zum Kauf entschließt. Erst im Laufe eines mehrstufigen Vertrauensprozesses wächst beim Gesprächspartner die Bereitschaft, über einen neuen Lieferanten nachzudenken.

Dabei ist nicht die Form des Kontaktes erstrangig, sondern die Dauerhaftigkeit. In Unkenntnis des **7 × Kontaktsystems** scheitern deshalb viele Akquisitionsbemühungen gewissermaßen fünf Minuten vor dem ersehnten Ziel. Bitte beachten Sie in diesem Zusammenhang auch folgende Tatsachen:

- Der erste Kontakt bringt, von wenigen Ausnahmen abgesehen, fast immer ein „Nein“ des potentiellen Kunden.
- Die teuerste Form der Kundenansprache ist ein persönlicher Besuch, dann folgt an zweiter Stelle das Telefongespräch und an dritter erst der schriftliche Weg.

Daraus ergibt sich als logische Folgerung: Bereiten Sie zuerst einen potentiellen Interessenten geschickt per Direktwerbung auf, legen Sie dann ein zweites Mal schriftlich nach, und vereinbaren Sie erst beim dritten Mal einen Termin.

Wenn Sie nach dieser Regel vorgehen, treffen Sie auf einen weitaus kaufwilligeren Interessenten und haben viel Zeit und Kosten gespart.

Nutzen Sie den Dreiecksverkauf!

Hierbei geht es um die interessanteste, schnellste, sicherste und erfolgversprechendste Form der Kundengewinnung: das **Empfehlungsgeschäft**. Es erlebt heute in vielen Unternehmen eine Renaissance ohnegleichen, aus einleuchtenden Gründen: Wenn ein Kunde ein angebotenes Produkt oder eine Dienstleistung, wie zum Beispiel eine Versicherung oder eine Anlageform, nicht allein in aller Konsequenz überblicken kann, nimmt er Abstand davon oder er verläßt sich auf den Rat von Vertrauenspersonen.

Deshalb können Sie den halben Erfolg schon für sich verbuchen, wenn Sie einen Kunden dazu bringen können, daß er Ihnen den Namen eines potentiellen Kunden nennt und auch bereit ist, Sie persönlich anzukündigen.

Profis, zum Beispiel im Immobilienverkauf, erzielen auf diese Art der Kundenwerbung Umsatzsteigerungen von 200% und 300% pro Jahr.

Dem Dreiecksverkauf liegt das Prinzip zugrunde, daß der Verkäufer eine Person gewinnt, die ihn wiederum weitervermittelt. Dieses System ist nicht nur bei schon vorhandenen Kunden erfolgversprechend:

- Fragen Sie auch Ihre Interessenten, wer noch für Ihre Produkte in Frage kommen könnte. (Diese Form sollten Sie allerdings nur nutzen, wenn der Interessent selbst zu diesem Zeitpunkt nicht kaufbereit ist. Sonst könnte eine nicht kaufbereite dritte Person das ganze Geschäft zerstören.)
- Denken Sie auch an alle anderen Personen, die Kontakt zu der Sie interessierenden Zielgruppe haben. Bauen Sie sich ein Empfehlungsnetz mit Alliierten auf. Architekten, Steuer- und Unternehmensberater zum Beispiel haben häufig Kontakte, die für Sie wichtig sein könnten.
- Verbünden Sie sich mit einem Hersteller oder dessen Händlern, die sich an die gleiche Zielgruppe wie Sie wenden. Wenn Sie Luxusartikel verkaufen, kann zum Beispiel eine Kooperation mit einem ortsansässigen Porsche-Händler durchaus erhebliche Synergieeffekte bringen.

Kombinieren Sie Brief plus Telefon!

Erfolgreiche Unternehmen beweisen es: Die Tendenz geht heute weg von isolierten hin zu vernetzten Lösungen. Frederic Vester gilt als Vorreiter des vernetzten und ganzheitlichen Denkens, das auch im Verkauf der Trend der Zukunft ist.

Suchen Sie deshalb **nach erfolgreichen Verknüpfungen.** Kombinieren Sie zum Beispiel Telefonmarketingaktionen immer mit Direct-Mail-Aktionen. Das gilt insbesondere dann, wenn Sie diese Aktionen ohne professionelle Unterstützung von Direktmarketing-Firmen durchführen lassen wollen. Einige Anregungen:

- Bei Produkten mit hohem Investitionsvolumen für den Privat- oder Geschäftskunden bietet sich ein 2 B + 1 T – System an. Dabei schreiben Sie einen potentiellen Kunden mit einem interessanten Erstbrief an, der Interesse für einen zweiten Brief weckt. Dieser kommt etwa zehn Tage später. Im zweiten Brief wecken Sie durch eine Beilage wiederum das Interesse des Kunden und weisen auf ein nachfolgendes Telefonat hin.

Ein beigefügtes Geschenk soll einen kreativen Bezug zu Ihrem Produkt ermöglichen. Zum Beispiel könnten Sie, wenn Sie Produkte aus den USA anbieten oder Investitionen in den USA offerieren, einen Original-1 $-Schein beilegen. Falls Europa im Zentrum Ihres Angebots steht, verschenken Sie einen kleinen Holzzug mit dem Motto: **„Springen Sie auf den Europazug auf.“**

- Bei preiswerten Produkten sollte ein Teil der Mailing-Kosten direkt durch ein in dem Brief befindliches Sonderangebot abgedeckt werden.
- Bieten Sie potentiellen Interessenten bei Erstkontakten auf schriftlichem Weg immer einen Sondervorteil für Erstkäufer an, wobei Sie konsequent der Linie „Erst geben, dann nehmen“ folgen. Bauen Sie einen Dialog mit dem potentiellen Kunden auf. Wenn er Ihnen einen beigefügten Fragebogen zurückschickt, erhält er eine Sonderleistung oder einen Sondervorteil, z. B. ein handsigniertes Bild eines bekannten Malers in limitierter Auflage.

So kann durchaus auf schriftlichem Weg der Kontakt zu einem Neukunden aufgebaut und intensiviert werden, ohne daß ein Telefonanruf oder persönlicher Besuch zu früh und damit kostenintensiv und risikoreich erfolgt. Erst nach mehrmaligen schriftlichen Kontakten sollte bei ausgewählten A-Interessenten ein Telefonanruf erfolgen.

Planen Sie Aktionen langfristig!

Aktionen sind die aktivste Form des Verkaufens. Ohne ihre Durchführung ist die Neukundengewinnung ein reines Zufallsgeschäft. Doch in vielen Unternehmen wird durch Aktionen nur reagiert, nicht geplant agiert. Deshalb ist eine bereits am Jahresanfang feststehende Aktionsplanung für das ganze Jahr von größter Wichtigkeit.

„Wer macht was bis wann?“ ist dabei die zentrale Frage. Möglichkeiten für erfolgreiche Aktionen gibt es genug, doch sie müssen sorgfältig abgestimmt und planmäßig umgesetzt werden. Eine Aktion ist nur bei konsequenter Zielsetzung, Planung, Durchführung, Steuerung und Kontrolle lohnend. Welche Aktionen bieten sich an?

- Neuprodukteinführungen bieten gute Chancen, neue Interessenten zu gewinnen.

- Messen dienen nicht nur dem Kontakt mit „guten alten Freunden“, sondern ermöglichen auch den gezielten Aufbau von Neukontakten. Damit sind sie eine interessante Plattform zur Neukundengewinnung, wenn sie richtig geplant und vorbereitet sind.
- Auch eine Kundenrückgewinnungsaktion kann eine interessante Maßnahme sein, wenn in letzter Zeit Kunden abgesprungen sind.
- Eine gezielte Aktion zur Neukundengewinnung als eine in sich abgeschlossene Aktivität gehört ebenfalls in diesen Maßnahmenkreis.

Unter dem Aspekt des vernetzten Denkens lassen sich die hier beschriebenen Beispiele zur Erfolgssteigerung gut miteinander kombinieren. Zum Beispiel kann eine Neuprodukteinführung durch eine Kundenveranstaltung in Form eines Kundenseminares erfolgen, zu dem Neukunden per Brief und Telefon sowie mit Unterstützung persönlicher Verkäuferbesuche eingeladen werden. Falls Sie diese Veranstaltung dann nutzen, um über Aufträge hinaus auch Empfehlungen zu bekommen, haben Sie **alle Synergieeffekte** genutzt.

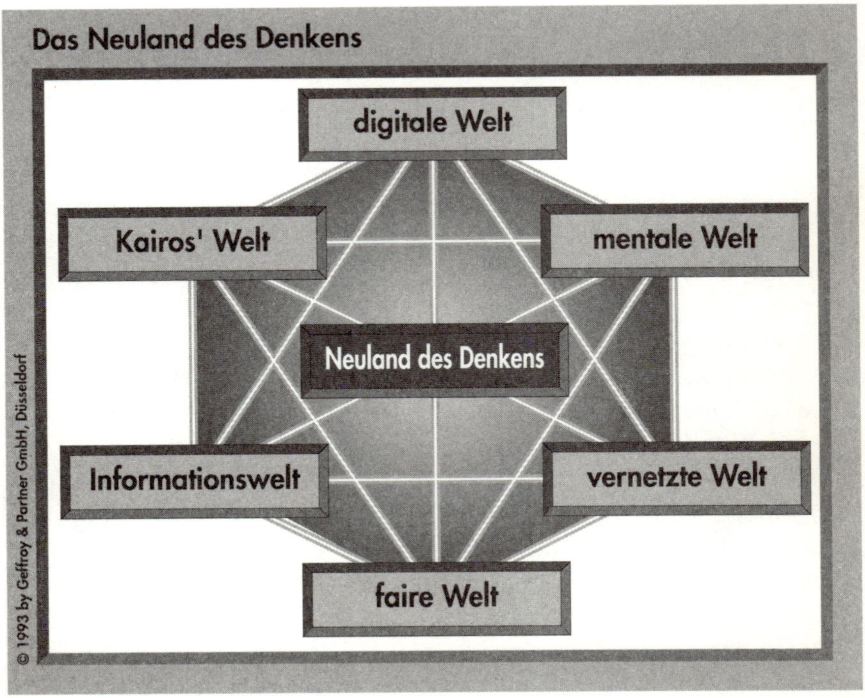

6.2 Mehr Zeit für Kunden

Die richtige Erfolgsquote ist eine Daueraufgabe für viele Verantwortliche im Verkauf. Meistens stimmt sie nicht. Entweder sind die Marktanteile zu niedrig oder die Umsätze nicht ausreichend, und wenn alles nicht stimmt, stimmt letztendlich auch die Rendite für den Aufsichtsrat nicht.

Unter einem bestimmten Aspekt jedoch hat dieses Thema in der letzten Zeit höchste Aktualität erlangt. Dieser Aspekt lautet: **gezieltes Zeitmanagement.** Es läßt sich heute bereits absehen, daß Zeitmanagement in den 90er Jahren zu einem zentralen Thema im Verkauf wird. Und kaum ein Verkäufer wird in den nächsten Jahren daran vorbeikommen, wenn er seine Erfolge auch zukünftig sichern will.

Nachfolgend möchte ich Ihnen einige konkrete Anregungen geben, wie Sie durch ein effektives Zeitmanagement die Ergebnisse im Verkauf verbessern und die Erfolgsquote nachhaltig steigern können. Lassen Sie mich dazu zunächst die Ursachen kurz erläutern, aufgrund deren Zeitmanagement im Verkauf so wichtig geworden ist.

Warum ist Zeitmanagement heute einer der Erfolgsfaktoren im Verkauf?

Stellen Sie sich bitte einmal vor, daß Sie ab sofort mit 20% weniger Arbeitszeit auskommen und gleichzeitig Ihren Umsatz um 20% steigern müßten. Welche Maßnahmen würden Sie ergreifen?

Die geschilderte Situation ist wegen der immer weiter verkürzten Arbeitszeiten keineswegs unrealistisch. Sie verdeutlicht, daß die Zeit immer mehr zum Engpaßfaktor aller Verkaufsaktivitäten wird. Damit sind besondere Probleme für die Verkäufer verbunden. Sie lassen befürchten, daß diese ihre Leistungen in den nächsten Jahren nicht mehr im bisherigen Umfang erbringen werden.

Der chronische Zeitmangel wirkt sich im Verkauf besonders gravierend aus. Aufgrund des Wettbewerbs im Markt werden die Aufgaben des Verkäufers immer vielfältiger und schwieriger, immer mehr ist er jetzt als Generalist gefragt. Dazu kommen dann noch zusätzliche Aufgaben, die er für andere mit übernehmen muß.

Durch den Stellenabbau vorzugsweise im Innendienst vieler Unternehmen sowie mangelnde Stellenbeschreibungen hat er in den letzten Jahren zahlreiche Tätigkeiten übertragen bekommen, die von der Sache her Aufgaben des Innendienstes oder der Serviceabteilung wären. So findet er immer weniger Zeit für seine eigentliche Aufgabe: das aktive Verkaufen.

Der Verkäufer muß sich mit neuen Anforderungen auseinandersetzen, die ihm von der Mentalität her gar nicht liegen.

Aufgrund veränderter Marktbedingungen hat strategisches Denken heute im Verkauf Einzug gehalten. Planung und Strategie sind jetzt im Verkauf gefragt, denn man hat in der Vergangenheit die Erfahrung gemacht, daß Aufträge in Millionenhöhe verlorengingen, weil wegen mangelnder Planung nicht die richtigen Entscheidungsträger angesprochen wurden. Deshalb ist heute die intensive Beschäftigung mit Großkunden zu einem wichtigen Thema geworden.

Der Außendienst muß sich jetzt mit Problemen auseinandersetzen, die regelrechte Horrorworte für ihn sind, z. B. Planung, Kontrolle oder Zielsetzung. Er ist ja eigentlich in den Außendienst gegangen, weil er sich mit solchen Themen gerade nicht oder nur wenig beschäftigen wollte und ein relativ freies Arbeitsfeld anstrebte.

Der Verkäufer bekommt private Probleme

Nach unseren Erfahrungen hat ein Verkäufer in der Regel eine Arbeitszeit zwischen 50 und 60 Stunden pro Woche, während sich seine Kollegen im Innendienst über verkürzte Arbeitszeiten freuen dürfen. Dies bringt private Probleme für den Verkäufer mit sich, denn seine Familie hat nur wenig Verständnis dafür, daß ausgerechnet er beruflich so stark beansprucht ist. Dazu kommt, daß heute, insbesondere bei jüngeren Verkäufern, die Karriere häufiger hinter dem Wunsch nach einem erfüllten Privatleben zurücktritt.

Konsequenzen

Dies macht deutlich, daß wir uns im Verkauf in den 90er Jahren insbesondere mit zwei Herausforderungen auseinandersetzen müssen: Auf der einen Seite ist es von höchster Bedeutung, daß der Verkäufer ein verändertes Selbstverständnis gewinnt. Er muß jetzt auch Aspekte in seine Arbeit miteinbeziehen, die ihm bisher nicht wichtig erschienen. Auf der anderen

Seite muß er die ihm zur Verfügung stehende Zeit effizienter nutzen, weil er sonst die geschilderten Konfliktsituationen nicht verhindern kann. Bitte gestatten Sie mir nun in diesem Zusammenhang eine Schlüsselfrage: **Wie hoch ist die aktive Verkaufszeit Ihres Außendienstes?**

Hierunter verstehe ich die Zeit vis-à-vis zum Kunden. Der höchste Anteil aktiver Verkaufszeit, den ich bei Untersuchungen festgestellt habe, lag um die 30%. Häufig betrug er jedoch nur zwischen 10% und 15%. Die eigentlich interessante Zeit im Verkauf – denn alles andere ist nur unterstützend – liegt also in der Regel um 20%. Dagegen werden 80% der Zeit für Dinge verwendet, die zum Teil unumgänglich, zum Teil aber unwichtig sind: für Fahr- und Wartezeiten, Angebots- und Auftragsbearbeitung, interne Betreuung, Telefon, Reklamationsbearbeitung und allgemeine Bürotätigkeiten.

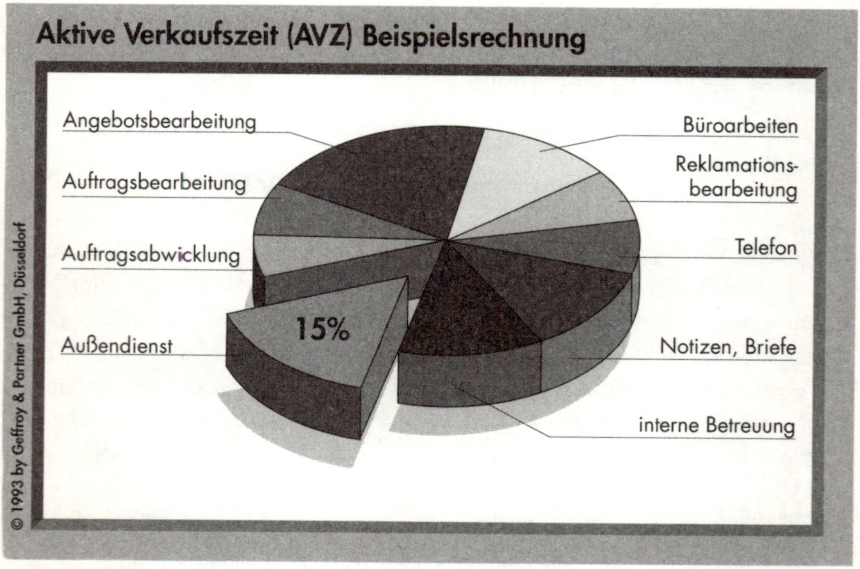

Hier sind erhebliche Zeitreserven verborgen. Sie bieten einem effektiven Zeitmanagement einen ergiebigen Ansatzpunkt. Die folgende Analyse verdeutlicht, wie wichtig es ist, Zeitreserven zur Erhöhung der aktiven Verkaufszeit zu erschließen.

Beispiel für eine Zeitanalyse im Verkauf

Gehen wir einmal von 200 Arbeitstagen pro Jahr aus. Bei einem angenommenen Arbeitstag von acht Stunden bedeutet dies ein gesamtes Zeitbudget von 1600 Arbeitsstunden pro Jahr.

In dieser Zeit verbringt der Verkäufer durchschnittlich 40.000 km auf der Straße. Bei der heutigen Verkehrsdichte liegt die durchschnittliche Reisegeschwindigkeit für Verkäufer bei 50 km/h.

Entsprechend müssen 800 Stunden vom gesamten Zeitbudget für Fahrten im Auto abgezogen werden. Macht der Verkäufer noch eine Stunde Pause pro Tag, so gehen weitere 200 Stunden vom Jahres-Zeitbudget ab.

Dazu kommt der Zeitbedarf für die Besuchsvorbereitung. Sie sei im Durchschnitt mit nur zehn Minuten angenommen, wobei bekannt ist, daß viele Aufträge an einer mangelhaften Vorbereitung scheitern. Bei durchschnittlich drei Besuchen pro Tag – das ist eine Größenordnung für Verkaufsingenieure im Investitionsgüterbereich – sind weitere 100 Stunden abzuziehen.

Und wenn wir nun davon ausgehen, daß der Verkaufsingenieur – um in unserem Beispiel zu bleiben – eine durchschnittliche Bürozeit von 60 Minuten pro Tag aufwenden muß (die erfahrungsgemäß in der Realität noch viel höher ist, da er ja Arbeit von anderen mit übernehmen muß), dann müssen noch einmal 200 Stunden abgezogen werden.

Somit verbleibt nur noch eine aktive Verkaufszeit von rund 300 Stunden pro Jahr. Diese Zahl ändert sich auch nicht, wenn der Verkäufer statt der angenommenen acht Stunden tatsächlich zehn Stunden arbeitet, denn diese zusätzliche Zeit wird nicht beim Kunden, sondern eher im Büro verbracht.

Es ist also eine wichtige Aufgabe, dem Verkäufer deutlich zu machen, wie gering sein Zeitbudget für den aktiven Verkauf tatsächlich ist. Gleichzeitig muß er für die Notwendigkeit sensibilisiert werden, eine höhere aktive Verkaufszeit zu erreichen.

Als erstes wichtiges Fazit für ein erfolgreiches Zeitmanagement ergibt sich hieraus die Forderung, daß die aktive Verkaufszeit in jedem Unternehmen eine Schlüsselfunktion einnehmen sollte.

In diesem Zusammenhang möchte ich die Frage zur Diskussion stellen, warum es in unseren Unternehmen eigentlich keine Zeitabteilung gibt. Warum ist keine Abteilung für eine effektive Nutzung des Engpaßfaktors Zeit verantwortlich?

Man hat zum Beispiel ermittelt, daß 33% der in Unternehmen für Konferenzen verwendeten Zeit komplett überflüssig sind und sich gezielt einsparen lassen. Fragen Sie doch einmal Ihren Verkäufer, wieviel Zeit er für Besprechungen aufbringen muß, die im Endergebnis zu keinen brauchbaren Resultaten führen.

Dies ist nur ein Beispiel dafür, welche Möglichkeiten sich zur Produktivitätssteigerung in den meisten Unternehmen durch ein effektives Zeitmanagement erschließen lassen.

Machen Sie Ihren Mitarbeitern die Notwendigkeit eines gezielten Zeitmanagements bewußt!

Es nützt wenig, Empfehlungen für ein effektives Zeitmanagement anzubieten, wenn es in einem Unternehmen Widerstände dagegen gibt. Deshalb ist es eine Aufgabe von höchster Priorität, im ganzen Unternehmen und auf allen Hierarchiestufen ein Bewußtsein für die Notwendigkeit eines effektiven Zeitmanagements zu schaffen – nicht nur beim Verkäufer. Denn wenn er bei seinen Vorgesetzten und Kollegen kein Verständnis dafür vorfindet, kann er die tatsächlich vorhandenen Zeitreserven nicht ausschöpfen. So hat auch Unzufriedenheit mit der Organisation im Unternehmen erfahrungsgemäß schon so manchen Verkäufer dazu gebracht, sich einen neuen Arbeitgeber zu suchen. Was das bei dem heutigen Mangel an guten Verkäufern bedeutet, braucht hier nicht näher beschrieben zu werden.

Doch auch im Selbstverständnis vieler Verkäufer ist Zeitmanagement als wesentlicher Erfolgsfaktor heute noch nicht vorhanden. Dies beweisen zahlreiche Umfragen, die wir unter Verkäufern durchgeführt haben. Natürlich haben die Verkäufer vollkommen recht, wenn sie neben Fachwissen hauptsächlich emotionelle Faktoren als Gründe für ihre Verkaufserfolge herausstellen, wie z.B. Zuverlässigkeit, Freundlichkeit, persönlichen Einsatz und Zuwendung zum Kunden. Dies korrespondiert auch vollkommen mit der bekannten Tatsache, daß Kunden ihre Kaufentscheidungen hauptsächlich im emotionellen Bereich treffen. Die meisten Verkäufer haben aber noch nicht erkannt, welches Potential ihnen dadurch entgeht, daß sie ihre Zeit nicht richtig im Griff haben, Prioritäten nicht richtig setzen und ohne Planung an ihre Gebietsbearbeitung herangehen.

Es ist unbestritten, daß auch in der Zukunft Kaufentscheidungen maßgeblich auf emotioneller Basis getroffen werden. Um aber überhaupt das

Verkaufspotential (sei es emotional oder rational beeinflußt) besser nutzen zu können, müssen unsere Verkäufer ihren Arbeitseinsatz konsequent planen – und das geeignete Hilfsmittel hierfür ist ein gezieltes Zeitmanagement.

Wirksames Zeitmanagement setzt also zunächst eine Änderung der Einstellung und des Selbstverständnisses der Verkäufer voraus. Denken Sie dabei bitte daran, daß unsere Verkäufer – wie jeder andere Mensch – zu 90% vom Unterbewußtsein gesteuert sind. Deshalb werden sie niemals Zeitmanagement und bestimmte Ableitungen daraus in ihren Arbeitsalltag einbringen, solange sie nicht die Notwendigkeit verinnerlicht und psychologische Barrieren dagegen abgebaut haben.

Als zweites wichtiges Fazit folgt daraus: **Wir müssen erst ein Problembewußtsein bei unseren Verkäufern und allen anderen Mitarbeitern im Unternehmen schaffen, bevor wir Veränderungen durchführen können.**

In diesem Zusammenhang möchte ich zur Verdeutlichung ein Beispiel aus eigener Praxis aufführen: Wir haben in einem Unternehmen einmal die Besuchsanzahl des schlechtesten und des besten Verkäufers ermittelt. Der schlechte, der nur 52 Besuche pro Halbjahr – mit fallender Tendenz – durchführte, war zwar sehr aktiv, aber ineffizient. Er verbrachte viel Zeit im Büro mit Servicetätigkeiten und reparierte sogar seine Anlagen selber. Das dahinterstehende Problem war, daß er als Serviceingenieur in den Vertrieb gesteckt worden war und sich in seiner Rolle als Verkäufer nicht wohl fühlte. Wenn es hier nicht gelingt, das Selbstverständnis des Verkäufers zu ändern und es in Einklang zu bringen mit seiner eigenen Erkenntnis, daß er sein bisheriges Verhalten ändern muß, um in seiner neuen Aufgabe erfolgreich zu sein, werden alle sonstigen Bemühungen scheitern.

Der Spitzenverkäufer im selben Unternehmen wies erwartungsgemäß eine weitaus höhere aktive Verkaufszeit aus. Und er hatte einen weiteren wichtigen Punkt im Zeitmanagement realisiert: **Er setzte seine Zeit gezielt bei den richtigen, d.h. lohnenden Kunden ein!**

Entsprechend lautet die nächste Forderung für ein erfolgreiches Zeitmanagement: **Sorgen Sie für mehr Besuche bei den richtigen Kunden.**

Eine Erhöhung der Besuchsanzahl wird häufig als erprobter Weg zur Verbesserung der Erfolgsquote genannt. Nur kommt dabei meist nicht viel heraus, wenn der Verkäufer zusätzliche Besuche bei irgendwelchen Kunden durchführt. Und fehlt es ihm am richtigen Selbstverständnis, kann er Ihnen sogar beweisen, daß ein Mehr an Besuchen mit weniger Umsatz verbunden sein kann.

Welche enormen Reserven die Verkäufer bei einer Erhöhung der Besuchsanzahl mobilisieren können, haben wir in unseren Seminaren immer wieder festgestellt. So haben wir bei einem Unternehmen größten Wert auf die Erhöhung der Besuchsanzahl gelegt, aber nur aus dem Selbstverständnis der Verkäufer heraus, dies bei den wichtigsten Kunden zu tun. Die Differenz der durchgeführten Besuche lag bei den Verkäufern im gleichen Unternehmen, bei gleicher Ausbildung, ähnlichen Produkten und gleichem Zugriff auf die Ressourcen zwischen 50 und 170 pro Halbjahr! Dies zeigt, daß viele Verkäufer ihre Produktivität durch das richtige Vorgehen verdreifachen können. Machen Sie Ihrem Verkäufer immer wieder bewußt, daß nur eine erhöhte Besuchsanzahl bei den wichtigen – schon vorhandenen oder potentiellen – Kunden sinnvoll ist, bei denen, die wirklich interessante Umsätze erwarten lassen.

In diesem Zusammenhang möchte ich noch einmal auf die Pareto-Regel hinweisen, die besagt, daß mit 20% des Einsatzes 80% des Ergebnisses erzielt werden und mit den restlichen 80% des Einsatzes nur noch 20% des Ergebnisses. Dies bedeutet, daß wir durch eine gezielte Konzentration unserer Kräfte erheblich gewinnen können. Wir müssen uns fragen: „Welches sind die wenigen Kunden, die 80% des Umsatzes ausmachen?“

Lassen Sie Analysen Ihrer vorhandenen und potentiellen Kunden durchführen!

Verkäufer in der Investitionsgüterindustrie haben zum Beispiel in der Regel nicht mehr als sieben bis acht, höchstens neun Großkunden, die etwa 80% ihres Umsatzes ausmachen. Zu diesen vorhandenen Kunden kommen dann noch die potentiellen interessanten Kunden. Die Schlüsselfrage lautet demgemäß: „Wer ist der Kunde mit der Priorität Nummer 1? Wer ist interessanter als andere?“

Erfahrungsgemäß sind einige Tage einzuplanen, um diese Informationen zuverlässig zu gewinnen. Anschließend ist zu ermitteln, welches die potentiellen Kunden mit der höchsten Priorität sind. Aus diesen Untersuchungen ergibt sich die Richtung, in die der Verkäufer zukünftig zu gehen hat, wenn er zusätzliche Besuche durchführt.

Wenn Sie eine solche Kundenumsatzstrukturanalyse durchführen, werden Sie schon bald feststellen, wie eine erhöhte Anzahl der Besuche auch sehr schnell zu interessanten neuen Aufträgen führt. An einem Beispiel möchte ich die Vorgehensweise verdeutlichen: Teilen wir einmal die einzelnen Jahresumsätze aller Kunden eines Verkaufsgebietes in Kategorien auf, z. B. in Umsätze bis zu 1000 DM, bis zu 10000 DM, bis zu 50000 DM, bis zu 100000 DM und darüber. Im nächsten Schritt wird jeder Kunde gemäß seinem Jahresumsatz einer dieser Kategorien zugeordnet. Bei einem Unternehmen aus meiner Beratungspraxis stellte sich dabei heraus, daß 32 % der Kunden lediglich 2 % des Umsatzes brachten. Mit 40 % wurden nur 5 % des Gesamtumsatzes erzielt. Demgegenüber brachten allein drei Kunden 55 % des gesamten Umsatzes, und nur zwei waren für Umsätze über 100000 DM verantwortlich.

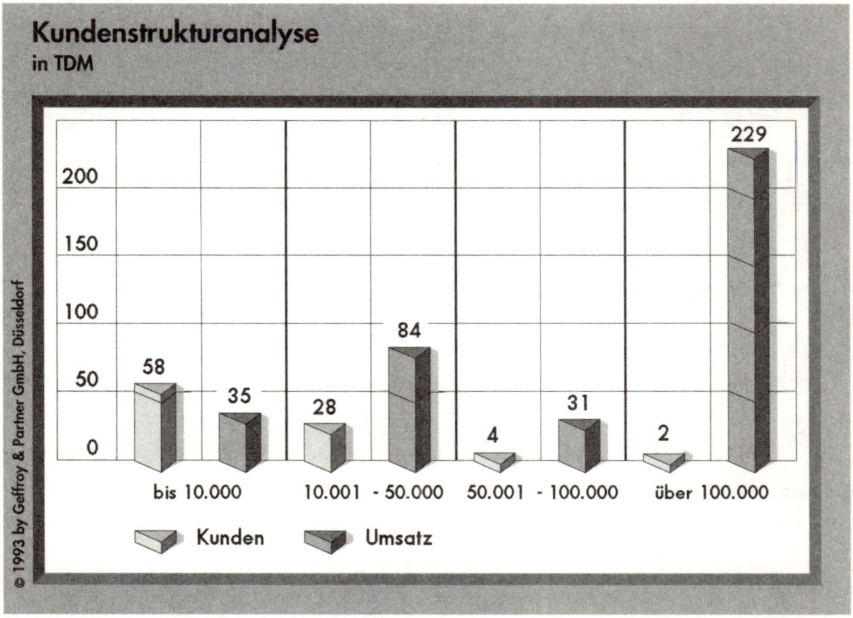

Dieses Beispiel aus der Investitionsgüterindustrie liefert besonders deutliche Zahlen. Aber Parallelen lassen sich auch in allen anderen Branchen nachweisen. Wenn Sie einmal eine solche Analyse in Ihrem Unternehmen durchführen, werden Sie mit Sicherheit zu vergleichbaren Ergebnissen kommen. Zwei Ableitungen ergeben sich aus dieser Untersuchung:

1. Schlüsselkunden, d. h. Großkunden, müssen von den Verkäufern regelmäßig besucht und besonders gepflegt werden.

2. Weitere interessante Chancen liegen auch bei den Kunden im mittleren Umsatzbereich, bei denen, die auch noch ein entscheidendes Umsatzvolumen bringen. Es lohnt sich, solche Kunden genauer unter die Lupe zu nehmen.

Eine solche Analyse ist unabhängig davon, auf welchen Märkten Sie tätig sind. Lassen Sie Ihre vorhandenen Kunden analysieren und vor allen Dingen Ihre zukünftigen Kunden, und ordnen Sie sie dann in ein Klassifikationssystem ein. Durch eine Zuordnung z. B. in A/B/C-Kategorien können Sie gezielt Prioritäten in der Gebietsbearbeitung setzen und die Auftragschancen bei den Kunden deutlich machen. Bei einem Unternehmen in Österreich haben wir z. B. durch die Konzentration auf zukünftige potentielle Kunden Umsatzsteigerungen von 48 % erreicht, und das in einer stagnierenden Branche.

Damit sind natürlich die Möglichkeiten zur Verbesserung der Erfolgsquote im Verkauf nicht ausgeschöpft. Eine Reihe weiterer Maßnahmen, die Sie flankierend einsetzen sollten, möchte ich Ihnen nachfolgend kurz vorstellen.

Weitere Maßnahmen zur Erhöhung der aktiven Verkaufszeit

1. **Legen Sie im voraus eine maximale Besuchszeit bei Kunden fest.**
   63 % der von uns befragten Unternehmen haben bisher auf diese wichtige Möglichkeit, Zeit zu sparen, verzichtet.
2. **Prüfen Sie, ob Sie nicht den Computer systematisch zur Gebietssteuerung nutzen können.**
   Daß hierin eine interessante Reserve liegt, haben Unternehmen bewiesen, die durch den Einsatz der EDV ihre aktive Verkaufszeit von 15 % auf 50 % gesteigert haben! Nützlich ist der Einsatz z. B. für das Angebot erklärungsbedürftiger Produkte, das direkt beim Kunden erstellt wird. Es gibt Unternehmen, die allein dadurch Vorteile erzielt haben, daß sie Angebotsveränderungen beim Kunden viel schneller durchführen können als ohne Computereinsatz.
3. **Sorgen Sie für eine bessere Tourenplanung.**
   Wenn Sie einen Termin bei einem großen Kundenunternehmen haben, sollten Sie versuchen, Ihr Produkt auch in anderen Abteilungen zu verkaufen. Und führen Sie, falls keine Terminabsprache möglich ist, auch einmal „Kaltbesuche“ durch.

4. **Stellen Sie eine systematische Zeitverwendung und Zeitkontrolle bei den Kundenbesuchen sicher.**
   Bei mehr als der Hälfte der von uns untersuchten Unternehmen wurden unwirtschaftliche Besuche oder Besuche bei den falschen Kunden gemacht. Warum werden solche Besuche durchgeführt? – Weil der Kunde nett und dem Verkäufer sympathisch ist. Umsatzziele werden dabei vernachlässigt.
5. **Setzen Sie systematisch Verkaufshilfen ein.**
   Es ist bekannt, daß man mit Foldern, Tischaufstellern und Bildern weitaus besser und effizienter verkaufen kann. Deshalb sollten solche Verkaufshilfen regelmäßig und gezielt im Verkaufsgespräch Verwendung finden.
6. **Legen Sie Besuchsintervalle für die Kunden fest.**
   Dies ist gerade bei Großkunden von herausragender Bedeutung und unabhängig davon, in welcher Branche Sie tätig sind.
7. **Sorgen Sie für eine systematische Nachverfolgung der Angebote.**
   Sehr häufig stimmt die Erfolgsquote auch nicht, weil die Auftragsrealisierungsquote zu niedrig ist, also das Verhältnis von Anfragen zu Angeboten und Aufträgen. Die Auftragsrealisierungsquote liegt erfahrungsgemäß nur bei 10% bis 15% und im Anlagenbau sogar noch darunter, d.h., mehr als 85% potentieller Aufträge gehen verloren, weil die Angebote von zu vielen Verkäufern nicht systematisch nachverfolgt werden.

Die mangelnde Angebotsverfolgung ist auch deshalb so ärgerlich, weil dadurch Aufträge bei bereits bekannten Kunden verlorengehen. Denn mit bekannten Kunden Geschäfte zu machen ist immer noch einfacher und kostengünstiger, als neue dazuzugewinnen. Die Unternehmen, die systematisch ein Angebotsverfolgungssystem erarbeiten, verbessern auch ihre Auftragsverfolgung und erhöhen ihre Trefferquote.

In den aufgezählten Maßnahmen stecken viele Reserven, um mit der gleichen Anzahl von Verkäufern die Ergebnisse gezielt zu verbessern und die Erfolgsquote im Verkauf zu steigern. Bei der Umsetzung der Maßnahmen möchte ich Ihnen dringend empfehlen: Führen Sie für alle Verkäufer ein konsequentes Zeitmanagement ein, und stellen Sie durch eine Erfolgskontrolle sicher, daß die eingeleiteten Maßnahmen auch „ankommen".

7.
Trendbrüche

7.1 Informationsmacht schlägt Geldmacht

3500 Milliarden Dollar beträgt nach Expertenschätzungen das Gesamtvolumen eines Marktes, der noch in diesem Jahrzehnt weitestgehend erschlossen sein wird. Es ist der Markt der persönlichen digitalen Informationstechnologie. Dazu zählen Mobiltelefone, Pager, elektronische Nachschlagewerke – wie beispielsweise unser PC-Verkaufstrainer –, Organizer, Pen Computer bis zu vielseitigen digitalen Kommunikationswerkzeugen. Nun wird auch deutlich, warum die These stimmt, daß sich bis zum Jahre 1998 etwas Wesentliches verändern wird. Die schnellere oder bessere Information wird wichtiger sein als Geld. Hier bekommen digitale Netzwerke mit Kunden enorme Bedeutung, denn es gibt keinen schnelleren und wirksameren Weg, Kunden zu informieren, als durch Just-in-time, also sofort und zum richtigen Zeitpunkt. Hinzu kommt die zweite große Chance des digitalen Clienting: Der echte schnelle und ungefilterte Dialog mit dem Kunden.

Kunden geben ihre Meinung, ihre Wünsche, ihre Verbesserungen direkt in den Computer, der Computer sendet per Modem – per Datenfernübertragung – die Informationen an die Zentrale. Dort werden diese direkt ausgewertet. Und es wird reagiert – entweder zurück zum Kunden oder innerhalb der eigenen Organisation. Dem Außendienst kann die Information direkt in sein Notebook gespeist werden, das wiederum netzunabhängig über das Modacom-Funknetz der Post versorgt wird. Informationen auf Abruf gibt es also immer dann, wenn sie entstehen, und dorthin, wo sie hingehören.

Von eigenen Fehlschlägen, die jetzt in Erfolge umgemünzt worden sind, darf ich Ihnen folgendes einmal schildern.

Um zukünftig in unserem Kernkompetenz-Markt „Verkaufsberatung" weiter eine führende Rolle zu spielen, haben wir uns entschlossen, einen elektronischen Verkaufstrainer mit dem Namen SalesMan auf den Markt zu bringen. Damit konnten wir Verkaufstips und Ideen wie in einem Stichwortverzeichnis abrufen, im Text von einem Thema zum nächsten hin und her springen und eine ganze Menge mehr. Doch irgend etwas fehlte unserem ersten elektronischen Produkt. Es fehlte der Dialog! Es war wieder, wenn auch interessant, eine „Einbahnstraße". Das Produkt wurde verkauft, und das war es. Wir änderten das Konzept! Zuerst gingen wir davon aus, daß wir gar nicht alles über Verkaufen wissen, da wir nicht allwissend sind. Zweitens war uns klar, wer viel mehr über die Probleme beim Verkaufen weiß: unser Kunde. Er ist Verkäufer. Er hat Erfahrung und ist Profi. Nur, wer fragt ihn regelmäßig und systematisch? Sofort führten wir den Dialog in folgender Form ein. Im neuen SalesMan Plus ist direkt ein Faxformular an uns adressiert, das der Benutzer zu jedem Zeitpunkt aufrufen kann. Jetzt kann er Anregungen, Kritik, Verbesserungen und das Entscheidende, er kann Infomodule (eigene Stichworte zu Themen im Verkauf) direkt an uns senden. Wir bieten jedem Verkäufer, der überzeugt ist, daß etwas im SalesMan fehlt, an, uns dieses fehlende Infomodul oder die Grafik zuzusenden. Nach kurzer Prüfung und vorbehaltlich unserer Genehmigung fließt dieses Infomodul in die nächste Auflage des Produktes ein. Jeder Verkäufer, der sein Infomodul plaziert hat, kommt automatisch in unser Who's-who-Verzeichnis des Verkaufs, das integrierter Bestandteil des SalesMan Plus ist. Jeder Teilnehmer wird automatisch mit seinem Profil, was er macht und wer er ist, einschließlich Foto aufgeführt. Zukünftig können Sie nicht nur nach Verkaufstips suchen, sondern auch gezielt in einem Personenindex stöbern, eben einem Who's who des Verkaufs. Den Erfolg können Sie sich selbst ausrechnen.

Durch dieses neue Konzept wurden die Ideen des Clienting, Netzwerke und Dialoge zu schaffen, mit den Möglichkeiten des 24-Stunden-Kontaktes zum Kunden durch Informationstechnologie geschaffen. Darüber hinaus bieten wir jedem unserer Kunden an, falls es gewünscht wird, als Verkäufer für dieses Produkt tätig zu sein. Kunden werden zu Verkäufern.

Dieses konkrete Beispiel soll aufzeigen, daß jeder bei etwas längerem Nachdenken auch ohne ein großes Werbebudget eine Riesenchance hat, erfolgreich zu sein. Hier werben Kunden Kunden und entwickeln ein Netzwerk, das natürlich auch untereinander kommuniziert. Wir sind lediglich Katalysator und Organisator weiterer Veranstaltungen und Clubtreffen, also Bestandteil des gesamten Systems und nicht allwissender Kenner des Universums.

Möglich macht diese Art der Kundenbeziehung der Faktor Information. In einem anderen Kapitel bezeichne ich das auch als MindWare. Hier kurz die Erklärung. Es gibt Hardware, im übertragenen Sinne ist das Ihr Produkt selbst. Erfahrungsgemäß wird es immer schwieriger, sich über das Produkt alleine zu profilieren. Dann kommt die Software, im übertragenen Sinne ist das der Service für Ihren Kunden, also verlängerte Garantien, Hotline, 24-Stunden-Service und was sonst noch dazugehört. Auch in diesem Umfeld wird es immer schwieriger, wirkliche Unterscheidungsmerkmale herauszuarbeiten. Damit bekommt der Faktor MindWare, im übertragenen Sinne Ihr Know-how, Ihr Wissen, Ihre Erfahrung, eine große Bedeutung. Fragen Sie sich, wie Sie Ihr Wissen auf elektronische Art und Weise Ihren Kunden 24 Stunden zur Verfügung stellen können. Es gibt genügend Möglichkeiten, wenn Sie nur länger darüber nachdenken.

Sie können z. B. ein Wissenslexikon „Was tue ich, wenn ...“ Ihren Kunden zur Verfügung stellen. Sie können Kunden und Interessenten, die bauen wollen, eine Baufinanzierung zur Verfügung stellen, mit der sie sich ihre monatliche Belastung selbst ausrechnen können. Wenn Sie es nicht tun, macht es ein anderer. Beispielsweise werden bereits von einigen Verlagen Baufinanzierungstrainer im Markt angeboten. Sie können auch eine elektronische Informationssoftware zur Verfügung stellen, worauf es beim Gebrauchtwagenkauf ankommt. Ich weiß, daß es in Holland bereits am Kiosk eine Software gibt, die aktuelle Gebrauchtwagen mit den entsprechenden Daten beinhaltet. Auch der Mitsubishi-Hotelführer wird Ihnen sicherlich bekannt sein, mit dem Sie Ihr Hotel nach einer Vielzahl von Kriterien aussuchen können.

Informationen sind mittlerweile überall. Wenn Sie diese Chance noch weiter steigern und nicht nur Informationen, sondern sogar Informationsvorsprünge für Ihre Kunden liefern, von denen sie echt profitieren können, haben Sie Sog statt Druck erreicht und keine Vergleichbarkeit. Und nur darauf wollen wir hinaus. Mit Sog statt Druck durch elektronische Informationsnetzwerke können Sie Ihre Werbekosten halbieren oder sogar ganz einstellen, weil Ihre Attraktivität automatisch weitere Kunden anzieht.

James Brian Quinn, einer der führenden Zukunftsdenker in den Vereinigten Staaten, sieht in den Produkten nur noch die physische Hülle der darin eingebundenen Dienstleistungen in Form von Wissen und Knowhow. Wo produziert wird, spielt eine untergeordnete Rolle. Information wird zum alles entscheidenden Wettbewerbsvorteil und der Kundenbeziehungswert der aktivste Posten der Firmenbilanz. „Kein Netzwerke – keine Gewinne" wird bald die Devise sein.

Netzwerke mit Kunden

Wer ist überhaupt Kunde?
- Bestandsadressen
- aktive Adressen

Wo finde ich ihn?
- bei mir
- Verkaufsgebiet

Wann hatte ich Kontakt?

Wen kennt der Kunde?

Was habe ich für ihn getan?

Wozu habe ich ihn eingeladen?

Wie kann ich ihn besser binden?

© 1993 by Geffroy & Partner GmbH, Düsseldorf

Noch wird an Datenautobahnen gebaut. Teilweise sind sie bereits fertiggestellt oder Teilstrecken bereits installiert. Dazu zählen ISDN-Netze und Modacom, C und D-Funknetze. Zur Zukunftssicherung Ihres Unternehmens müssen Sie, wenn Sie es nicht bereits getan haben, Ihren Aktivposten Informationen überprüfen und auf Kundentauglichkeit hin durchchecken. Das fängt aber bereits im eigenen Unternehmen an.

Haben Sie bereits Ihre Informationen systematisiert? Können alle relevanten Daten in Kürze und von allen Mitarbeitern abgerufen werden? Was wissen Sie über Ihre Kunden? Sind Sie abgesichert, wenn einer Ihrer führenden Mitarbeiter das Unternehmen verläßt? Haben Sie seine und das Anwendungs-Know-how Ihrer Firma in irgendeiner Art und Weise systematisiert und abrufbereit gestaltet?

Gehen Sie bitte davon aus, daß bis zum Jahre 2000 alle relevanten Informationen in Datenbanken abrufbereit sind. Wer baut diese Datenbanken bei Ihren Kunden auf? Falls Sie es dem Kunden alleine überlassen, sind Sie natürlich im Nachteil. Der erste Wettbewerber, der diese Chance konsequent nutzt, wird wie eine Spinne im Netz sitzen. Der Nachzügler hat es, wenn überhaupt, ungleich schwerer und teurer. In welcher Form digitales Clienting, d. h. elektronische Netzwerke mit Kunden, installiert wird, wird separat beschrieben.

Bleiben wir noch bei dem entscheidenden Erfolgstransmitter Information. Weltweit gibt es bereits 5000 Datenbanken, in denen das Wissen der Menschheit auf Abruf wartet. Und jeden Tag werden es mehr, ob technische Informationen, z. B. Produktpatente, oder die Suche nach Partnern. Datenbanken und sogenannte Infobroker, die nach Ihren Vorgaben recherchieren, besorgen Ihnen und Ihrem Kunden fast jede Information in kürzestmöglicher Zeit. Ihr Kunde wäre Ihnen bestimmt dankbar, falls Sie seine Informationen beschaffen. Nun wird deutlich, daß das schlimmste Horrorszenario der Zukunft sicherlich wäre, nur Produkte, vielleicht noch zu hohen Preisen, an Kunden ohne Kundenbindung zu liefern. So gut kann in Zukunft kein Verkäufer mehr sein, daß er diese strategische Fehlorientierung langfristig auffangen könnte.

Sehen wir es positiv. Noch ist der wirkliche Wert der Information als Unterscheidungsmerkmal zum Wettbewerb kaum oder gar nicht erkannt. Noch befinden sich viele Firmen im reinen Produktqualitätsdenken. Nur einige sind den Weg der konsquenten Serviceorientierung gegangen. Und diejenigen Unternehmen, die Produkt, Service und Information miteinander verknüpft haben, haben Ihre mentale Einstellung zur intensiven Vernetzung mit Kunden noch nicht vollzogen. Dafür ist das ausgeprägte Denken in Beherrschungsstrategien noch zu ausgeprägt.

Nehmen Sie als Beispiel die durchaus lobenswerte Vorgehensweise des größten deutschen Automobilkonzerns bei der Einführung der neuen Modellklasse. Zum ersten Mal wurde dem Kunden nicht nur ein Prospekt oder eine Probefahrt angeboten, sondern die Produktvorstellung per Diskette – gleich in beiden Welten, also für Windows und Apple Macintosh, lobenswert und von der Werbeagentur gut verkauft mit dem Argument, daß der Computer die letzte freie Werbefläche sei.

Ich bin schon glücklich, daß das überhaupt jemand erkannt hat. Nur ist das auch nicht der Sinn des Clienting, sondern das ist Advertising übertragen auf den Computer, ein bißchen Animation und Visualisierung, aber ansonsten Werbung im Computer. Was wird der Interessent wahrscheinlich damit machen? Etwa eine halbe oder sogar eine Stunde damit herumspielen und es dann weglegen oder löschen? Und wieder ist die Chance des Dialogs und des Aufbaus von Netzwerken mit diesem Interessenten vertan. Warum stellt man ihm keine Frage, die er beantworten und per Fax zurücksenden kann? Warum kann er sich nicht an einem Spiel beteiligen? Warum bauen Sie nicht eine MindWare ein, also Wissenssoftware oder eine Datenbank, damit er fortan einen 24-Stunden-Nutzen von Ihrem Informationsangebot hat? Antwort: Weil die Werbung immer noch unterstellt, daß der Verbraucher gefälligst zu konsumieren hat.

Um so größer sind die Chancen für Sie, falls Sie als erster in Ihrem Markt neue Regeln einführen: Informationen auf Abruf für Ihre Kunden, damit Ihre Kunden mit Ihrem Wissen Erfolge erzielen. Eine schöne Vision!

7.2 Kopfstand für Marktregeln

Wann hatten Sie das letzte Mal verrückte Ideen? Nein, nicht nur privat, ich meine beruflich und für Ihre Firma. Querdenken zu wollen und zu können wird eine wichtige Erfolgseigenschaft in der Zukunft sein. Stellen Sie einmal bewußt Ihre Firma und Ihre Produkte in Frage.

Überlegen Sie einmal genau, wer Ihr Wettbewerber ist. Wenn Sie jetzt nur an Ihren Konkurrenten denken, der die gleichen oder ähnliche Produkte produziert, liegen Sie mit hoher Wahrscheinlichkeit falsch. In den 90er Jahren werden die meisten Wettbewerber aus Bereichen und Branchen kommen, die Ihnen bis vor kurzem weder namentlich noch produktmäßig bekannt waren. Damit verliert auch eine jahrzehntelang gepflegte sogenannte Wettbewerbsstrategie an Bedeutung, die die Orientierung am Konkurrenten sehr deutlich in den Vordergrund stellte.

Sehen wir uns einige Beispiele an, die die Grundregeln einer ganzen Branche entweder schon verändert haben oder es in Zukunft tun werden. Erwähnt sei hier noch einmal das Beispiel am Anfang des Buches, der Personal Digital Assistent von Apple und weiteren Herstellern. Dieser elektronische, auf Handschriftenerkennung arbeitende, mit künstlicher Intelligenz ausgestattete Assistent wird der gesamten Zeitplansystembranche ganz schön zu schaffen machen.

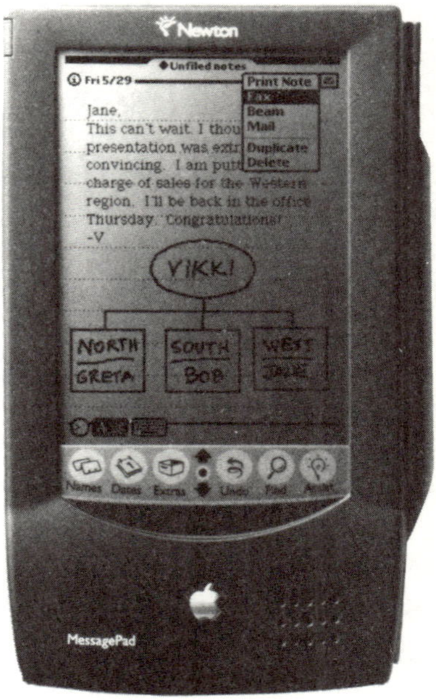

Ein weiteres hochinteressantes Beispiel ist die Uhrenindustrie. Hier mischt ein Uhrenhersteller die Karten neu. Uhren sollen nicht nur die Zeit anzeigen, sondern auch noch einen entscheidenden Zusatzeffekt haben, quasi als Minitelefon. James Bond läßt grüßen. Des Rätsels Lösung ist die Kombination zwischen einer Uhr und dem sogenannten Pager. Pager ist normalerweise ein Funkdienst der Post und funktioniert so: Der Pager sendet entweder einen Rufton oder zeigt in der besseren Version auf einem kleinen Display kurze Nachrichten, Telefonnummern, neue Flugzeiten oder ähnliches an. Wer angefunkt wird, kann dann von jedem Telefon aus die erkannte Nummer zurückrufen. Nun hat die Firma Swatch als erster Anbieter die Pagertechnik in eine ganz normale Armbanduhr integriert. Somit ist die Uhr nicht mehr einfach nur Zeitmesser, das ist ein Nebenaspekt, sondern ein Kommunikationsinstrument, mit dem Sie 24 Stunden erreichbar sind. Der Firma Swatch gebührt doppelter Respekt, da sie erstens diese phantastische Idee entwickelt und zweitens wieder einmal grundsätzlich und dauerhaft die Marktspielregeln verändert hat. Der Doppelnutzen wird viele Käufer davon überzeugen, Uhr und Pager in einem zu kaufen. Was machen jetzt reine Uhrenanbieter?

Ein weiteres Beispiel ist die Trainingsbranche. Mein Partner und ich hatten vor Jahren eine Kreativsitzung, in deren Verlauf wir als „Schnapsidee" Training ohne Trainer als ein zentrales Zukunftsthema betrachteten. Jetzt ist aus dieser Idee in meiner Firma und auch im Weltmarkt ein feststehender Begriff geworden.

Multimediatraining heißt, Training schneller, kostengünstiger und wiederholbarer mit dem Einsatz von Computern und neuen Techniken interaktiv durchzuführen. Diese Entwicklung wird einige Trainer bis zur Jahrtausendwende ihren Job kosten. Wiederum neue Trainingsformen werden entstehen und Kostensenkung mit Erfolgssteigerung kombinieren.

Doch ganz so dramatisch muß es nicht immer sein. Nicht nur Produkte oder Dienstleistungen können durch andere Entwicklungen grundsätzlich verändert werden, sondern auch die Art des Vertriebes. Banken werden ihre Immobilienobjekte zukünftig dem Kunden auf einer Diskette mitgeben oder gemeinsam am Computer betrachten, per Computer durch die Räume wandern und natürlich die monatliche Belastung ausrechnen. Beide sparen bei dieser Grobanalyse das Besichtigen unendlich vieler Häuser, bis man endlich das gewünschte Objekt gefunden hat.

Die Beispiele sind deutlich genug. Keine Branche ist mehr durch einen Angriff von hinten oder von der Seite sicher. „Raus aus der Vergleichbarkeit" sollte Ihr erster Schritt sein, den Sie gehen. Das geht oft ohne großen Mehraufwand. Die nachfolgende Liste gibt Ihnen Anhaltspunkte, womit Sie sich schnell von Ihrem Wettbewerb unterscheiden können.

Ausschnitt aus der Checkliste: Raus aus der Vergleichbarkeit

Serviceleistungen
optisches Aussehen
technische Unterstützung
Bequemlichkeit
Sicherheit
Verfahrens-Know-how
Vereinfachung der Arbeitsabläufe
Umweltschutz
technische Vorteile
betriebswirtschaftliche Vorteile
kürzere Montagezeiten durch Vormontage und Baukastensystem
Marktführer: Anzahl Referenzanlagen
Unterstützung bei Finanzierung
Lebensdauer
eigene Entwicklungsabteilung
verkehrsgünstige Lage
wartungsarme und energiesparende Anlagen
hoher Prestigewert
Privatunternehmen
individuelle Behandlung der einzelnen Kunden
Flexibilität in den Konditionen
kurze Lieferzeiten
Außendienst im In- und Ausland
Versuchsanlagen für Kundenversuche
qualifiziertes technisches Personal
finanziell starkes Unternehmen
schneller Ersatzteildienst
Liefertreue
verlängerte Garantien
flächendeckender Vertrieb/Beratung
detaillierte Auftragsdokumentation
Telefonberatung
Kundenkurse
Wartungs- und Serviceverträge
Verkaufsvermittlung von Altgeräten
übersichtliche Ersatzteil- und Zubehörkataloge

Installation ohne Berechnung
alles aus einer Hand
spezieller After-Sales-Service
kundenspezifische (maßgeschneiderte) Problemlösung
Leasing
Beteiligung – Joint-venture
24-Stunden-Reparaturdienst

Der nächste Schritt sollte eine Kreativsitzung sein, bei der Sie bewußt Branchenfremde einladen. Versammeln Sie fünf bis sieben Menschen um sich herum, die quer denken können, und stellen Sie nur die Fragen:

- Wenn wir ganz frei wären, womit würden wir unser Produkt kombinieren?
- Wenn wir ganz frei wären, wodurch würden wir unser Produkt ersetzen?
- Wenn wir ganz frei wären, was würden sich unsere Kunden wünschen?

Als nächsten Schritt schaffen Sie sich eine Minimarktforschung an, d.h., Sie lesen eine ganze Menge Zeitschriften quer oder lassen sie lesen. Lesen Sie nicht nur Fachzeitschriften aus Ihrer Branche, sondern bewußt auch aus anderen Branchen. Wann haben Sie das letzte Mal eine Computerzeitschrift gekauft?

Es gibt schon eine Tendenz. Die meisten Marktgrundregeln werden zur Zeit durch die Kombination von alter und neuer Technik geändert. Die neue Technik ist alles, was mit Information, Computertechnik oder Elektronik zu tun hat. Es gibt „intelligente“ Toiletten, sprechende Computer und interaktives Fernsehen. Hätten Sie vor zwanzig Jahren geglaubt, daß man bald Geld aus einem Automaten an der Straßenecke bekommt? Heute ist das für uns selbstverständlich.

Was wird in zehn Jahren selbstverständlich sein?

Auch hier besteht die beste Chance für Sie darin, das Ohr am Markt zu haben, selbst Markt zu sein, also Netzwerke und Beziehungen mit Kunden zu haben, die ihnen ihre Wünsche und Träume erzählen – bevor es andere mitbekommen. Wie bereits gesagt: Die besten Gelegenheiten ergeben sich immer dann, wenn man die Grundregeln ändert, also einen Kopfstand für Marktregeln wagt.

8.
Zeitwettbewerb

8.1 Tempo des Wandels

Die politischen Ereignisse im Ostblock haben es uns einmal mehr eindrucksvoll vor Augen geführt: Heute vollziehen sich Entwicklungen so schnell, daß scheinbar unantastbare Regeln vom einen auf den anderen Tag ihre Gültigkeit verlieren können. Hätten Sie zum Beispiel noch am Anfang des Jahres 1989 geglaubt, daß wir wenige Monate später eine völlig neue Situation in Deutschland haben würden?

Wandel und Innovation beherrschen auch unsere Arbeit, und nur das rasche Anpassen an Veränderungen sichert unsere Überlebenschance. Wer auch in der Zukunft noch erfolgreich sein will, muß deshalb Wandlungsfähigkeit besitzen. Er muß in der Lage sein, frühzeitig neue Trendimpulse aktiv in seine Strategie einzubeziehen. Ja, mehr noch:

Das Unternehmen der 90er Jahre muß das Tempo des Wandels selbst bestimmen können!

Wissen Sie, daß weltweit in jeder Minute eine neue chemische Formel entwickelt wird? Dies liegt darin begründet, daß etwa 90% aller Wissenschaftler, die je forschten, dies in der Gegenwart tun. Wer sagt Ihnen, daß nicht weltweit schon eine bessere Produktlösung entwickelt worden ist als Ihr bisheriges Produkt?

Nachfolgend möchte ich Ihnen einige Überlegungen vorstellen, wie wir heute Entwicklungen frühzeitig erkennen und entsprechend unsere Prioritäten setzen können, wie wir mit dem Tempo des Wandels auf dem Markt, bei unseren Mitarbeitern und bei uns selbst Schritt halten können und über welche Fähigkeiten wir verfügen müssen, um selbst Wandler des Erfolges zu sein.

Zuerst soll die Frage im Vordergrund stehen, welchen grundsätzlichen Anforderungen ein Unternehmen gerecht werden muß, um sich dem Tempo des Wandels stellen zu können. Anschließend möchte ich Ihnen drei Trends präsentieren, die in ihrer Konsequenz unser Leben und unsere Arbeit auf den Kopf stellen werden.

Voraussetzungen für den Unternehmenserfolg in einer Zeit des Wandels

1. **Ein Unternehmen, das trotz rascher Veränderungen auf Erfolgskurs bleiben will, muß bereit sein, neues Denken konsequent umzusetzen.**

Wir sind derzeit Beobachter einer dramatischen Wendezeit. Die Mauer in Berlin ist weg. Sie ist in unseren Köpfen weg, wenn auch derzeit noch nicht überall in der Realität. Wir wissen auch, daß es im Kopf vieler Manager eine Gedankenmauer gibt – nicht real, aber sie ist da. Und sie verhindert, daß neues Denken konsequent umgesetzt wird. Doch was wir heute nicht mit Konsequenz machen, können wir morgen bleiben lassen. Denn dann ist es bereits zu spät. Das heißt, wir müssen radikal umdenken.

2. **Ein Unternehmen muß über ein professionelles Informationsmanagement verfügen.**

Uns allen stehen die gleichen Grunddaten, sprich die gleichen Informationen, zur Verfügung. Doch der Unternehmenserfolg wird erst durch die Sammlung, richtige Interpretation und Umsetzung verwertbarer Informationen bestimmt. So können auf der einen Seite Firmenlösungen mit phantastischen Erfolgen entstehen, während bei anderen Unternehmen in ein paar Jahren vielleicht gerade noch der Name existiert.

3. **Ein Unternehmen muß durch eine ganzheitliche Betrachtungsweise gekennzeichnet sein.**

Wir wissen heute, daß es in der Zukunft immer mehr Netzwerke geben wird, d.h., Firmenlösungen sind schon längst keine Insellösungen mehr. Ein Unternehmen muß im Verkauf, in der Administration und in der Fertigung gleichermaßen hochproduktiv sein. Wenn Sie heute versuchen, eine Umsatzsteigerung zu erreichen, dürfen Sie sich nicht mehr auf einen einzigen Bereich konzentrieren. Sie benötigen eine ganzheitliche Betrachtungsweise.

4. **Ein Unternehmen muß Zeit als den strategischen Faktor der 90er Jahre erkennen.**

Bereits heute befinden sich die meisten Unternehmen in einer Problemsituation, die sich in den nächsten Jahren weiter verschärfen wird: Einerseits stellt der Markt immer höhere Erwartungen und Ansprüche an die Leistungen eines Unternehmens und seine Mitarbeiter, auf der anderen Seite stehen die zeitlichen Beschränkungen durch immer weiter verkürzte Arbeitszeiten. Nur durch gezielte Zeitlösungen und ganz neue Wege in der Mitarbeitermotivation wird es möglich sein, dieser schwierigen Situation gerecht zu werden.

Welche drei Trends sind es nun im besonderen, die ein neues Denken und Verhalten von uns verlangen? Und wie können wir uns darauf einstellen?

Der erste Trend: der Trend des inneren Wandels

In den letzten Jahren hat sich in den Einstellungen und Erwartungen der Menschen ein starker Wertewandel vollzogen. Es ist heute out, als Lohnsklave in einem Unternehmen zu arbeiten. Es entspricht auch nicht mehr dem Zeitgeist, Geld als Motivationsfaktor Nummer 1 zu sehen. Doch bei vielen Unternehmen herrscht immer noch die Ansicht vor, daß die Mitarbeiter in erster Linie wegen des Geldes arbeiten. Dies trifft allerdings nicht mehr zu. Denn wenn ein bestimmter Lebensstandard erst einmal erreicht ist, nimmt die Motivationskraft des Geldes ab.

Selbstverwirklichung, Lebensgenuß, Emanzipation von Autoritäten und Partizipation – sogenannte **Entfaltungswerte** – haben heute enorm an Bedeutung gewonnen. In der Bedeutung zurückgegangen sind dagegen Erhaltungswerte wie Anpassung, Unterordnung und Leistung. Das persönliche Umfeld, wie Familie und Freunde, wird heute viel höher bewertet als in früheren Jahren. Und der Begriff Freizeit hat einen höheren Stellenwert erfahren als jemals zuvor.

Auch wenn heute viel von einer „Null-Bock-Gesellschaft" die Rede ist und die Mitarbeiter Pflichterfüllung und Leistung aufgrund des Wertewandels nicht mehr als oberstes Ziel ansehen, heißt dies nicht, daß es heute keine Erfolgsorientierung mehr gibt. Es gibt nach wie vor den Wunsch nach Erfolg und die Lust zu siegen. Doch wie wir festgestellt haben, haben sich die Rahmenbedingungen drastisch geändert.

Eines ist sicher: Wenn wir unseren Mitarbeitern nicht die Gelegenheit geben, gut in der Firma zu sein, werden sie auf den Sportplätzen gut sein. Fragen Sie doch einmal Mitarbeiter, die Sie als freizeitorientiert einstufen, was sie in ihrer Freizeit tun. Sie spielen Squash, sie gehen schwimmen, sie joggen dreimal in der Woche. Sie unternehmen vieles, aus dem sie sich vielleicht das holen, was sie in einer Firma nicht bekommen können. Die Lebensqualität wird also eine sehr wichtige Rolle in der Zukunft spielen – und zwar unabhängig davon, ob es in der Freizeit ist oder in der Arbeitszeit.

Vorschläge für ein zeitgemäßes Führungskonzept

Wie wir gesehen haben, ist das Tempo des Wandels ein Wertewandeltempo, das in einem veränderten Wertesystem begründet ist. Hieraus ergeben sich drei wesentliche Aufgaben für ein zukünftiges Führungskonzept:

1. **Bringen Sie positive Aspekte der Freizeit in die Firma hinein.** Wenn Ihre Mitarbeiter auf dem Sportplatz erfolgreich sein können, können sie es auch in der Firma sein.
2. **Bringen Sie positive Aspekte der Familie in die Firma hinein.** Die positiven Aspekte von Anerkennen, Stützen, Helfen und vielen anderen Dingen, die in unserem Privatleben für uns wichtig sind, müssen in der Firma wieder eine größere Rolle spielen.
3. **Bringen Sie positive Aspekte des Glaubens in Ihre Firma hinein.** Bieten Sie Ihren Mitarbeitern eine Vision, damit man an Sie glaubt, an Ihre Ziele. Heute arbeitet niemand mehr, nur weil er Geld in einer Firma machen will.

Vertiefende Hinweise zu diesen Punkten lesen Sie in meinem Beitrag „Mitarbeitermotivation in den 90er Jahren".

Der zweite Trend: der Trend von außen

Der Trend von außen betrifft den Kunden der Zukunft. Wir wissen, daß der Kunde der 90er Jahre zu einem widersprüchlichen Verbraucher wird, daß die Unkalkulierbarkeit des Kunden zunimmt. Er geht heute bei McDonald's essen und diniert morgen in einem Top-Restaurant.

Wir haben erst den Yuppie-Boom erlebt, jetzt zeichnet sich für die 90er Jahre der Trend der neuen Bescheidenheit ab. Noch vor kurzer Zeit gab es eine Million leerstehende Wohnungen. Wenige Monate später ist die neue Wohnungsnot ausgebrochen! Es gab den Trend des papierlosen Büros, der durch den Einsatz des Computers bedingt war. Heute hat die Papierindustrie ihren Boom! Diese Entwicklung bedeutet für uns, daß unser Kunde immer unkalkulierbarer wird. Damit haben wir das Tempo des Wandels auf ein nächstes Spielfeld gebracht: auf das Spielfeld des Marktes.

Mit dem Tempo des Wandels auf dem Markt kann nur ein wandlungsfähiges Unternehmen Schritt halten, das in allen Abteilungen gleichermaßen hochproduktiv ist. Das bedeutet auch, daß es mit der Wendigkeit eines Schnellbootes auf die veränderten Anforderungen der Kunden reagieren muß und nicht mit der eines Ozeandampfers.

Verabschieden Sie sich vom Massenmarkt!

Den Massenmarkt wird es in der Zukunft nicht mehr geben. Bei einer Umfrage des Management Center Europe unter 500 Marketingleitern kam auf die Frage „Welche Probleme werden Sie in den nächsten fünf Jahren beschäftigen?“ an erster Stelle die Antwort: „Rasche Reaktion auf Marktveränderung.“ Damit haben wir einen weiteren strategischen Erfolgsfaktor für die 90er Jahre. Es ist die Fertigung. Wir brauchen Maschinen, Anlagen und Prozesse, die das Tempo des Wandels auf dem Markt mithalten können. Das bedeutet, es müssen schnellere Rüstzeiten möglich werden, und bereits die Arbeit in Kleinserien muß profitabel sein. Das Zauberwort hierzu heißt: CIM, Computer Integrated Manufacturing. CIM ermöglicht in kleineren Produktionseinheiten mit Robotern zielgruppengerechte Lösungen für die Industrie.

Es leuchtet ein, daß jetzt auch die Maschinen dem Tempo des Wandels angepaßt werden müssen. Wenn die Kalkulierbarkeit des Bedarfs immer geringer wird, muß die Fertigung mitziehen und die Produktion Flexibilität ermöglichen. Die Herstellung der Swatch-Uhren ist übrigens ein sehr gutes Beispiel hierfür. Sie werden in Just-in-time-Fertigung hergestellt. Produziert wird erst dann, wenn Aufträge vorliegen. Das Unternehmen muß schnell sein, damit es auf Trends sofort reagieren kann. Das ist Einstellung auf das Tempo des Wandels. Es geht also in den Fabriken nicht mehr nur um Rationalisierung und Automatisierung, sondern auch um Flexibilisierung, um den Marktanforderungen gerecht zu werden.

Und bedenken Sie die Konsequenz: Wenn Sie es nicht machen – Ihr Wettbewerber macht es bestimmt. Denn der Markttrend ist nicht mehr aufzuhalten. Er heißt: Kleinserien, Produktdifferenzierung und Sortimentsvervielfachung. Die sich daraus ergebenden Aufgabenstellungen sind mit Sicherheit nur noch mit entsprechenden Maschinen lösbar.

Produktindividualität ist gefragt

Wissen Sie vielleicht, in wieviel verschiedenen Formen es Coca-Cola zu kaufen gibt? Nach dem letzten Stand – ich bin ganz vorsichtig – ist Coca-Cola in 68 unterschiedlichen Formen erhältlich. Es gibt Coca-Cola in der Einwegflasche, in der Kleinflasche, in der Dose etc. Das heißt, keiner will mehr Massenware, Individualität wird unsere Zukunft sein.

Neue Anforderungen stellen sich deshalb an Marketing und Verkauf in den 90er Jahren. Bisherige Wege, das Verbraucherverhalten zu analysieren, sind höchst gefährlich geworden. Man weiß z. B., daß bei Umfragen der Befragte so reagiert, wie er meint, daß es von ihm verlangt werde. Kaufen würde er das Produkt sowieso nicht. Das hat beispielsweise dazu geführt, daß Mitarbeiter der japanischen Firma Toyota eineinhalb Jahre in amerikanischen Haushalten mitgelebt haben, bevor die erfolgreiche eigenständige Automarke Lexus in den USA vorgestellt wurde. Es ging darum, die Frage zu beantworten: Was erwarten die Kunden von einem Auto?

All dies gilt nicht nur für die Fertigung. Auch Dienstleister, Banken, Versicherungen – alle werden sich damit auseinandersetzen müssen, daß die Anforderungen der Zielgruppen immer individueller werden. Wenn Sie nicht individuellere Lösungen anbieten, werden Ihnen in der Zukunft Ihre Wettbewerber davonziehen.

Fazit: Durch zeitgemäße Fertigungsmethoden und individuelle Zielgruppenlösungen werden Sie zum Tempomacher, denn Sie sind derjenige, der die Nachfrage früh genug erkennen und erforschen kann und erst dann produziert.

Der dritte Trend: Unternehmen und Kunde sind eine Einheit

Dieser Trend stellt sicherlich unser ganzes bisheriges Denken auf den Kopf. Er ist gleichzeitig auch der Lösungsweg für die vorgenannten Entwicklungen. Wenn das Tempo des Wandels eine Eigendynamik hat, wenn wir zu einer Freizeitgesellschaft und einer Wertewandelgesellschaft werden, wenn die Zeitnutzung und Zeitflexibilität entscheidend sind, dann gibt es nur eine dauerhafte Lösung, um vom Tempo des Wandels nicht überrollt zu werden: Unternehmen und Kunde verschmelzen zu einer Einheit, um gemeinsame Ziele zu erreichen. Das Unternehmen handelt zum Nutzen des Kunden und der Kunde zum Nutzen des Unternehmens.

Es kommt einer Revolution gleich. In den 90er Jahren werden wir uns nicht mehr mit Frontendenken auseinandersetzen müssen: hier wir, dort der Markt. Vielmehr werden wir uns mit der Frage beschäftigen müssen, wie Unternehmen und Kunde zu einer Einheit zusammenwachsen können. Gefragt ist in den 90er Jahren eine Strategie, bei der beide gewinnen können.

Der erste Schritt besteht darin, den Kunden durch zusätzliche Dienstleistungen an das Unternehmen zu binden. Sie können z. B. eine Kundenakademie gründen. Sie können Ihre Kunden ausbilden, wie es immer mehr Unternehmen bereits praktizieren. Sie können statt einer bloßen Lieferung von Produkten Ihren Kunden auch Alltagsunterstützung bieten. Sie können Ihren Kunden bessere Konditionen für Drittprodukte besorgen und ein Gesamtpaket zusammenstellen.

Im nächsten Schritt müssen wir uns damit auseinandersetzen, daß der Verbraucher der 90er Jahre aktiv mitgestalten will. Das eröffnet sehr interessante Perspektiven. So gibt es z. B. für den Kunden in Japan bereits eine Möglichkeit, sich durch High-Tech- und Roboter-Produktion eine eigene individuelle Mode herzustellen. Der Kunde ist nicht mehr auf die Mode von der Stange angewiesen, er kann sie sich inzwischen selbst produzieren. In Teilbereichen ist es somit bereits Realität geworden, daß Unternehmung und Verbraucher eine Gemeinschaft zum gegenseitigen Nutzen bilden. Und dieses Verhalten wird sich gerade deshalb durchsetzen, weil das gemeinsame Vorgehen für beide Beteiligte Vorteile bringt.

Dynamische Netzwerke sind das Gebot der Stunde

Nur wenn Sie in der Zukunft das Tempo des Wandels aktiv mitgestalten, laufen Sie nicht Gefahr, in wenigen Jahren von den Veränderungen überrollt zu werden. Sie müssen deshalb im Rennwagen sitzen und nicht auf der Zuschauertribüne. Markt und Unternehmen, Mitarbeiter und Kunde müssen zu einem System zusammenfließen, das sich selbst steuert und trägt. Es entstehen Informationssysteme zwischen Kunden und Unternehmen. Es muß ein alles umspannendes Verknüpfungswerk enstehen, ein Netzwerk, das sich dynamisch selbst weiterentwickelt. Wir alle sind gefordert, denn unser bisheriges Denken baut auf Frontenbildung auf.

Gefordert wird ein Denken in neuen Dimensionen. Doch all dies geht nur mit System. Sie müssen Ihren einzelnen Firmenzellen, wie Niederlassungen, Profit Center und Abteilungen, mehr Eigendynamik und Eigeninitiative zugestehen. Eine Dezentralisierung der Macht und der Entscheidungen ist notwendig. Wer an bisherigen Machtstrukturen festhält, wird scheitern.

Wir entwickeln beispielsweise für die Automobilindustrie Händlersysteme, für die Industrie Niederlassungssysteme und für den Dienstleistungsbereich Bürosysteme. Das Ziel ist natürlich, mehr Umsatz oder Marktanteil zu erreichen, aber insbesondere mehr Marktkontakt, Kundenkontakt und Interessentenkontakt.

Das geht nicht vom Elfenbeinturm aus. Die Erfolge sprechen für sich: Umsätze werden verdoppelt. Image und Bekanntheit werden entscheidend verbessert. Wir sehen in dieser Vorgehensweise die Lösung der Zeitfrage.

Der Erfolgsansatz für die Zukunft

Natürlich zeige ich hier die Ziellinie, wo wir hinwollen. Natürlich sind viele Unternehmen davon weit entfernt. Natürlich fehlen heute noch Techniken, oder sie sind nicht bezahlbar. Aber die großen Erfolge der Zukunft werden so erzielt werden. Netzwerksysteme werden überall entstehen. Das Vernetzen mit den Mitarbeitern (Beteiligung), mit der Umwelt (Umweltverträglichkeit, Stiftung Warentest), mit den Abnehmern (Franchise) und mit den Kunden (Kundenakademien, Kundenschulungszentren, Kundeninformationssysteme, Kundenservicezentren) wird ungeahnte Möglichkeiten aufzeigen. Es müssen Schritte nach vorne gegangen werden. Stufen sind zu erklimmen.

Natürlich sind Sie als Unternehmen genauso individuell wie die Kunden und Verbraucher. Deshalb kann es auch keine Patentlösung geben. Aber gerade darin liegt auch die Chance für Ihr Unternehmen, die Sie nutzen müssen. Durch den Einsatz der richtigen Instrumente sichern Sie sich Ihren zukünftigen Erfolg.

Der Erfolgsansatz für die Zukunft heißt:

- Wie systematisiert sich der Verkauf zeitoptimal?
- Wie systematisiert sich die Organisation zeitoptimal?
- Wie systematisiert sich die Fertigung zeitoptimal?
- Wie systematisiert sich die Marktnähe zeitoptimal?

Worin besteht der Engpaß, der am meisten eine Weiterentwicklung behindert? Es ist die mangelnde Fähigkeit, das Tempo des Wandels mitzugestalten. Es ist die unzureichende Fähigkeit, Systeme und Gesetze, nach denen wir funktionieren, zu erkennen und einzusetzen.

Der Computer, auf den viele hoffen, wird diese Aufgaben alleine nicht lösen können. Es muß ein Umdenken in unserem Kopf stattfinden, daß Zeit unser wichtigster Faktor ist.

Erst wenn ein neues Zeitdenken ein neues Wertesystem bringt, erst wenn das Tempo des Wandels positiv verstanden wird, wird Just-in-time mit dem Erfolg Realität sein.

8.2 Zeit als Wettbewerbsvorteil

Vor uns liegt eines der wichtigsten Jahrzehnte in der Geschichte der Zivilisation. Es ist eine Periode überwältigender technischer Innovationen, großer ökologischer Chancen und nie für möglich gehaltener politischer Reformen.

Lassen Sie es mich auch so formulieren: **Es ist das Jahrzehnt der Zeit**, das vor uns liegt. Viele Dinge, ob beruflich oder privat, werden sich in den 90er Jahren nur durch einen **bewußteren Umgang mit dem Faktor Zeit** erfolgreich lösen lassen. Der Zeit wird in den 90er Jahren die Bedeutung zukommen, die Geld in den 80er Jahren hatte. Denn während Geld als Kapital heute in genügendem Ausmaß verfügbar ist, wird Zeit immer knapper.

Das Thema Zeit gewinnt heute eine solche Bedeutung, daß zum Beispiel ein Augenarzt in Florida 90 $ auf die Rechnung schreibt, wenn ihn ein Patient eine Stunde warten läßt. Auch im Immobilienbereich gibt es einen ähnlichen Trend. Dort läßt man sich bereits die Zeit allein für die Besichtigung einer zu vermietenden Wohnung vergüten. Immer mehr Frauen engagieren Helferinnen, die für sie einkaufen gehen, und heute ist bereits das erste Autobüro auf dem Markt, bei dem auch die vielen Stunden Fahrzeit zu Kunden und Geschäftspartnern sinnvoll genutzt werden können.

Warum das Thema Zeit heute so entscheidend geworden ist und welche Chancen sich für eine effektive Zeitnutzung anbieten, soll Gegenstand dieses Beitrages sein. Ich möchte Ihnen dazu einige Herausforderungen und Perspektiven der nächsten Jahre aufzeigen, die Ihnen als Anregung für einen neuen Umgang mit der Zeit dienen sollen. Zugleich möchte ich Ihnen einige konkrete Vorschläge anbieten, bei deren Umsetzung Sie mindestens eine Stunde mehr Zeit, mehr Freizeit, pro Tag gewinnen können.

Der Widerspruch der heutigen Zeit

Es erscheint als das Paradoxon unserer Zeit: Auf der einen Seite hat sich heute die Lebensarbeitszeit auf weniger als ein Drittel der Durchschnittsarbeitszeit im letzten Jahrhundert reduziert. Doch damit sind wir nicht zu mehr Muße gekommen, sondern genau das Gegenteil ist eingetreten: auf der einen Seite immer mehr freie Zeit – auf der anderen Rastlosigkeit, Zeitnot und Streß.

Hierfür sind mehrere Gründe ausschlaggebend: So haben z. B. die technologischen Entwicklungen den Menschen einerseits die Arbeit erleichtert und ihnen viele Routinetätigkeiten abgenommen. Auf der anderen Seite haben sie jedoch auch viele Neuerungen und Möglichkeiten mit sich gebracht, welche die Menschen immer mehr nutzen wollen – und das kostet Zeit. (Deshalb jedoch eine Verlangsamung des Fortschritts zu verlangen, um wieder zur Muße zurückzufinden, würde mit Sicherheit nicht zur Lösung des Problems führen. Denn wissenschaftliche Untersuchungen haben erwiesen, daß es in der Natur des Menschen liegt, sich eine Welt aufzubauen, die stets genügend Spannung für ihn bereithält.)

Auch möchte ich hier die Behauptung aufstellen, daß wir auf dem besten Weg zu einer neuen Zwei-Klassen-Gesellschaft sind – nicht was den Faktor Geld betrifft wie in früheren Jahren, heute entwickeln wir uns zu einer Zwei-Klassen-Gesellschaft in bezug auf den Faktor Zeit.

In der Metallindustrie hat man sich bereits auf die 35-Stunden-Woche geeinigt, und weitere Branchen werden folgen. Aber gilt eine immer weiter verkürzte Arbeitszeit für jeden von uns? Mit Sicherheit nicht. Die meisten Führungskräfte und Unternehmer werden auch in der Zukunft nicht zu den zeitlich bevorzugten Zielgruppen gehören. Ein Unternehmer hat kürzlich treffend formuliert: „35-Stunden-Woche? Also ehrlich gesagt, ich finde die 35-Stunden-Woche so toll, daß ich sie direkt zweimal pro Woche mache."

Ich möchte hier keineswegs die Notwendigkeit eines intensiven Arbeitseinsatzes von Führungskräften in Abrede stellen. Doch ist wirklich immer der Zwang der äußeren Umstände an unserer Überlastung und Hektik schuld, oder tragen wir auch selbst dazu bei?

Überlegen Sie doch einmal folgenden Widerspruch in unserem Verhalten: Wenn uns jemand Geld aus der Tasche stehlen würde, würden wir uns mit Sicherheit aufregen und alles tun, um es wiederzubekommen. Doch was tun wir, wenn uns ein **Zeitdieb** eine halbe Stunde, eine Stunde, ja sogar Tage raubt? Gehen wir oft nicht sogar noch zu ihm hin und bedanken uns dafür – während wir anschließend wieder über unsere Zeitnot klagen?

Die besondere Bedeutung des Faktors Zeit

Ein bewußterer Umgang mit unserer Zeit ist deshalb so wichtig, weil der Faktor Zeit eine ganz besondere Bedeutung hat, die sich mit nichts vergleichen läßt. Denn alles, was wir bisher gemacht haben, ob es richtig oder falsch war, ist unwiederbringlich vorbei, nichts läßt sich widerrufen. Wir können unser Vermögen verlieren oder einen Auftrag – das alles läßt sich wiedergewinnen. Aber jede Minute Zeit, die wir nicht richtig investieren, ist endgültig verloren.

Heute ist der erste Tag vom Rest unseres Lebens. Was wir daraus machen, bleibt jedem selbst überlassen. Aber wir müssen akzeptieren, daß das, was einmal gewesen ist, im Gegensatz zu vielen anderen Dingen unwiederbringlich und für immer weg ist. Sollte nicht allein schon dieser Gesichtspunkt einmal Anlaß für uns sein, darüber nachzudenken, ob wir nicht mehr aus unserer Zeit machen und sie sinnvoller nutzen können?

Zeitliche Problemgruppen in den 90er Jahren

Mit einer Regelarbeitszeit von 70 Stunden und mehr werden Führungskräfte und Unternehmer in den 90er Jahren zu den zeitlichen Problemgruppen gehören, die sich sowohl beruflich wie auch privat in einer sehr schwierigen Situation befinden.

Auf der einen Seite werden sie Mitarbeiter haben, die sie bald nur noch in der Hälfte der Arbeitszeit antreffen. Daraus ergeben sich große Probleme hinsichtlich der Motivation dieser Mitarbeiter.

Die Freizeit ist unsere Konkurrenz, die genauso ernst genommen werden muß wie jeder Wettbewerber in der eigenen Branche. Wenn es uns hier nicht gelingt, motivierende Aufgaben und flexible Zeitlösungen anzubieten, die den Bedürfnissen der Menschen nach mehr Freiheit und Mitbestimmung gerecht werden, werden wir sie kaum längerfristig in unserem Unternehmen halten können. (In meinem Beitrag „Mitarbeitermotivation in den 90er Jahren“ gehe ich ausführlich auf diese Problematik ein.)

Auf der anderen Seite werden wir private Schwierigkeiten bekommen, weil unsere Familie und Freunde uns fragen werden, ob das, was wir zeitlich investieren, im Verhältnis zum Ergebnis steht. Welche Begründung sollen wir unseren Kindern bieten, wenn sie uns fragen: „Warum kommst du so spät nach Hause, der Onkel von nebenan ist doch schon seit vier Uhr da?“ Daß der Onkel von nebenan keine Führungskraft ist, kann ein kleines Kind nicht bewerten. Eine Untersuchung der Zeitschrift „Capital“ hat entsprechend bestätigt, wie sehr die Führungskräfte und ihre Familien an der zeitlichen Belastung leiden, die ihre Position mit sich bringt.

Die Turbo-Gesellschaft

Sie sehen, daß es sehr viele Gründe gibt, weshalb wir die Themen Zeit, Zeitmanagement und Zeitnutzung heute nicht mehr ignorieren dürfen. Dazu kommt als ein weiterer, sehr wesentlicher Gesichtspunkt die **Geschwindigkeit**, mit der sich heute Entwicklungen im Zeitablauf vollziehen. Der Unternehmer von heute steht innerhalb von zehn Jahren dreimal vor Problemen, zu deren Lösung sein Vater und sein Großvater ein Leben lang Zeit gehabt hätten. Die Entwicklung geht sogar so rasch voran, daß er bald nur noch fünf Jahre dafür Zeit haben wird.

Wir sind eine „Turbo-Gesellschaft“ geworden, bei der in kürzester Zeit eine ganze Menge mehr in Frage gestellt werden kann, als wir es uns jemals hätten vorstellen können. (Siehe hierzu auch den Beitrag „Tempo des Wandels“.) In den nächsten Jahren wird deshalb unser Erfolg maßgeblich davon abhängen, wie flexibel wir auf plötzliche Veränderungen reagieren können. Das bedeutet aber auch, daß wir selbst und unsere Mitarbeiter unsere Zeit so in den Griff bekommen müssen, daß wir bei plötzlich veränderten Situationen auch flexibel darauf reagieren können.

Ein neues Denken ist gefragt

Wir müssen bisherige Denkmuster, die uns vielleicht erfolgreich gemacht haben, überdenken und kontrollieren, ob sie für die 90er Jahre noch zutreffen. Wir müssen sie neu bewerten und gegebenenfalls radikal umdenken. Denn nur dann werden wir auch zu einem neuen Handeln und damit zu neuen Erfolgen kommen.

Die alten Ägypter haben uns vorgemacht, was anderes Denken bewirken kann. Warum haben die Pyramiden als Zeugnisse ihrer Kultur so lange überdauert, während von anderen Kulturen aus jener Zeit praktisch nichts mehr übrig ist? Der Grund ist, daß die Ägypter der Überzeugung waren, daß ihr Leben erst nach dem Tod beginnen würde. Durch dieses andere

Denken haben sie sich ganz anders verhalten als alle anderen Kulturen und gewissermaßen vom ersten Tag an für ihr Leben danach geplant. Das Beispiel verdeutlicht, wie ein **anderes Denken zu anderen Handlungen und damit auch zu anderen Ergebnissen führt**.

Wenn wir dieses Beispiel auf unser Thema übertragen, stellt sich die Frage: Warum gibt es Leute, die permanente Zeitprobleme haben, und andere, die ihre Zeit einteilen und sich mehr ihrem Erfolg widmen können?

Ich möchte es einmal so formulieren: Diese Menschen haben eine bestimmte Fähigkeit entwickelt, die den meisten nicht in die Wiege gelegt wurde und die deshalb trainiert, weiterentwickelt und gefördert werden muß. Sie muß geübt werden wie z.B. das Tennisspielen oder das Erlernen eines Musikinstruments. Daß wir aber alle über diese Fähigkeit verfügen, verdeutlicht das folgende Beispiel, nämlich daß wir am Tag vor dem Urlaub in der Lage sind, bis zu 300 % produktiver zu arbeiten als an jedem anderen Tag.

Natürlich können wir nicht ständig so unter Hochdruck arbeiten wie an diesem Tag. Doch Sie sehen, daß wir offensichtlich sehr wohl in der Lage sind, mehr aus unserer Zeit herauszuholen.

Wir müssen uns deshalb damit auseinandersetzen, was wir an diesem Tag anders machen. Der persönliche Entwicklungsansatz liegt dann darin, daß wir uns das, was wir an diesem Tag unbewußt richtig gemacht haben, bewußtmachen und zukünftig planmäßig und systematisch in die tägliche Arbeit einbringen.

Konzentration auf das Wesentliche

Basis der zu trainierenden Fähigkeit ist wieder die Erkenntnis des Italieners Vilfredo Pareto: Mit 20% des Einsatzes erzielen wir 80% der Ergebnisse. Er hat bereits zu einer Zeit, die noch lange nicht durch die Hektik der heutigen Tage gekennzeichnet war, erkannt, daß wir durch richtige Konzentration bereits einen Großteil unseres Erfolges mit relativ wenig Aufwand erreichen können. Wenn Sie akzeptieren, daß relativ wenig Wesentliches (20%) den Hauptteil des Erfolges (80%) ausmacht, haben Sie das Schlüsselgesetz für ein wirksames und effizientes Handeln gefunden. Leider gilt natürlich auch der Umkehrsatz der Regel: Mit 80% unserer Aktivitäten erzielen wir nur 20% unserer Ergebnisse. Das heißt, der allergrößte Teil bringt uns nicht zu dem Ziel, zu dem wir hinwollen.

Damit sind wir bei der typischen Tagessituation: Wir wollen einen riesigen Wust von Aufgaben möglichst schnell vom Tisch bekommen, dabei am liebsten alles selber machen und alles natürlich 100%ig. Da die Aufgaben immer mehr werden, versuchen wir, sie immer schneller abzuarbeiten. Dabei bräuchten wir nur das zu praktizieren, was die Natur uns vormacht: **Konzentration auf das Wichtige.**

Ein Beispiel zur Veranschaulichung: Die meisten von uns haben eine Terrasse. Wenn nun ein Grashalm versucht, zwischen den Steinen hindurchzudringen, ärgert uns das meistens. Doch was würden wir tun, wenn wir statt des Grashalms unter dem Stein wären und gerne ein bißchen vom schönen Sonnenlicht sehen würden? Wahrscheinlich würden wir versuchen, die ganze Platte hochzudrücken, und – wenn überhaupt, nur unter größtem Kräfteaufwand – zum Ziel kommen.

Deshalb lautet der erste Schritt zu mehr Zeitsouveränität: Wir müssen akzeptieren, daß es nicht immer darum geht, alle Aufgaben nur selbst und 100%ig richtig zu erledigen. Viel wichtiger ist es, sich auf die wirklich entscheidenden Dinge zu konzentrieren.

Die richtigen Prioritäten setzen

Eng mit der Konzentration auf die wichtigen Dinge ist die Fähigkeit verbunden, die richtigen Prioritäten zu setzen. Wenn Sie sich damit beschäftigen, werden Sie anfangs vielleicht feststellen, wie schwer es ist, die Aufgaben mit unterschiedlichen Prioritäten zu bewerten. Meistens neigen wir dazu, alle Aufgaben mit der obersten Priorität zu versehen, weil sie uns alle als außerordentlich wichtig erscheinen.

Doch die entscheidende Chance, unsere Zeit in den Griff zu bekommen, besteht darin, uns dafür zu sensibilisieren, daß wir das Prioritätsthema 1 vor das Prioritätsthema 2 setzen. Dies ist der zweite Schritt zu mehr Zeitsouveränität.

Wenn Sie sich im Setzen von richtigen Prioritäten trainieren, werden Sie feststellen, wie viele Arbeiten Sie plötzlich unter einem ganz anderen Gesichtspunkt sehen. Stellen Sie sich zur Übung dabei folgende Frage: „Ich habe nur noch 20 Jahre Zeit zum Leben. Welche Aufgaben muß ich unbedingt noch erledigen?" Stellen Sie sich dann dieselbe Frage, wenn Sie jeweils noch zwei Jahre, zwei Monate oder nur noch 20 Minuten Zeit hätten. Sie werden feststellen, wie schnell Sie Ihre Prioritäten neu ordnen können!

Mehr an Mitarbeiter delegieren

In diesem Zusammenhang steht eine andere wichtige Erkenntnis: Wieviel Dinge – wirklich wichtige – bekommen Sie pro Tag vom Tisch? Wahrscheinlich werden Sie auch schon die Erfahrung gemacht haben, daß an einem Tag höchstens zwei oder drei wichtige Dinge gelöst werden können. Doch was geschieht mit dem Rest des Stapels?

Hier ist der Ansatzpunkt für eine weitere bedeutende Chance, die eigene Zeit besser in den Griff zu bekommen: **Delegieren Sie so viel wie möglich an Ihre Mitarbeiter!**

Verantwortliche Mitarbeiter, die Entscheidungsbefugnis und Übersicht haben, können Probleme selbständig lösen. Dabei erzielen Sie durch Delegation sogar eine zweite positive Wirkung: Indem Sie Aufgaben an Ihre Mitarbeiter verteilen, werden Sie sie gleichzeitig zu mehr Leistung motivieren!

Wenn Ihre Mitarbeiter fühlen, daß Sie ihnen die Erledigung eines größeren Aufgabengebietes zutrauen, werden sie auch willens und in der Lage sein, diese Aufgaben zu erfüllen. Es gibt Unternehmen, die bereits ihren Auszubildenden ganz klar definierte Aufgaben geben, und diese Auszubildenden verhalten sich so, als wären sie voll eingearbeitete Mitarbeiter.

Dabei müssen Sie jedoch eines akzeptieren: Wenn Sie an Ihre Mitarbeiter delegieren wollen, müssen Sie zuerst in sie investieren. Delegation kostet am Anfang mehr Zeit, weil Ihre Mitarbeiter von Ihnen eingearbeitet werden müssen. Sie selbst wissen auch weit mehr Details , so daß Sie, zumindest anfangs, die meisten Aufgaben besser und schneller selbst erledigen könnten. Nur werden Sie bei Nicht-Delegation gezwungen sein, diese Aufgaben auch zukünftig immer wieder alleine zu erledigen.

Zeit gewinnen mit dem Zeitplanbuch

Im Vietnamkrieg hatten die Chinesen einen äußerst erfolgreichen Trick, um aus den Gefangenen Informationen herauszulocken. Sie haben sie dazu gebracht, in ganz kleinen Schritten, Tag für Tag, schriftlich niederzulegen, daß ihre Welt, der Kommunismus, die richtige sei. Wenn sich ein Gefangener weigerte, sagten die Chinesen zu ihm, daß es okay sei, wenn er nicht im gleichen Ton wie sie reden wolle. Doch er solle trotzdem so nett sein und dies aufschreiben. Der psychologische Trick dabei war, daß hier die Schriftlichkeit als das wichtigste Überzeugungsmittel eingesetzt wurde. Denn jeder, der sich mit einem Thema schriftlich auseinandersetzt, überzeugt sich selbst mehr und mehr davon.

Das bedeutet für unser Thema Zeitmanagement: Wir müssen uns schriftlich von seiner Notwendigkeit überzeugen. Dazu brauchen wir ein Instrument, mit dem wir uns täglich darin üben können, unsere Zeit besser in den Griff zu bekommen. Das wirksamste Hilfsmittel ist ein Zeitplanbuch.

Mit seiner Hilfe können wir uns selbst Stück für Stück dazu bringen, besser zu planen, eine bessere Übersicht über den Tag zu bekommen und uns selbst besser zu organisieren und zu kontrollieren. Ein solches Zeitplanbuch sollte verschiedene Aktivitätenlisten, Prioritäten, Zeitbudgets und Zielsetzungen von Aufgaben enthalten, die selbst erledigt oder delegiert werden.

Der 100000-Dollar-Tip

Am Anfang dieses Beitrages habe ich Sie schon darauf aufmerksam gemacht, wie wenig Bedeutung wir der Tatsache zumessen, daß viele Zeitdiebe uns äußerst erfolgreich unsere Zeit stehlen. Was meinen Sie: Werden Sie die Dauer eines Gesprächs mit einem sympathischen Mitarbeiter eher über- oder eher unterschätzen?

Sie werden mir sicher recht geben, daß ein auf zehn Minuten geschätztes Gespräch mit einem netten Mitarbeiter tatsächlich eine halbe oder dreiviertel Stunde gedauert haben kann. Fünf Minuten sind schon etwa 1 % unseres Arbeitstages, und wenn wir nicht auf all die Zeitdiebe achten, die uns überall die Zeit wegnehmen, sympathische und unsympathische, eigene und fremde, werden uns oft sogar ganze Tage durch die Finger rinnen. Deshalb gilt: **Reduzieren Sie Zeitdiebe soweit wie möglich.**

Zu solchen Zeitdieben zähle ich auch die cleveren Rückdelegierer – Menschen, die zu uns kommen und sagen: „Sie kennen sich doch so toll aus. Was haben wir letztes Mal bei diesem Thema gemacht?“ oder „Wie würden Sie an meiner Stelle vorgehen?“ Wenn Sie sich dann Zeit für einen solchen Menschen nehmen, haben sie ihm bestens geholfen, seine Zeit in den Griff zu bekommen. Doch was ist mit Ihrer Zeit und Ihren Problemen?

Für das Aufdecken eines weiteren klassischen Zeitdiebs hat ein Unternehmensberater einmal 100000 Dollar bekommen. Er hatte dem Vorstand eines Unternehmens, der an endlosen Zeitproblemen litt, folgende Empfehlung gegeben: **Erledigen Sie das Unangenehmste immer zuerst.**

Wir alle wissen aus der Praxis, daß wir durch ein unangenehmes Thema, welches wir vor uns herschieben, leicht einen ganzen Tag oder mehr verlieren können. Denn das Aufschieben solcher Aufgaben führt leicht zu Scheinaktivitäten, die nicht zielführend sind.

Sie sehen an den genannten Beispielen, wie viele Möglichkeiten es gibt, daß wir unsere Zeit besser in den Griff bekommen. Wenn Sie sich darin trainieren, Ihre Zeit effektiver zu nutzen, werden Sie feststellen, daß eine Stunde mehr Freizeit pro Tag schnell realisierbar ist.

Lassen Sie mich diesen Beitrag so beenden: Wir sind nur ein einziges Mal auf der Welt, und eine ganze Ewigkeit hindurch werden wir nicht mehr da sein dürfen. Und da schieben wir das, was Freude macht, ständig auf? Manch einer muß am Ende seines Lebens feststellen, daß er sich nur Zeit für Streß und Hektik genommen hat, aber nie für das, was er wirklich gern getan hätte. Doch jeder hat die Chance dazu, mehr aus seiner Zeit zu machen – er muß jedoch einen neuen Denkansatz suchen und diesen auch konsequent in die Praxis umsetzen.

9.
Heterarchie

9.1 Projekte statt Produkte

Um eine Clienting-gerechte Firma zu werden, sind in den meisten Unternehmen erhebliche Organisationsänderungen erforderlich. Das führt zu einer völlig neuen Form der Zusammenarbeit. Die Projektorganisation wird die uns bekannte Art des hierarchischen Systems auflösen. Karrieren finden nicht mehr in Hierarchien statt, sondern in Projekten. Das erfordert auch in den Unternehmen bisher nicht überschaubare, dramatische Veränderungen. Was machen beispielsweise Gewerkschaften, wenn ein Großteil der zukünftigen „Mitarbeiter" eines Projektes aus selbständigen Unternehmen besteht? Was machen die Mitglieder, deren Projekt abgeschlossen ist und deren neues Projekt jedoch noch nicht akut ist? Die neue Organisationsrevolution wird noch für viel Gesprächsstoff sorgen. Trotzdem geht kein Weg daran vorbei. „Think big" hat ausgedient. Nur die Projektorganisation ermöglicht Schnelligkeit und Kundennähe. Doch das ist nicht alles und geht auch nicht von heute auf morgen. Nur anfangen müssen Sie jetzt. Deshalb habe ich nachfolgend einige zum Teil provozierende Thesen zum Thema Organisation zusammengestellt. Sie brauchen und werden sie sicher nicht alle übernehmen, aber kennen müssen Sie sie. Und mindestens ein Drittel davon sollten Sie auch umsetzen.

Organisationsgrundsätze

- Es gibt keine Hierarchien mehr.
- Es gibt kein Management mehr.
- Karriere ist eine Aneinanderreihung von erfolgreich gelösten Projekten (EDS, McKinsey Vorbild), Projekt = horizontale Karriere. Teams sind der wesentliche Kern. Diese Teams formieren sich immer wieder neu und suchen sich ihre Teammitglieder selbst.
- Entscheidend ist der Aufbau von Netzwerken mit Menschen, Beziehungsmanagement in Reinkultur.
- Es gibt keine Vorgesetzten mehr.
- Es gibt dafür eine/n Projektleiter/in, der/die die volle Ergebnisverantwortung und die spezialisierte Jobverantwortung innerhalb eines Teams hat, klar und unmißverständlich.

- Prokura, Handlungsvollmacht und alle Titel sind überholte Relikte der Schornsteinzeit. Für zukünftige Erfolge machen sie keinen Sinn mehr, weil sie nur eine Bereichsmacht schaffen, die zukünftig tödlich im Wettbewerb der besten und schnellsten Ideen ist.
- Wer die Symbiose zwischen Projekten, Menschen und Netzwerken schafft, ist der Sieger der Zukunft.
- Vom Aufbau von Netzwerken wird der Zukunftserfolg im wesentlichen abhängen.
- Stellenbeschreibungen und Arbeitsplatzbeschreibungen gehören in den Mülleimer.
- Wer im Team bleibt und wer dazugehört, entscheidet das Team selbst.
- Jegliche Nicht-Kernarbeit wird an Außenstehende delegiert, z. B. Controlling, Buchhaltung, Finanzen, Rechtsfragen etc.
- Die Projektorganisation ist atmend, d. h. je nach Projektverlauf mit entsprechend vielen oder wenigen Teammitgliedern besetzt.
- Die Zusammenarbeit mit externen Netzwerkpartnern – Free Lancer – ist entscheidend.
- Das Team ist am Erfolg des Projektes direkt beteiligt, jeder im Team. Free Lancer sind nicht das Team.
- Das Team darf nicht größer sein als max. zwölf Leute. Sieben wird eher besser sein.
- Das Team ist selbstverantwortlich und selbstorganisiert. Feste Arbeitszeiten gibt es nicht.
- Das Vertrauen ist sehr hoch. Bei Mißbrauch folgen sofort Konsequenzen.
- Im Team bewertet man sich gegenseitig, um Transparenz für eigene Stärken und Schwächen zu schaffen.
- Das Team weiß, daß sein eigentliches Ziel die Zellteilung, also das Wachstumsprinzip der Natur, ist – neben der Existenzsicherung durch Geld.
- Sog statt Druck ist das Prinzip. Keiner wird gezwungen, in Projekten mitzuarbeiten, die er/sie nicht will.
- Will ihn/sie allerdings keiner, Sog statt Druck umgekehrt, gehört er/sie nicht in diese Firma.
- Bosse, Chefs, Manager sind Begriffe der Schornsteinindustrie, nicht mehr gültig und neu zu definieren.
- Probieren, Experimentieren und Fehlermachen geht vor Planung und Systematisieren.
- Wer nur Fehler macht, „fliegt raus“.

- Der/die Leiter/in sind zukünftig Unternehmer im Unternehmen, Motivator ihres Teams und projektverantwortlich.
- Jedes Projekt wird schriftlich definiert, die Wege dorthin nicht. Sie ändern sich sowieso permanent.
- Jeder ist am Erfolg der Firma finanziell direkt beteiligt.
- Eine Firma kann entweder ein Projekt oder mehrere Projekte sein.
- Ein Projekt ist die Erzielung eines finanziell positiven Ergebnisses einer Geschäftsidee oder einer klar umrissenen Aufgabenstellung für das Gesamtunternehmen, z. B. Serviceleistung Marketing.
- Dabei sind schnell, schlank und sparsam, die drei S, immer die Maxime.
- Bei drei Wegen ist nun einer zuviel, z. B. Top-Management, Middle-Management, Basis. Direkt heißt das Zauberwort der Zukunft.
- Erfolgreiche Projektmanager erzielen positive finanzielle und qualitative Ergebnisse wie Image, Kundenbegeisterung etc.
- Netzwerke mit Kunden sind eine unabdingbare Voraussetzung für Erfolg. Projektmanager müssen wissen, wie ihr Kunde „atmet".
- Erfolgreiche Projektmanager/innen erhalten entweder eine eigene Firma oder werden an der bestehenden Firma als Partner beteiligt.
- Hier gilt, nicht als Partner einzusteigen – wer weiß, ob es klappt –, sondern als Partner aufzusteigen – durch Projekterfolg.
- Das Team sollte möglichst nur aus selbständigen Unternehmen oder Freiberuflern bestehen, die zu 100 % erfolgsabhängig bezahlt werden.
- Juristisch gesehen ist ein/e Geschäftsführer/in erforderlich. Geschäftsführer/in zu sein macht aber unter Projektgesichtspunkten keinen Sinn.
- Es gibt zwei Möglichkeiten für zukünftige Geschäftsführer/innen.
  - Entweder ist eine Geschäftsidee auch eine Firma, bei Geschäftsideen ist das gut möglich: Geschäftsidee = Firma = Projektleiter = Geschäftsführer – Teilhaber. Bei Serviceideen wie Marketing etc. ist das schwieriger.
  - Oder der Geschäftsführer wird bei mehreren Projekten innerhalb einer Firma von allen gewählt, für drei Jahre. Bewährt er/sie sich, kann er/sie wiedergewählt werden. Falls er/sie eklatante Fehler macht, erfolgt ein Mißtrauensvotum.
- Der/die Geschäftsführer/in hat auch weiterhin mindestens ein Projekt zu verantworten, damit er/sie nicht zum Administrator wird.
- Falls jemand zeitlich begrenzt aussteigen will, ist das möglich. Eine Projektgarantie gibt es nicht. Allerdings kann an neuen Projekten wieder mitgewirkt werden.

- Falls jemand wechselt, werden alle erworbenen Vorteile wie Partneranteile, Gewinnbeteiligung und weitere Boni zurückgegeben.
- Sekretärinnen und Assistenten gibt es nicht mehr. Durch moderne Kommunikation wie D-Telefonnetz, Newton, Fax, Multimediatechnik, Notebook und Desktop sowie E-Mail und Datenbankzugriff kann jeder (fast) alles selbst schreiben und/oder beantworten.
- Jeder hat Zugriff auf alle relevanten Informationen.
- Die Strategie wird durch das Projekt gemacht.
- Allerdings existiert eine Vision, ausformuliert und schriftlich, über die Kernphilosophie und Ausrichtung des Unternehmens in zehn Jahren. Wo wollen wir in zehn Jahren stehen?
- Erzielt ein Projektteam innerhalb eines Jahres nach der Aufbauphase kein finanziell positives Ergebnis, wird es durch andere Projekte gestützt. Hier funktioniert die Firmengruppe quasi als Bank. Es ist ein Kredit.
- Wird auch im zweiten Jahr noch kein positives finanzielles Ergebnis erzielt, entscheidet die Firmengruppe, alle Projektleiter, über den Fortbestand.
- „Schuster, bleib bei deinem Leisten." Man sollte um Gottes Willen nicht in Gebieten expandieren, die mit dem Stammgeschäft nichts zu tun haben.
- Eine Geschäftsidee ist die Lösung eines brennenden Problems einer klar umrissenen Interessengruppe (mehr als Zielgruppe).
- Nicht das Produkt zählt, sondern die Gruppe von Menschen, die das Problem hat und gelöst haben will.
- Produziert wird am besten nicht mehr. Das können andere, Japaner, Chinesen etc., besser.
- Die völlige Konzentration liegt auf dem Mehrwert, d. h., Serviceleistungen oder/und Informationsvorsprünge für Kunden werden vermittelt.
- Kooperationen und Allianzen sollten geschaffen werden, wo es geht.
- Die Informationsmacht gehört allen im Team. Informationen werden nicht gehortet, sondern für alle abrufbereit gestaltet.
- Computer sind so selbstverständlich wie das Telefon.
- Wo der Arbeitsplatz ist, ist nicht mehr wichtig. Das Ergebnis und das Teamfeeling zählen.

9.2 Franchising ist Zukunft

Wir stellen international eine interessante Entwicklung der Strukturen in der Unternehmenslandschaft fest, die besonders in Deutschland durch die neuen Bundesländer stark beeinflußt worden ist:

Alternde, überlieferte Unternehmensstrukturen, egal ob gebunden in festen Handelsnetzen oder in losen Verbundstrukturen, die seit Jahrzehnten erfolgreich gearbeitet haben, beschäftigen sich mit einer neuen Generation von Netzwerken. Unternehmenskonzepte werden immer weniger klassisch entwickelt, sondern gehen neue Wege in Form von Management-Buyout-Systemen oder Lean Management.

Eine clevere Form von professionell organisierten Netzwerken stellen wir bei den Franchise-Unternehmen fest, die vor allen Dingen in Wachstumskonzepten in den letzten Jahren erstaunliche Erfolge erzielt haben. Wenn man genauer hinsieht, entpuppt sich für viele Unternehmer dabei folgende einfache Wachstumsstrategie als Erfolgsformel: **Sie wachsen, indem sie teilen!**

Damit vollzieht sich an der Schwelle zum Jahr 2000 eine intelligente Revolution, die immerhin große Erfolgsbeispiele seit fast zwei Jahrzehnten in Deutschland vorweisen kann. (Mc Donald's, Eismann, OBI)

Franchise-Konzepte zeichnen sich vor allen Dingen durch ihren hohen Anspruch an Managementfähigkeit aus.

Das Prinzip ist denkbar einfach: Es ist eine strikte Aufgabenteilung zwischen einer überregional aktiven und strategisch angelegten Denkzentrale und einem Spezialisten im Feld, der sich möglichst voll der Unternehmeraufgabe und damit der Kundenorientierung in seinem Partnerunternehmen widmen kann. Die Kooperation läuft also getreu dem Motto: **Jeder tut das, was er am besten kann!**

Synergien, die wir als vielversprechende Worthülsen schon oft in großen Organisationsumstrukturierungen gehört haben, die bei der Konzernierung verschiedener Branchen auch gerne als politisch-strategisches Argument angeführt werden, im Ergebnis aber eben meistens nur Versprechungen bleiben, sind im Franchising tatsächlich möglich:

Da schnürt ein Franchise-Geber sein Produkt, nämlich ein schlüsselfertiges Existenzpaket, indem er seinen zukünftigen Partnern

- überdurchschnittlichen Gewinn,
- langfristige existenzielle Sicherheit,

- soziales Ansehen als Unternehmer,
- echte unternehmerische Freiräume

verspricht, und er ermöglicht die Realisation des Erfolges im Markt für sich und seine Partnerbetriebe durch

- höheren Wirkungsgrad der Partner im Markt,
- höhere Produktivität in der Organisation (Spezialisierung),
- unternehmerisches Engagement,
- mehr Kundennähe und Kundenorientierung.

Vor allen Dingen die unternehmerische Agilität und Aktivität am Point of Sales ist – wie Sie noch sehen werden – von alles überragender Bedeutung für den Erfolg der Franchise-Konzepte.

Die angesprochene Arbeitsteilung in Franchise-Organisationen ist einfach strukturiert und wie folgt aufgebaut:

Der Franchise-Geber

- bringt für den Erfolg sein gebündeltes **Know-how** mit ein und stellt es dem Franchise-Nehmer zur Verfügung.
- Er leistet durch eine **eingeführte Marke** und eine ausgetestete Geschäftskonzeption sowohl imagemäßig als auch betriebswirtschaftlich eine Vor- und Anschubarbeit.
- Er professionalisiert sich auf wirklich **kundenorientierte Marktarbeit** und baut darauf die Werbung und Kommunikation in Form eines Werkzeugkastens für seine Partner auf.
- Er liefert das gesamte unternehmerische **Geschäfts- und Betreibungskonzept** für seinen Partner und hilft ihm sowohl im Aufbau des Geschäftes als auch in der konsequenten Verfolgung der unternehmerischen Ziele.
- Er **trainiert, berät und betreut** den Partner im laufenden Geschäft, damit dieser seiner unternehmerischen Aufgabe voll und ganz nachkommen kann.
- Er verschafft durch Interessenbündelung allen Partnern **Einkaufsvorteile**, die sie als einzelne kleine Unternehmen nicht realisieren könnten.

Die Franchise-Nehmer

- Als Partner haben sie vor allen Dingen ihre **unternehmerische Initiative** anzubieten, die sie in ihrer Partnerregion hauptsächlich auf die Wurzel des Unternehmenserfolges, nämlich auf die Kunden, wirken lassen.

- Sie bringen die **Kenntnis der lokalen Marktgegebenheiten** sowie der Mentalität in der Region zum erfolgreichen Umgang mit ihren Kunden mit.
- Sie zeigen ein hohes **unternehmerisches Interesse an der Erfolgserzielung** und den Möglichkeiten zur Steuerung des eigenen Erfolges im Markt. Schließlich bezahlen sie dem Franchise-Geber die Überlassung von Rechten und Know-how und finanzieren ihren Standort selbst, wobei der Franchise-Geber entsprechend – und das ist vor allen Dingen bei expansiven Konzepten nicht zu unterschätzen – entlastet wird.
- Die Betreuung läßt sich der Franchise-Geber per Gebühr von ihnen bezahlen, und sie melden so wiederum Anspruch auf die **Qualität der Betreuung** an.

Durch diese Form der Professionalisierung und Spezialisierung wird Franchising zum Turbolader für Erfolg.

Was motiviert eigentlich Unternehmer, ihre oft hervorragende Geschäftsidee mit Partnern scheinbar uneigennützig zu teilen?

Es ist die Umsetzung des einfachen Grundsatzes, daß sie, wenn ihre Partner Erfolge realisieren, an diesen partizipieren und daß über die Summe der Einzelerfolge ihr unternehmerisches Wachstum und Ergebnis höher sein wird, als wenn sie selbst die Realisation betreiben würden.

Es bleibt die Frage: Warum sind eigentlich die meisten Geschäftsideen, die im Franchise-Mantel unternehmerisch umgesetzt werden, überdurchschnittlich erfolgreich und ziehen – wie ein Magnet die Eisenspäne – überdurchschnittlich gute Partner als Franchise-Nehmer an, die ihr Vermögen beleihen und ihre Bareinnahmen liquidieren, um das unternehmerische Wagnis einer Vollexistenz auf sich zu nehmen?

Unabhängig von den Produktstrategien ist dies – von Hamburgern über Bauwerkzeug, von Parfüms bis hin zu Sonnenstudios oder tiefgekühlten Lebensmitteln – zu beobachten, und es ist, wenn man genau hinschaut, kein Zufall! Wenn es Franchising nicht gäbe, dann müßte es eben erfunden werden, weil wir als Verbraucher von dieser Art der Unternehmenskonzeption außerordentlich profitieren.

Außer in der Reinkultur des unabhängigen Unternehmens, wie dies beim Freiberufler oder beim Einzelunternehmer der Fall ist, gibt es in keiner anderen Konzeption eine derartige Verlagerung der Entscheidungs- und Kompetenzebene in die Nähe des Kunden. Die Partner in Franchise-Unternehmen sind frei, können und müssen damit alle ihre unternehmerischen und persönlichen Fähigkeiten einsetzen, um innerhalb ihres Systems permanent und immer wieder über ihren wirklichen Geschäftserfolg, d. h. über ihre Kunden, deren Akquisition, Bindung und dauerhafte Zufriedenheit, nachzudenken. Dafür setzen sie all ihre Energie, ihren Instinkt und ihre Fähigkeiten ein, was der Kunde zunächst erlebt, dann bewußt bemerkt und schließlich durch Wiederholungskäufe honoriert, wodurch der Kreislauf geschlossen ist.

In nahezu keinem andern System steht der Mensch – ob als Kunde, Unternehmer oder Mitarbeiter – mehr im Mittelpunkt als in gut organisierten und professionell arbeitenden Franchise-Systemen.

Sie wissen es:

Die Kundenzufriedenheit hängt direkt von der Erwartungshaltung ab, die beim Kunden schon beim Betreten eines Geschäftes, beim ersten Kundenkontakt bzw. bei der ersten Begegnung zwischen Kunde und Lieferant geweckt wird. Das, was rüberkommt, ist entscheidend, und dafür sorgt in einem Franchise-Partner-Betrieb der Unternehmer selbst, um möglichst wenig Streuverluste von dem erklärten Leitbild seiner Firma bis zum Kunden hinnehmen zu müssen.

Damit nicht genug: Der Franchise-Partner wird sehr schnell realisieren, daß er alleine nur ein Teil seines eigenen Erfolges ist, und entsprechend Ressourcen freisetzen, um die Fähigkeiten seiner Mitarbeiter in Richtung **Kundenorientierung** zielgerichtet zu fördern.

Die Kernidee, die dem Franchising zugrunde liegt, ist also ein Umdenken von der Zentralisierung auf die Dezentralisierung, von der Konzentration auf die Flexibilität und Dynamik, wobei die Bereitschaft zur Erfolgsteilung natürlich auf beiden Seiten vorhanden sein muß.

Es gibt einen weiteren Vorteil, der in den überschaubaren Partnerunternehmen nicht hoch genug bewertet werden kann: Durch die hohe Eigenverantwortung und unternehmernahe Organisation des Partnerbetriebs ist der dezentrale Betrieb des Franchise-Partners – und sei er auch noch so weit von der Zentrale weg – führungsmäßig und erfolgsorientiert steuerbar im Sinne der Unternehmensziele und der gesamten Geschäftskonzeption. Für ihn steht der **Kunde im Mittelpunkt** seines Handelns: eben Netzwerke mit Kunden.

10.
Information

10.1 Menschen statt Daten

Kennen Sie die kritischen Erfolgsfaktoren Ihres Unternehmens? Das sind die drei, fünf oder auch sieben zentralen Herausforderungen, die gemeistert werden müssen, um erfolgreich zu sein. Diese Faktoren sind primär handlungsbestimmend. Die Entwicklung der kritischen Erfolgsfaktoren muß ständig überwacht werden, da sie Frühindikatoren für den Unternehmenserfolg sind.

Haben Sie bereits für Ihr Unternehmen, Ihre Abteilung und für Ihren persönlichen Erfolg diese wichtigen Faktoren definiert? Falls ja, sollte an der Spitze dieser Liste das Management der persönlichen Beziehung in Ihrem sozialen Netzwerk stehen. Der Aufbau und die Pflege von persönlichen Beziehungen ist erfolgsentscheidend.

Basis für ein effektives Clienting ist eine **optimale Kundendatenbank**. In dieser Datenbank müssen weit mehr Informationen erfaßt werden als Adressen, Telefonnummern und Geburtstage der Kunden. Erst **„weiche" Fakten** über Interessen, Motive und gemeinsame Erlebnisse erfüllen eine Datenbank mit Leben. Kultivieren Sie keinen Datenfriedhof, sondern sorgen Sie für eine lebendige Informationsbank, die Ausgang für eine zielgruppenspezifische Bedürfnisbefriedigung durch Ihr Unternehmen ist.

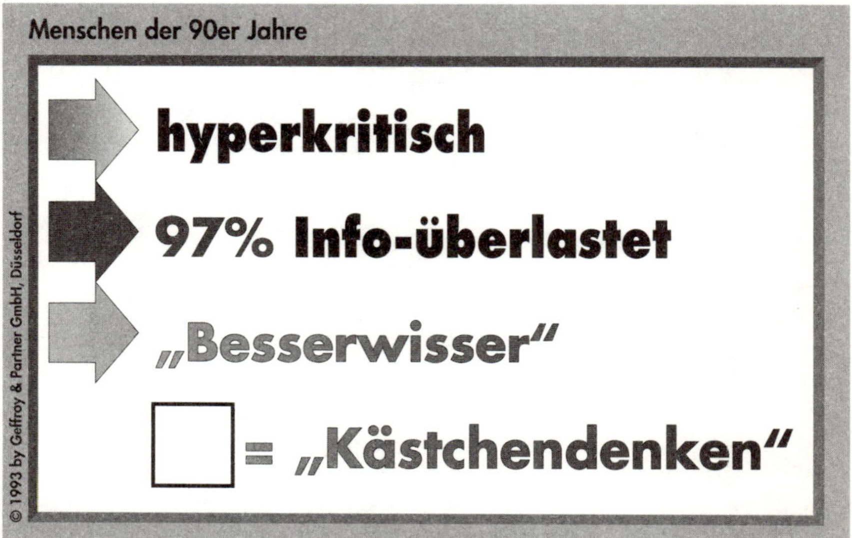

Die klassische Werbung über die Massenmedien Print, Funk und Fernsehen stößt an ihre Grenzen. In einem neuen Buch „Millionengrab Werbung" beschreibt Herbert Werler, wie die Werbemillionen im Übertragungskanal verpuffen können, ohne die Zielgruppen zu erreichen, geschweige denn zu überzeugen. Die Adressaten schwimmen der Werbeflut davon. Sie weichen Funk- und Fernsehspots durch Zapping aus, entmüllen ihre Zeitungen und Zeitschriften von Beilagen. Mittelfristig wird die Kundenbindung (Clienting) die klassischen Instrumente des Marketing wie Anzeigen und Prospekte überflüssig machen.

Direktmarketing-Aktionen haben nur noch eine Chance, wenn Sie etwas Besonderes bieten (siehe unsere Beipack-Idee) und eine quasi individuelle Ansprache gelingt. Dies ist nur mit einer aussagefähigen Kundendatenbank zu schaffen. Einfache Beispiele wären besondere Briefe an Golffreunde, Asienfans oder steuerbewußte Geldanleger.

Die Märkte werden zunehmend atomisiert, d.h. in immer kleinere Marktsegmente zersplittert. Die Verbraucher werden ständig anspruchsvoller und haben ein starkes Abgrenzungsbedürfnis. Autos befriedigen beispielsweise schon lange nicht mehr nur Mobilitätsbedürfnisse, sondern sind unübersehbarer Ausdruck eines bestimmten Lebensgefühls: der sportliche Kombi für den dynamischen Familienvater, das zuverlässige Cabrio für den aufstrebenden Jungmanager, der flotte Einkaufsflitzer für die mobile Hausfrau und die luxuriöse Limousine mit Understatementcharakter für die moderne Karrierefrau.

Data Base Clienting begegnet dieser Entwicklung durch die detaillierte Analyse von Käuferschichten, Marktsegmenten, Ziel- und Interessengruppen. Mit statischen Methoden, wie der Regressions- und Clusteranalyse, werden einzelne Kunden zu Gruppen zusammengefaßt, die sich durch ein identisches Kaufverhalten und ähnliche Entscheidungsprozesse auszeichnen. So identifizierte Zielsegmente können mit spezifischen Maßnahmen angesprochen werden. Ziel ist es, das Clienting und den Verkauf konsequent auf die jeweiligen spezifischen Kundenbedürfnisse auszurichten.

Eine umfassende Kundendatenbank, die unseren Ansprüchen gerecht wird, war früher nur Spezialisten vorbehalten. Hohe Budgets waren notwendig, um die teuren Großrechner für diese Zwecke einsetzen zu dürfen. Dank des rasenden technologischen Fortschritts und der dramatisch verbesserten Preis-Leistungs-Relation der Hardware stehen diese Möglichkeiten heute auch mittelständischen- und Kleinunternehmen offen. Ein leistungsfähiger PC mit moderner Software ausgerüstet bringt Ergebnisse, die vor wenigen Jahren undenkbar waren. Millionenschwere Investitionen in eine schwerfällige Großrechnertechnologie werden von modernen vernetzen PCs in Frage gestellt. Der Satz „Nicht die Großen fressen die Kleinen, sondern die Schnellen die Langsamen" fand möglicherweise in diesem Zusammenhang seinen Ursprung.

Die jetzt verfügbare leistungsfähige Hardware hat eine Software möglich gemacht, die aufgrund ihres Funktionsumfangs und der hohen Benutzerfreundlichkeit sehr speicherhungrig ist. Eine moderne Software übt selbst auf eingeschworene Nichtanwender eine Anziehungskraft aus, der auf Dauer keiner widerstehen kann. Datenbanken waren früher der Inbegriff einer unverständlichen Geheimwelt, in der sich nur eingefleischte Anhänger der elektronischen Sekte zurechtfanden. Heute sind relationale Datenbanken mit etwas gutem Willen von jedem Interessierten zu entwickeln. Die Software unterstützt dabei den Anwender durch vorgegebene Standardlösungen und leistungsfähige Hilfesysteme, die mittlerweile genausoviel Speicherplatz beanspruchen wie das eigentliche Anwendungsprogramm.

Kennen Sie Ihre Kunden? Haben Sie ein systematisches Konzept, um die Beziehung zu Ihren Kunden zu pflegen und zu intensivieren? Nutzen Sie die Möglichkeiten der modernen Informationstechnologie für Ihr Clienting-Konzept? Handeln Sie, bevor der Wettbewerb Sie abhängt!

10.2 Wissenszwerge und Informationsriesen

Der Umschwung von der Produktions- zur Informationsgesellschaft hat sich bereits vollzogen. Informationsvorsprünge bedeuten bares Geld und sind die Machtquelle der 90er Jahre. Die modernen Gesellschaften werden nicht mehr nur durch die Geldkluft gespalten, sondern in zunehmendem Maße durch den unterschiedlichen Umgang mit Informationen.

Wir leben bereits mit der Informationsflut, die von Woche zu Woche an Stärke gewinnt. Im Unterschied zu den natürlichen Gezeiten wird die Informationsflut nicht in regelmäßigem Abstand durch eine Info-Ebbe abgelöst. Mehr und mehr Zeitschriften werden veröffentlicht, immer neue Fernsehstationen werden eröffnet, sogar reine Informationssender und völlig neue Informationskanäle werden erschlossen.

Diese Informationsflut trennt die Menschen in zwei Gruppen: Wissenszwerge und Informationsriesen. Wissenszwerge sind der Flut nicht mehr gewachsen. Die Masse und Komplexität an Informationen überfordert ihre Kapazität, Informationen sinnvoll zu verarbeiten. Wissenszwerge lassen sich berieseln und werden unbemerkt manipuliert und zu unmündigen Konsummarionetten erzogen. Für diesen Teil der Bevölkerung kann Postmans Buch „Wir amüsieren uns zu Tode“ auch mit „Wir berieseln uns zur Dummheit“ übersetzt werden.

Informationsriesen können komplexe Strukturen überblicken, strukturieren die Informationsflut, nehmen eine Unmasse von Daten auf, verbinden sie mit Bekanntem und suchen die für sie wichtigen Informationen heraus. Sie gewinnen die Info-Essenz mit effizienten Filtern aus der Datenflut. Ihre Erfolgsgeneratoren werden vom gewaltigen Informationsstrom angetrieben. Informationsriesen besitzen Informationsvorsprünge, die entscheidend für den Erfolg sind.

Informationsriesen zeichnet auch die Fähigkeit aus, sich von altem Wissen schmerzlos und schnell zu trennen. Informationen haben eine immer kürzere Halbwertzeit. Das Verfallsdatum für Informationen läuft schneller ab als das der Milchprodukte in Ihrem Kühlschrank. Deshalb halten sich Info-Riesen nicht an alten Konzepten, die vor Jahren vielleicht einmal funktioniert haben, fest, sondern geben neuen Lösungen eine Chance.

Selbstverständlich arbeiten Informationsriesen mit einer Vielzahl von unterschiedlichen Quellen. Der modernste, schnellste und einzig wirklich globale Informationskanal spielt dabei eine immer wichtigere Rolle: **Computernetzwerke**. Die sogenannten Online-Informationsdienste erschließen jedem, der es will, die ganze Welt per Tastendruck. Die gewaltigen Chancen, die dieses Medium bietet, beschreiben wir am Beispiel des führenden Netzwerks CompuServe.

Über dieses Medium haben die weltweit mehr als eine Million Mitglieder Zugang zu 1700 Datenbanken und 350 Kommunikationsforen. Vor allem diese Foren machen das Besondere der modernen Computernetzwerke aus: Sie rufen nicht mehr einfach nur Informationen aus riesigen Datenbanken ab, sondern Sie reden und diskutieren mit anderen Menschen!

Verabschieden Sie sich von allen Vorurteilen, die diesem Kommunikationsmedium entgegengebracht werden. Nur wenige CompuServe-Mitglieder sind Computerhacker und einsame PC-Freaks. Ärzte, Wissenschaftler, Manager, Hausfrauen, Autoren und Verkäufer sind Mitglieder dieses exklusiven Clubs. Sogar der Vatikan und der Präsident der Vereinigten Staaten haben eine elektronische Adresse, die von jedem anderen Mitglied angewählt werden kann. Sie alle nutzen die Kommunikationsmöglichkeiten, um neue Informationen zu bekommen, Probleme mit kompetenten Partnern zu diskutieren oder neue Geschäftsbeziehungen aufzubauen. Einige haben auch ihren Ehepartner über eine ursprüngliche Verbindung per Draht kennengelernt.

Die Nutzung des CompuServe-Netzwerks ist völlig zeit- und ortsunabhängig. Alles, was Sie brauchen, ist Ihr mit Modem bestücktes Notebook und ein Telefonanschluß. Sie können jederzeit und von jedem Ort aus alle Möglichkeiten nutzen. So haben Sie auf den Geschäftsreisen Zugriff auf Ihren persönlichen Briefkasten und alle aktuellen Nachrichten an Sie. Vom Hotelzimmer aus können Sie Anfragen, Bestellungen und Protokolle an Ihr Unternehmen auch um zwei Uhr morgens übertragen.

CompuServe-Mitglieder helfen einander. Keiner kann alles wissen, jeder braucht irgendwann die Hilfe von anderen. Deshalb werden Informationen weitergegeben, für die unter anderen Umständen viel Zeit und Geld aufgewendet werden müßten. Egal, ob Sie einen Sportmediziner, der eine komplizierte Knieverletzung heilen kann, oder einen Anbieter von seltenen Zierfischen suchen, CompuServe ist das Forum, über das man Antworten erhält.

Die traditionellen Funktionen einer elektronischen Datenbank stehen jedem Compu-Surfer selbstverständlich auch zur Verfügung. Wall-Street-Kurse, sekundenaktuelle Weltnachrichten, Wettervorhersagen für jeden Ort der Welt und mächtige Nachschlagewerke sind nur einige Beispiele. Selbstverständlich können Sie auch Ihren nächsten Urlaub planen, Flüge, Mietwagen und Hotelzimmer direkt buchen.

Wenn Sie die aktuellsten Artikel zu einem wissenschaftlichen Thema wollen, verschwenden sie in Buchhandlungen und Universitätsbibliotheken Ihre Zeit. Das globale Kommunikationsnetzwerk liefert Ihnen diese Informationen auf Ihren Schreibtisch: ein Knopfdruck, und Ihr Bildschirm zeigt Ihnen die neuesten Trends, ein weiterer Mausklick, und Ihr Drucker bringt sie aufs Papier.

Alle führenden Softwarehersteller nutzen CompuServe, um ihre Kunden über neue Produkte und Anwendungsmöglichkeiten zu informieren. Kompetente Microsoft-Mitarbeiter aus der amerikanischen Zentrale antworten Ihnen kurzfristig auf jedes Problem, das Sie mit Ihrer Textverarbeitung oder Programmiersprache haben. Korrigierte Softwareversionen können direkt vom Hersteller auf Ihren Computer überspielt werden. Sie übermitteln Ihre Kritik direkt an die verantwortlichen Entwickler und bekommen in den meisten Fällen ein Feedback.

Es gibt zahllose Möglichkeiten, mit diesem Medium Ihren privaten und beruflichen Erfolg zu steigern. Lernen Sie von den Informationsriesen. Nutzen Sie die Möglichkeiten eines weltweiten Informationsaustauschs. Entwickeln Sie für sich und Ihr Unternehmen kreative Nutzungsmöglichkeiten. CompuServe ist ein zentraler Bestandteil, um unsere Vision des digitalen Clienting umzusetzen.

Wenn Sie von den beschriebenen Möglichkeiten profitieren wollen, brauchen Sie nur einen PC, ein Modem und die Kommunikationssoftware. Und schon surfen Sie mit Ihrem Computer auf der vordersten Welle der Informationsflut. Willkommen im Club der Informationsriesen.

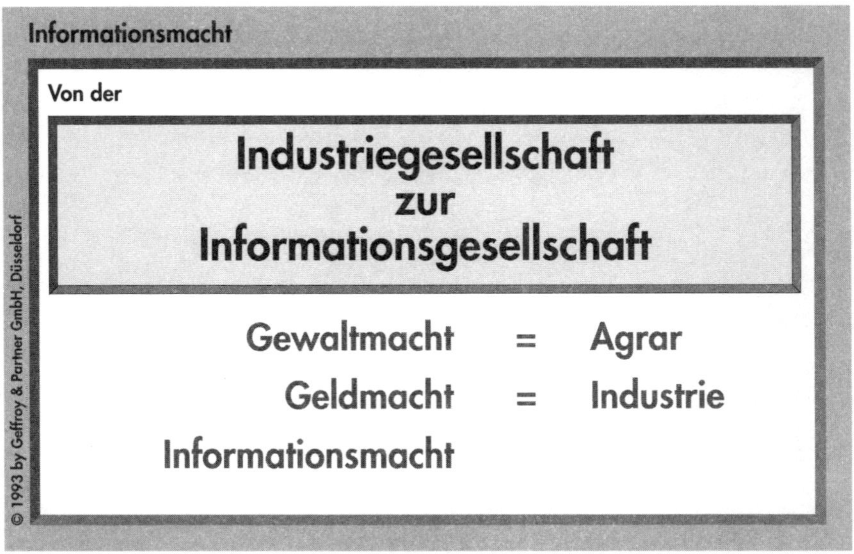

11. MindWare

11.1 MindWare statt Software

MindWare leitet die völlige Elektronisierung unseres Wissens ein.

Die Gesellschaft in den 90er Jahren verwandelt sich in einem Riesentempo zu einer neuen Form: zur Informationsgesellschaft. Die Ursprünge liegen bereits in den 50er Jahren; es ist also eigentlich nichts Neues.

Jetzt jedoch wird es unser aller Leben beeinflussen. In fünf Jahren wird nichts mehr so sein, wie es heute ist. Unser Informationsverhalten wird sich genauso nachhaltig verändern, wie wir uns selbst verändern. Heute schon erinnert sich kaum noch jemand daran, daß wir vor kurzer Zeit nur drei Fernsehsender hatten. Heute sind es bereits 40 Sender, und in kurzer Zeit werden es über 100 Fernsehanstalten sein.

Ebenso wird alles, was nicht zappelt, wackelt oder springt, langweilig. Deshalb wird immer weniger gelesen, obwohl es immer mehr Zeitungen und Zeitschriften gibt.

Der Kunde wird aufgrund der Fülle von Informationen immer weniger Informationen aufnehmen. Ihm etwas anzudrehen ist schon lange unmöglich. Doch was passiert? Woher holt er sich seine Informationen?

Er holt sie sich aus Computern, Notebooks, Electronic Books und Personal Digital Assistents, also elektronischen Helfern, die Informationen auf Abruf vermitteln. Ein Knopfdruck genügt, vielleicht auch zwei, und schon heute sind viele Informationen möglich, z. B.:

- die günstigste Lebensversicherung
- die besten Einkaufsmöglichkeiten tagesaktuell
- alles um den Computer
- die aktuellen Börsenkurse
- das Fremdsprachenlexikon mit Wortausgabe
- der deutsche Schlemmeratlas
- eine Straßenkarte Deutschlands
- mein SalesMan, ein elektronischer Verkaufsassistent
- ein Vergleich der meistverkauften Autos in Deutschland

Die Liste ließe sich beliebig fortsetzen. Im Jahr 2000 wird ein Großteil der Informationen per Computer in irgendeiner Form abrufbereit sein. Informationen auf Knopfdruck werden dann Wirklichkeit.

Damit ist auch die Softwarebranche in ihre zweite Entwicklungsstufe getreten. Es zählt nicht mehr nur die tolle Software, sondern der Inhalt.

In den USA läuft diese Entwicklung unter dem Begriff Content Provider oder Content Publisher, und große Firmen wie z. B. Warner Brothers sehen darin den Milliardenmarkt der Zukunft.

In Deutschland präge ich dafür den Begriff MindWare (einige Amerikaner finden ihn auch gut und haben ihn bereits übernommen). Erst durch die Kombination von Hardware, Software und MindWare wird der beste Kundennutzen erfüllt. MindWare ist damit der Inhalt, der vom Benutzer möglichst einfach abgerufen werden kann.

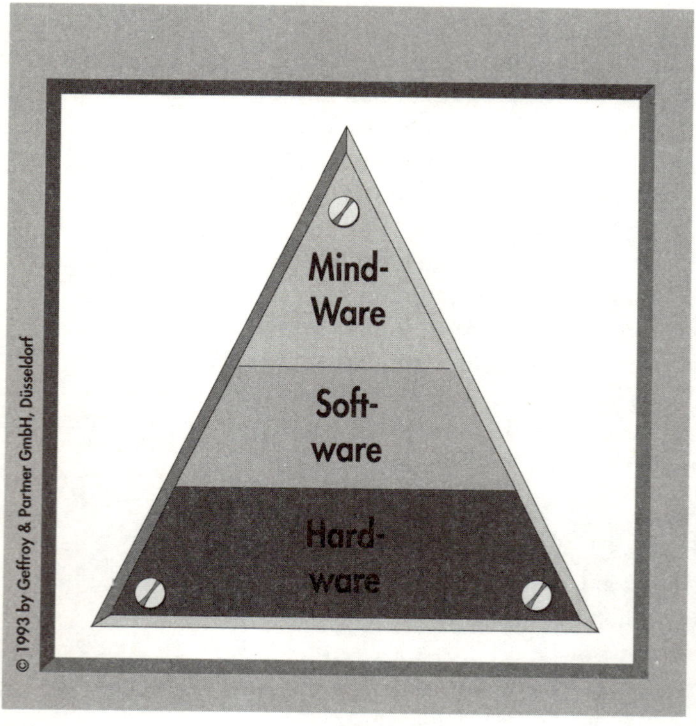

Einfacher ausgedrückt ist **MindWare Wissen auf Abruf** und kann damit auch zu Erfolgen auf Abruf führen, da die richtigen Informationen heute bares Geld bedeuten.

MindWare wird die Softwarebranche genauso revolutionieren wie die Einführung der grafischen Benutzeroberfläche seinerzeit die Hardwarebranche. Für den Kunden bedeutet es einen echten Fortschritt. Er kann sich auf günstige und einfache Art und vor allem zu jedem Zeitpunkt die

Informationen holen, die er benötigt. Sie als Kunde können sich erst einmal alleine ein Urteil bilden, ehe Sie sich etwas verkaufen lassen.

Damit fängt das Problem für die Firmen an. Was macht der, der nicht die günstigste Lebensversicherung hat? Ist der Vergleich überhaupt fair und richtig gewesen? Irren ist menschlich. In einem weiteren Kapitel beschreibe ich aus diesem Grund die notwendige Herausforderung in einer anderen Art des Umgangs mit Kunden. Nur durch Clienting – Netzwerke mit Kunden – wird diese Herausforderung dauerhaft lösbar werden. Also kommen Informationen mehr und mehr aus Computern, und Überzeugung und Kaufbereitschaft werden durch Gleichgesinnte/Empfehlende ausgelöst. Reden wird mehr Bedeutung haben als Lesen. „Kennst du jemanden, der dies und das liefern kann" wird der Lieblingseinkaufssatz der Zukunft sein. Die Mund-zu-Mund-Propaganda wird einen nie gekannten Aufschwung erleben. In weiteren Kapiteln werden die Konsequenzen und Chancen ausführlich beschrieben.

Doch kommen wir zurück zur MindWare. Das richtige Verständnis läßt ungeahnte Möglichkeiten aufbauen. Information wird der Rohstoff der Zukunft sein und MindWare die Transportmöglichkeit. Es gibt nicht nur die Möglichkeit, elektronische Bücher zu kaufen oder zu publizieren, sondern Sie können an Ihre Kunden natürlich genauso elektronische Ersatzteilkataloge, Preislisten, Neuprodukteinführungen, Angebotsvergleiche und technische Beschreibungen liefern. Haben Sie jetzt die Chancen erkannt? Jeder, der sich als Informationsspezialist versteht und neben Produkten, Qualität und Service auch Informationsvorsprünge liefert, wird der Sieger der Zukunft sein.

Ein von mir beratenes Unternehmen in der Vermögensberatung hat sich durch die Konzentration auf den Faktor Information innerhalb von zwei Jahren von 80 Mio. DM Einnahmen auf 450 Mio. DM Einnahmen entwikkelt. Auch heute noch können Umsätze und Gewinne mit dem richtigen strategischen Ansatz explodieren.

Machen Sie Ihre eigene Konjunktur durch die volle Konzentration auf den Informationsservice, ein Begriff, der in den USA auch schon eine wichtige Rolle spielt. Die Elektronik können wir alle nicht aufhalten, also springen wir auf den mittlerweile schon ziemlich schnell fahrenden Zug auf und kombinieren unser Angebot mit Informationsdienstleistungen. Übrigens können Sie auch Ihre Kunden durch Computer auf sogenannte Multimedia-Art schulen. Multimedia wird in einem anderen Kapitel genauer erklärt und ist – in Kürze – die Verbindung von Ton, Text, Bild, Grafik, Simulation, Animation und Video in einem Gerät. Sie reduzieren Ihre Kosten erheblich und können so Ihre Kunden besser von sich überzeugen.

Zusammenfassend kann man sagen, daß MindWare die Chance für zukunftsorientierte Unternehmen ist, um für Kunden Informationssysteme zu schaffen, damit Geld zu verdienen und Kundenservicesteigerungen durchzusetzen. Elektronische Kataloge und Kundentraining, unterstützt durch Multimediasysteme, ermöglichen neue Formen des Umgangs miteinander.

Das bedeutet auch, daß MindWarelösungen einen Mehrwert schaffen für einen besseren Umgang zwischen Kunden und Lieferanten – und damit meinem Credo vom Clienting, von Netzwerken mit Kunden, erheblich näher kommen.

11.2 Multimedia als Sieger

Jede Idee braucht ihre Technik, um den Durchbruch zu erreichen. So wurde die Dampfmaschine zum Katalysator für die Industriegesellschaft, wobei man damals nicht einmal ahnte, was ein Katalysator ist.

Für den Druchbruch der Kommunikation erfand Bell das Telefon, wobei damals längst nicht alle der Ansicht waren, daß das Telefon eine epochemachende Entwicklung sein werde. Angeblich soll folgender Dialog zwischen dem Präsidenten der Vereinigten Staaten und Bell stattgefunden haben:

„Was ist das?“
„Damit können Sie über Tausende von Meilen mit Menschen sprechen.“
„Interessant – aber was soll das?“

Ähnliches gibt es heute über Multimedia zu berichten. Zuerst begeistert als Weltsensation vorgestellt, wurde es nach zu großen Versprechungen in die Ecke der Futurologen gestellt.

Was ist Multimedia?

Multimedia ist die Verbindung von Text, Ton, Bild, Grafik, Simulation, Animation und insbesondere Video in einem Computer. Ich persönlich bin in den letzten Monaten durch alle Höhen und Tiefen dieser Entwicklung gegangen und kam zu einem anderen Urteil als die meisten Experten. Multimedia ist die Zukunft und wird entscheidend Einfluß auf uns alle haben – nur, daran glaubt noch niemand.

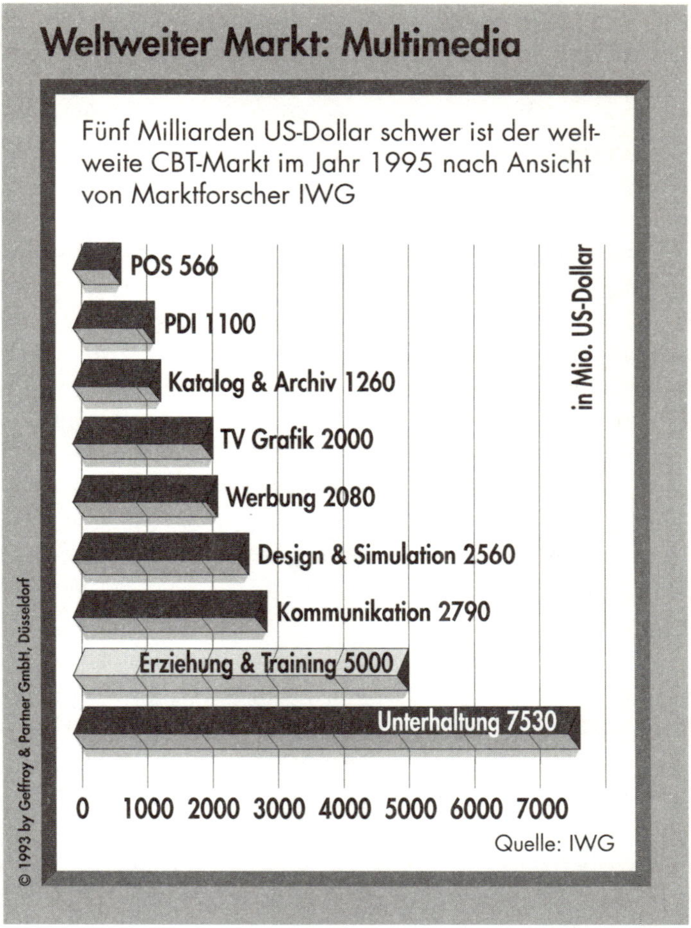

Verursacht worden ist diese Entwicklung durch die Versprechungen der Computerindustrie, die schlicht aus Absatzinteressen heraus zuviel versprochen hat. Das war 1992 der Fall und trifft vielleicht zum Teil auch noch für 1993 zu. Aber in 1994 und erst recht 1995 wird es ganz anders aussehen. Bis dahin wird die Technologie längst soweit sein, um elektronische Kommunikationsnetzwerke bisher nicht gekannten Ausmaßes zu ermöglichen. Dieser Markt, ich habe es in einem anderen Zusammenhang bereits gesagt, gilt als der größte Wachstumsmarkt der Zukunft.

Warum ist Multimedia so entscheidend? Sie können damit völlig andere Kommunikationsformen schaffen. Beispielsweise kann über Satellit oder per Datenleitung eine Neuprodukteinführung zeitgleich und per interaktives Video durchgeführt werden. Rückfragen können per Bildtelefon oder Videocomputer sofort beantwortet werden. Videokonferenzen ermöglichen einen persönlichen Kontakt, ohne vorher und hinterher endlose Stunden im Auto verbringen zu müssen. Kundenfragen und Kundenanfragen können viel persönlicher behandelt werden. Ein Multimediasystem erklärt dem Kunden zukünftig am Fernseher, interaktiv und mit Videosequenzen, wie der Videorecorder funktioniert. Das Lesen von langweiligen Gebrauchsanweisungen, die sowieso keiner versteht, ist passé.

Warum ich den Fernseher plötzlich ins Spiel bringe? Vielleicht waren Sie ja der Meinung, daß interaktive Multimediacomputer in Ihrer Branche frühestens Ende dieses Jahrtausends zum Einsatz kommen. Es ist aber kein Geheimnis mehr, daß bereits jetzt, und erst recht in Zukunft, Abspielgeräte auf den Markt kommen, die per CD-ROM (die kleine silberne Scheibe) im Computer und in jedem Fernseher abspielbereit sind. Damit ist Multimedia in jedem Wohnzimmer möglich. Jeder Hersteller kann eine Modenschau, Produktvorstellung oder Last-minute-Reise per CD vorstellen. Vielleicht ist das noch etwas Zukunftsmusik, aber auf Sicht von 1000 Tagen bestimmt nicht mehr.

Jeder kann seine Kunden über diese neuartigen Informationssysteme besser beraten und so Netzwerke besser aufbauen. Die Preise dieser Abspielgeräte werden als Consumergeräte eingestuft, also zu Preisen einer Hi-Fi-Anlage verkauft werden. Ich selbst bin von dieser Chance so überzeugt, daß ich eine Firma gegründet habe, die sich speziell mit der Beratung, Umsetzung und Produktion dieser Multimediawelt beschäftigt. Wir verfügen auch bereits über die ersten Multimediaabspielgeräte und sind davon begeistert. Völlig neue Möglichkeiten zeigen sich jetzt im Umgang mit Kunden auf. Die Produktion einer CD ist übrigens sehr schnell und pro Stück sehr kostengünstig möglich. Ich darf noch einmal betonen, daß ich kein Computerfreak bin, sondern aus meiner Sicht als Berater und Clienting-Spezialist die neue Technologie als entscheidenden Helfer einstufe.

Gehen wir schrittweise an die Thematik heran: Zuerst einmal werden sich reine CD-ROM-Abspielgeräte für Computer immer mehr durchsetzten. Bereits heute gibt es weit über 5000 CD-ROM-Titel für Computer, und das Angebot wächst ständig. Der Vorteil liegt auf der Hand: eine erheblich höhere Speicherkapazität bei sehr geringen reinen Produktionskosten. Sie können auf diesen CD-ROM-Abspielgeräten nicht nur Daten und Video speichern, sondern auch ganz normale Musik-CDs hören.

Darüber hinaus haben Sie vielleicht von der Kodak Photo-CD gehört. Damit können Sie auch Ihre Urlaubsfotos oder Ihre neuen Produktfotos auf CD betrachten. Also wird die CD zum universellen Multiinstrument, Video, Daten, Musik, Fotos, alles mit einem System. Darin liegen die Chancen. Wenn die Brücke vom Arbeitsplatz Computer im Büro zum Wohnzimmer geschlagen wird, und daran arbeiten alle großen Hersteller, hat die Computerelektronik ihren großen Durchbruch geschafft. Verbraucher und Firmen lassen sich über einen Weg multimedial informieren und vernetzen. Die CD ist der Transportweg – die bessere, schnellere und visuelle Überzeugung, die Superchance, um direkter zu informieren. Weltfirmen wie Apple, Sony, Philips, Kodak, IBM, um nur einige zu nennen, oft mit mächtigen Kooperationspartnern verbunden, werden Geräte präsentieren, mit denen die Kundenüberzeugung in eine neue Stufe gehen wird – Selbstüberzeugung durch die Nutzung neuartiger Informationssysteme.

Entscheidend ist, daß bereits heute immer mehr Informationen per Diskette, CD, Computerdienste, online, via Satelliten, eben auf Abruf, angeboten werden. Die beste Versicherung? Kein Problem! Der richtige Gebrauchtwagen per Diskette, zumindest in Holland kein Problem! Expertenwissen per Computer – auch kein Thema mehr. Merken Sie, daß der Verbraucher immer unabhängiger wird, daß er sich immer mehr selbst informieren kann, daß er immer weniger den klassischen Verkäufer braucht, der ihm etwas verkauft? Viele Entwicklungen befinden sich noch im Anfangsstadium. Das ist Ihre Chance. Verstehen Sie diese Entwicklung als Herausforderung für Ihr Unternehmen. **Entwickeln Sie selbst Konzepte, um Multimedia als neue Informationstechnologie mit unserem Kernkonzept Clienting zu verbinden.** Banken können Immobilienangebote per CD verschicken. Die Baufinanzierung, was pro Monat zu zahlen ist, kann sich der Kunde ebenfalls direkt ausrechnen. Hierzu gibt es bereits mehr als 30 Baufinanzierungsprogramme auf dem Markt (wobei mir allerdings das meines Partners Georg Meyer am besten gefällt).

Sie können also eine sehr überzeugende visuelle Darstellung per Multimedia mit Sofortnutzen verbinden. Das bedeutet, Multimedia ermöglicht einerseits firmenintern einen völlig anderen Weg der Informationsaufnahme und -verarbeitung wie beispielsweise Neuprodukteinführungen, Videokonferenzen und Mitarbeitertraining und andererseits einen völlig anderen Weg der Kommunikation mit dem Kunden. Informationen mit Sofortnutzen zu verbinden, um Netzwerke aufzubauen, wird Ihnen einen Wettbewerbsvorsprung ermöglichen.

Die Techniken sind jetzt schon da, die Brücke vom Büro zum Wohnzimmer wird in Kürze geschlagen sein. Die Kosten sind vertretbar. Die Vorteile wie Schnelligkeit und Qualität der Information sind überzeugend. Das Medium, ob CD oder ISDN, ist vorhanden oder bereits erkennbar flächendeckend in Kürze vorhanden, wobei mit dem Glasfasernetz ISDN der Bundespost Daten erst richtig transportiert werden können. Andere nennen es auch die Datenautobahn.

Fairerweise muß man sagen, daß zur Zeit wieder einmal der Kampf um Normen tobt, d.h., jeder Hersteller will seinen eigenen Standard setzen, um dann an den Lizenzen zu verdienen. Sie kennen das vielleicht noch aus der Zeit der Videorecorder, als es um VHS oder Betamax ging. Aber das sollte auch keine ausschlaggebende Rolle spielen, denn wenn Sie sich an bereits jetzt erkennbare Trends halten, passiert Ihnen auch nichts. Wichtig ist, Multimedia als Chance nach innen und im Umgang mit dem Kunden zu erkennen und als einer der ersten mit diesem neuartigen Weg Märkte zu besetzen und Netzwerke mit Kunden auf elektronische Art und Weise abzusichern.

Sie können Multimediakonzepte zum Clienting nutzen, indem Sie Ihre Einsatzmöglichkeiten in drei wesentlichen Bereichen prüfen.

Erstens bieten sich erhebliche Möglichkeiten als **Informationssystem**, regelmäßig oder unregelmäßig. Sie können über neue Produkte informieren, Gebrauchsanweisungen anschaulich darstellen oder einen Sofortnutzen durch Übersichten oder Vergleiche bieten.

Zweitens können Sie Multimedia als **Trainingssystem** für Ihre Kunden einsetzen. Wie oft müssen bestimmte Handgriffe sitzen, um beispielsweise ein Cabrioverdeck zu öffnen. Oder Sie haben Handwerker als Kunden, die Sie mit einem Multimediaverkaufstraining bei ihren eigenen Erfolgen unterstützen können. Oder Techniker können per Multimedia Fehlermeldungen schneller überprüfen.

Drittens können Sie Multimedia mit einem **interaktiven Dialog** verbinden oder, ganz einfach ausgedrückt, Bestellungen sofort per Computer oder Telefon ermöglichen. Sie können Fragen an Ihre Kunden stellen, und Kunden können direkt mit Ihnen in Kontakt kommen ohne Umwege über Mittler, gleich welcher Art.

Dabei sind die Möglichkeiten, Multimedia als Clienting-System zu verstehen, um elektronische Netzwerke aufzubauen, längst nicht erschöpft. Wir erarbeiten in unserer Firma jeden Tag neue Kombinationsmöglichkeiten. Versuchen Sie es ebenfalls – es macht Spaß.

Zwei Dinge sind in diesem Zusammenhang noch einmal wichtig. Erstens: All das Beschriebene ist Realität und entweder bereits umgesetzt oder kurz davor, umgesetzt zu werden. Wir können mittlerweile fast eine Ausstellung durchführen mit den CDs und Disketten der Firmen, die das bereits umgesetzt haben. Allerdings passiert das zur Zeit im Ausland, oder die Firmen sind aus computernahen Betrieben und deshalb leichter für solche Chancen zu überzeugen. Zweitens: Natürlich werden diese elektronischen Netzwerke den Menschen nicht ersetzen, sondern nur unterstützen – und das ganz gewaltig.

Menschen, und zwar echte Beziehungen, werden entscheidend. Allerdings nutzen wir heute für die Beziehungspflege auch das Telefon. Ohne diese Technik könnten wir uns unser Leben kaum noch vorstellen. Da hatte der liebe Herr Bell vor einiger Zeit noch mehr Überzeugungsarbeit zu leisten.

Fazit: Elektronische Netzwerke und persönliche Netzwerke werden zu einem Clienting-System zusammenfließen.

12.
Netzwerke

12.1 Netzwerke mit Kunden

Alle vorausgegangenen Themen sind die Vorbedingung, natürlich nur soweit sie auf Ihre Situation übertragbar sind, für den entscheidenden Erfolgsweg der Zukunft: Netzwerke mit Kunden. Sie kennen jetzt den Sinn und die Bedeutung alter und neuer Themen.

Warum werden Netzwerke mit Kunden den entscheidenden Wettbewerbsvorteil bringen? Sie spiegeln die dritte Form der Netzwerkentwicklung in der Neuzeit wider, die alle drei den zentralen Sinn haben: Menschen miteinander zu verbinden.

Die erste Stufe uns längst bekannter Netzwerksysteme sind die Kabelnetze, die zu Telefon- und Kommunikationsnetzen ausgebaut wurden. Ziel war es, Menschen über weite Strecken miteinander zu verbinden. Hilfsmittel ist das Telefon. Im jetzt fortgeschrittenen Stadium ist das Telefon nun mobil und sehr klein und bald per Satellit weltweit rund um die Uhr empfangsbereit. Dem ersten Netz, um Menschen zu verbinden, folgte bald das zweite: das Straßen- und Autobahnnetz. Das Auto ermöglichte den Menschen, weite Strecken und Distanzen zu überwinden. Jetzt sind wir auch hier im Stadium der Verkehrsnetze, das neben PKWs nun das Flugzeug favorisiert. Alles geht schneller und globaler, die Welt wird zum globalen Dorf. Entfernungen haben keine große Bedeutung mehr.

Doch der Bedarf, noch schneller zu reagieren oder zu agieren und noch schneller große Distanzen zu überwinden, wächst immer mehr. Dabei soll die menschliche Komponente trotzdem nicht zu kurz kommen. Die Geburt der Datennetze war damit vorbestimmt. Datenautobahnen ermöglichen Informationen und Kommunikationen über große Distanzen. Gleichzeitig mit den Möglichkeiten der technischen Netzwerke wächst genauso sprunghaft der Bedarf an persönlicher Kommunikation und Beziehung. Als konsequente Entwicklung der immer technologischeren Welt war auch das vorhersehbar. Also heißt es in der Zukunft so viele elektronische Netzwerke wie nötig und so viele menschliche Netzwerke und Beziehungen wie möglich. Damit gehören den Netzwerken mit Kunden die Zukunft.

Diese gilt es zu organisieren. Der neue Rohstoff, der viele miteinander verbinden wird, ist die Information. Sie wird zum wichtigsten Aktivposten einer Firma. **Information als Bindeglied** zwischen Firma und Kunde erweitert den Chancenspielraum erheblich. Zukünftig, und in vielen Firmen bereits jetzt, ist neben der Produktqualität und Serviceleistung die Informationsqualität entscheidend. Anlagenbauer werden sich immer mehr als Gewinnpartner ihrer Kunden verstehen und sich mehr und mehr darauf spezialisieren, durch eine Kombination von Anlagen-Know-how, Softwareentwicklung und MindWarekonzepten die Produktion und die Qualität, den Ausstoß und die Durchsatzrate zu erhöhen. Wichtigster Erfolgsfaktor ist die Information in Form der Meßdatenauswertung, die bestenfalls noch just in time und online erfolgen sollte.

Automobilzulieferer werden so ihren Kunden über Datennetzwerke direkten Zugriff auf die gerade laufende Produktion gewähren. Die Automobilfabrik kann sich so jederzeit Einblick verschaffen, ob die Produktion unter Qualitätsgesichtspunkten richtig abläuft. Die Fabrik kann so ihre Qualitätskontrolle auflösen oder erheblich einschränken und dadurch ihre Kosten erheblich reduzieren. Wenn das kein Netzwerk ist!

Natürlich stehen bei Netzwerken auch die persönlichen Netzwerke und Beziehungen im Vordergrund. Wie bereits beschrieben, bieten sich von ganz einfachen bis zu aufwendigen Wegen alle Möglichkeiten, Kundenkontakte anders zu sehen.

Clubs und Cards sind in der letzten Zeit häufig gehörte Stichworte im Zusammenhang mit der Kundenbindung, was nicht unbedingt Netzwerke mit Kunden heißen muß. Bindung ist mir nach wie vor zu einseitig aus der Sicht des Herstellers. Ich binde, und der andere hat gefälligst stillzuhalten. Beziehungen leben immer von einem fairen Geben und Nehmen – **Sog statt Druck!** Der Clubgedanke ist sicher ein Favorit in bezug auf persönliche Netzwerke, wobei nicht der Rabattvorteil im Vordergrund stehen sollte, sondern das gemeinsame Erleben von Dingen, die Spaß machen und interessant sind. Die Karte, als Clubkarte oder Mitgliedskarte, ist auch ein Favorit auf dem Weg hin zum Netzwerk mit Kunden. Sie ist sicherlich nicht der einzige Grund, aber durch die Summe an Vorteilen, wie beispielsweise eine zusätzliche Zeitschrift und vielleicht eines Tages endlich einmal eine Diskette mit Informationsvorsprüngen für den Kunden, kann auch das Netzwerk verbessert werden. Man denke nur daran, welche Erfolge Fluggesellschaften durch ihre Bonusprogramme erzielen. Man sollte aber nie vergessen, daß dies die persönliche Beziehung nicht ersetzt.

Also liegen Ihre nächsten Chancen, Netzwerke mit Kunden aufzubauen, in den direkten persönlichen Möglichkeiten. Dazu zählen auf einfache Art beispielsweise der Tag der offenen Tür oder ein Kaminabend mit einer interessanten Einladung. Sie können in Ihren Geschäftsräumen eine Ausstellung eines jungen Künstlers veranstalten oder laden zu einer Vernissage ein.

Sie können in Ihren Räumen eine Modenschau oder eine Versteigerung veranstalten. Laden Sie als Schirmherrin die Frau des Bürgermeisters ein, und Sie haben eine Spitzenresonanz. Die Düsseldorfer Werbeagentur Arians, oder soll ich sagen Clienting-Agentur, hat für ein Reisebüro einen Malwettbewerb für Schulkinder in Düsseldorfer Schulen veranstaltet. Der erste Preis wurde im Reisebüro vergeben. Diese Kinder brachten ihre Eltern scharenweise mit. Große Erfolge haben wir bei unseren Kunden auch dadurch erzielt, daß wir zu einem Zukunftstag eingeladen haben, um gemeinsam über die Kundenchancen der Zukunft zu diskutieren. Sie können sogar noch weiter gehen, indem Sie die Ausbildung Ihrer Kunden zu Ihrer eigenen Sache machen. Gründen Sie eine Kundenakademie, und schulen Sie Ihre Kunden regelmäßig. Für den Unternehmernachwuchs könnten Sie ein Juniorkolleg gründen.

Wenn Sie nicht ganz soweit gehen wollen, veranstalten Sie Abendseminare und Unternehmerforen, damit Ihre Kunden über Fachthemen und Chancen durch Sie informiert werden. Tagsüber geht es natürlich auch. Diese Vorträge für Kunden, ich nenne es „Infotainment“, machen bereits einen großen Teil meiner Arbeit aus.

Sind Sie wirklich immer für Ihre Kunden da oder nur während der Geschäftszeiten von 9 bis 17 Uhr? Dann kann Ihnen ein 24-Stunden-Service oder Ihr Telefonservice rund um die Uhr einen entscheidenden Vorsprung geben. So können Kunden jederzeit mit Ihnen in Kontakt treten. Oder **installieren Sie eine Hotline**, die Ihren Kunden sofort Fachfragen beantwortet. Bieten Sie Ihren Kunden an einem Tag einen Spezialisten, beispielsweise einen Steuerberater, am Telefon an, der kostenlos alle Fragen beantwortet.

Sie sehen, es gibt genügend Möglichkeiten, Netzwerke mit Kunden aufzubauen. Für jedes Budget und jede Firmengröße ist hier etwas dabei. Um diese Netzwerke dauerhaft zu gestalten, ist eine individuelle Analyse Ihrer persönlichen Situation erforderlich. Dazu sollten Sie einen Experten hinzuziehen. Denn die richtige Kombination sichert Ihnen den besten Zukunftserfolg, wobei wir die Erfahrung gemacht haben, daß bereits ein erstes zaghaftes Gehen in diese Richtung schon zu guten Erfolgen führt.

Den schriftlichen Bereich will ich hier nicht ganz außer acht lassen. Ist eine gute Beziehung zu dem Kunden vorhanden, wird er selbstverständlich Ihre Post sehr aufmerksam lesen. Das spricht wiederum für einen eigenen Newsletter, in dem Sie über neue Entwicklungen berichten. Ist Ihnen ein regelmäßiger Informationsbrief zuviel Arbeit, bringen Sie ihn unregelmäßig heraus. Ist Ihnen auch das zuviel, reduzieren Sie ihn auf eine Seite. Informieren Sie Ihre Kunden mit der 1-Seiten-Methode über neue Ideen oder Veränderungen. Für eine kurze Zeit kann auch der klassische Brief die Netzwerke aufrechterhalten. Dann muß allerdings ein persönlicher Kontakt zusätzlich stattfinden. Damit sind wir beim einfachsten und wirksamsten Tip für Netzwerke mit Kunden: Besuchen Sie Ihre Kunden so häufig wie möglich, denn Beziehungen leben von persönlichen Kontakten.

Netzwerke mit Kunden machen erst durch die richtige Kombination zwischen elektronischen und persönlichen Netzwerken, also digitalem Clienting, richtig Spaß, denn heute ermöglichen Datenautobahnen direkte digitale Dialoge mit Kunden.

12.2 Direkte digitale Dialoge

Netzwerke mit Kunden werden neben der persönlichen Beziehung die elektronische Beziehung immer mehr integrieren. Vor allen Dingen in den Anfängen der 90er Jahre werden die schnelleren Firmen, die ihren Kunden digitale Netzwerke anbieten, eindeutig die Nase vorn haben. In meiner Beratungsfirma ist der Bereich „Digitales Clienting“ der wachsstumsstärkste innerhalb kürzester Zeit geworden. Dieser Nachfragesog hat selbst mich in der stürmischen Entwicklung doch etwas überrascht. Die Überlegungen, digitale Netzwerke zu installieren, ist auch völlig branchenunabhängig. Von Pharmaunternehmen bis zu Heizungs- und Sanitärgroßhändlern reichen die Chancen. Aus meiner Sicht wird keine einzige Branche dabei außen vor bleiben. (Haben Sie bitte Verständnis dafür, daß hier aufgrund der Vertraulichkeit bei unseren laufenden Projekten keine firmenspezifischen Details genannt werden dürfen.) Doch eines ist sicher, den ersten werden dadurch marktbeherrschende Instrumente an die Hand gegeben.

Trotzdem können interessante Wege aufgezeigt werden, mit denen digitales Clienting möglich wird. Nehmen Sie als Beispiel die Möglichkeit, zukünftig von einem der großen Versandhäuser einen **elektronischen Katalog** zu erhalten, in dem Sie sich nicht nur die Mode ansehen können, sondern in dem auch ein Video läuft, das die Mode als Modenschau vorstellt. Ebenso wird es bald mehr und mehr Lexika als Multimedialexika auf CD geben. Fremdwörterbücher, Ersatzteilkataloge, Produktbeschreibungen, Lernprogramme, Produkteinführungen, Nachschlagewerke etc. werden immer mehr den elektronischen Weg gehen und innerhalb weniger Jahre das mühselige Blättern in unleserlichen Gebrauchshandbüchern überflüssig machen.

Hinter dem Begriff „direkte digitale Dialoge“ steckt zuerst einmal die reine Marktentwicklung in fast allen Branchen. Der Weg zum Kunden über drei Wege dauert manchmal einfach zu lange, ist oft unzureichend und in nicht wenigen Fällen der eigentliche Verhinderer für den geschäftlichen Erfolg. Die Gründe dafür sind vielfältig. Gibt es vielleicht eine Stufe zuviel? Sicherlich nicht.

Das ist der typische Ablauf:

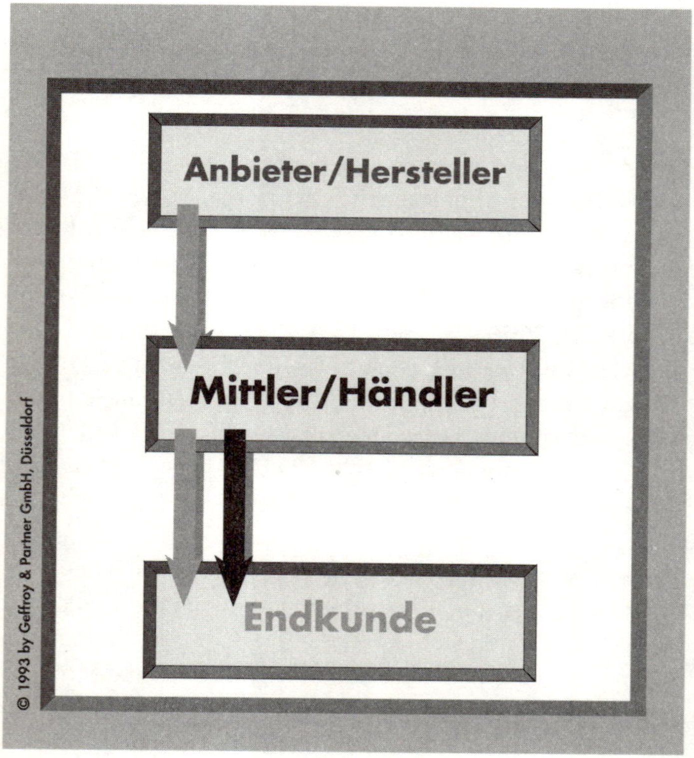

Mittler können damit die eigenen Verkäufer, Händler, Handelsvertreter oder Agenten sein. Ist alles in Ordnung und ziehen die Mittler mit, haben Ihre Konzepte einen durchschlagenden Erfolg im Markt. Ziehen Ihre Mittler aus irgendeinem Grund nicht mit, haben Sie Sand im Getriebe, und im schlechtesten Fall kommt Ihre tolle Produktidee oder Ihr Lösungskonzept gar nicht mehr beim Kunden an. Die Macht liegt beim Mittler und nicht beim Kunden. Dabei lassen wir unberücksichtigt, daß auch Rückinformationen vom Kunden, die für die Zukunftsentwicklung entscheidend sind, zu kurz kommen. Hierin liegt also ein strategisches Risiko. Was tun?

Der Mittler ist nach wie vor entscheidend, er kann allerdings mit dem digitalen Clienting-System nicht mehr den Erfolg blockieren oder sogar verhindern. Das bedeutet, der Erfolg gehört ihm, wenn er mitspielt, er ist aber auch ohne ihn möglich. Er kann ihn zukünftig nicht mehr stoppen. Denke ich zu negativ? Überhaupt nicht, ich setze nach wie vor voll auf den motivierten Menschen und Mittler. Und das sollte auch so bleiben. Ich

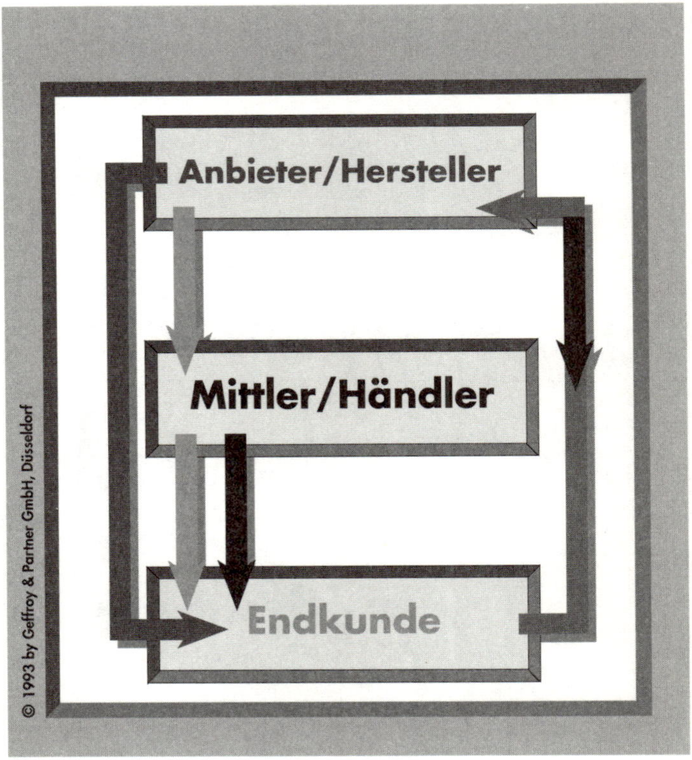

habe aber in meinen 15 Jahren Beraterpraxis auch die andere Seite kennengelernt: Mitarbeiter, die keine Lust hatten, zu arbeiten, weil sie ein Festgehalt erhielten – die innere Kündigung; Mittler, die ihre Macht für andere Interessen ausnutzen wollten. Die Gründe sind vielfältig und erreichen nach meiner subjektiven Erfahrung nicht selten die 50%-Marke. Das bedeutet, 50% der Chancen gehen verloren, weil die zweite Marktebene aus irgendeinem Grund nicht mitzieht.

Das können Sie verändern, indem Sie durch die Einbeziehung der zweiten Ebene einen direkteren Dialog zu Ihren Kunden aufbauen. Damit haben Sie Ihre Mittler durch eine Vernetzung integriert, erhalten aber trotzdem direkten Kundenzugriff durch digitales Clienting, elektronische Netzwerke.

Damit wird die Sache für Sie auch strategisch interessant. Die Gesamtvorteile sprechen noch viel deutlicher für dieses System. Bedenken Sie nur, welche Informationsschätze Sie von Ihrem Kunden erhalten können, wenn es nur einen direkteren Weg geben würde.

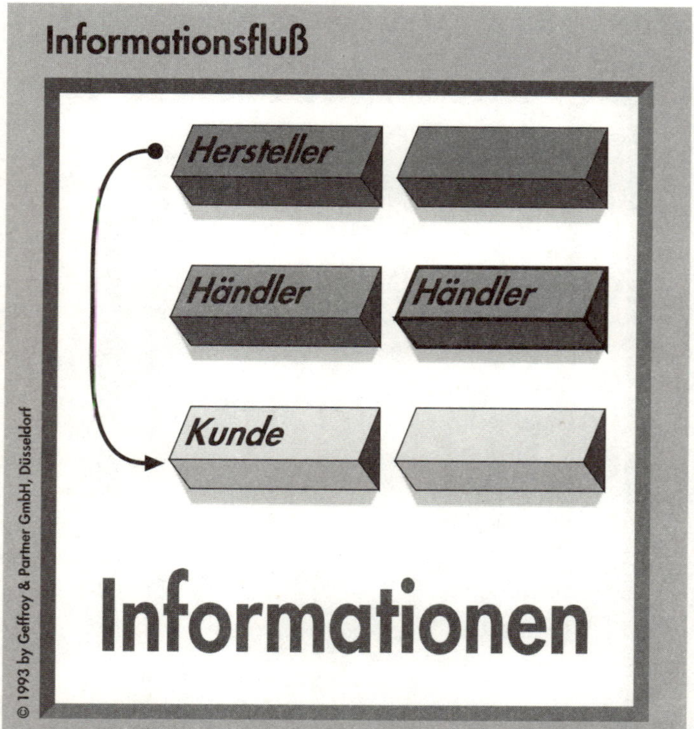

Direkte digitale Dialoge konzentrieren sich auf drei Bereiche: auf die **Information, die Schulung und Kommunikation**. Digitale Dialoge bedeuten elektronische Dialoge mit Kunden. Ihr Kunde muß die Möglichkeit haben, auf Ihr Unternehmen, auf alle Veränderungen Ihres Unternehmens, auf neue Produkte reagieren zu können. Eine einfache Möglichkeit wäre ein in Ihre Software integriertes Fax, an Sie adressiert, das der Kunde dann nur noch mit seinen Anmerkungen, Ideen und Verbesserungsvorschlägen an Sie absenden muß. Eine weiterentwickelte Möglichkeit wären Netzwerkdienste und Mailboxes, mit denen Ihr Kunde noch schneller auf Sie zugreifen kann. Im besten Fall ist er online mit Ihnen vernetzt und kann bereits auf Ihre Informationen, falls Sie es erlauben, zugreifen. In Zukunft wird per Videotelefon die persönliche Beziehung ebenfalls per Computer ermöglicht. Dialoge sind also kein Problem mehr. Falls Sie noch nicht über ein Online-System nachdenken, funktioniert diese Möglichkeit natürlich auch mit Disketten oder CDs, etwas langsamer zwar, aber das Fax kann auch dort integriert werden. Betrachten Sie direkte Dialoge mit Kunden als entscheidend und die Wege dorthin als machbare Technologie.

Direkte digitale Dialoge sind also bereits jetzt machbar und in Zukunft noch einfacher und schneller. Doch was soll als Basis des Dialoges dienen? Auch hier bestehen wieder unbegrenzte Möglichkeiten, z. B. Informationen über Ersatzteilpreise, Produktpreise, Produktkataloge, Produktvorstellungen, die Ihrem Kunden Zeit sparen helfen. Das einfache Arbeiten damit läßt Wettbewerbern keine Chance. Hier ist auch die Bequemlichkeit ein Argument. Ein neues Produkt kann so sehr viel schneller vorgestellt werden. Bedenken Sie übrigens auch noch einmal, daß die Revolution in der Computertechnik bedingt durch Multimedia und MindWare völlig neue Präsentationsformen und Produkte schaffen wird. Statt eines langweiligen Prospektes schaut man sich ein Video im Computer an.

Bald wird es Geräte geben, mit denen ein Techniker Ihre Daten und Fehlerkontrollmeldungen per Infrarot an einen Zentralrechner senden kann. Und das Wohnzimmer wird bald zum Ort der Multimediapräsentation, weil die Geräte direkt an den Fernseher angeschlossen werden können. Jetzt und erst recht in Zukunft können Sie Ihre Produkte per PC verkaufen, nur den Dialog dürfen Sie dabei nicht vergessen! Neben der Information und den vielfältigen Einsatzmöglichkeiten, die in diesem Buch sicher sehr präzise beschrieben sind, wird der Bereich Ausbildung und Schulung Ihrer Kunden auf elektronische Art eine wichtige Rolle spielen. Sie können Ihren Kunden auf den bekannten Wegen Verkaufswissen, Führungswissen und betriebswirtschaftliches Wissen vermitteln. Ebenso können Sie Produktschulungen durchführen, bei denen die Installation Ihres Produktes durch einen Videofilm etc. erklärt wird. Sie können Datenbanken mit Expertenwissen zur Verfügung stellen, deren Wissensstand trainiert werden kann. Natürlich wird es auch weiterhin persönliche Schulungen geben, nur explodieren in manchen Firmen die Schulungskosten, und dieser neue Weg ist schneller, kostengünstiger, wiederholbar und vor allen Dingen per Dialogkonzept mit dem Kunden vernetzt – eben digitales Clienting!

Ich bin überzeugt davon, daß diese Beispiele lediglich einen kleinen Ausschnitt der bald möglichen Chancen zeigen, aber ich finde bereits diese Möglichkeiten ausgesprochen reizvoll. Wir können damit viel mehr für den Kunden tun, ihm wirklich helfen und damit die Beziehung zu ihm vertiefen. Ist Ihr Kunde mit Ihrem Unternehmen zufrieden, wird er Sie von ganz allein weiterempfehlen und „Werbung“ für Ihr Unternehmen machen. Vergessen Sie bitte dabei auch nicht den Umweltgesichtspunkt, auf Dauer wird durch solche digitalen Produktinformationen weniger Papier verbraucht. Nach letzten Informationen werden jährlich etwa 500 Milliarden Blatt Papier produziert. Wie viele Bäume sind das wohl?

Insgesamt sind wir bei der Umsetzung von Clienting statt Marketing durch alle vorgenannten Maßnahmen einen erheblichen Schritt weitergekommen.

13. Clienting

13.1 Clienting statt Marketing

Das Thema der Zukunft

Clienting – ein Begriff, der die ganze Denkrichtung eines Unternehmens beeinflussen kann und in den 90er Jahren auch muß. Clienting ersetzt Marketing, denn Marketing ist, wie mir John Sculley von Apple Computer persönlich sagte, eine Idee des Massenmarktes. Dort hat es funktioniert. Doch wo funktionieren Massenmärkte heute noch?

Natürlich kenne ich die Diskussion über Zielgruppen-Marketing im Detail. Doch alles läßt darauf schließen, daß Marketing mit immer mehr Zusätzen versehen werden muß, um den Begriff selbst überhaupt noch zu stützen: Turbo Marketing, Target Marketing, High Speed Marketing, ganzheitliches Marketing, um nur einige Beispiele zu nennen.

Clienting ist für mich die echte, glaubwürdige und nachvollziehbare Hinwendung zu dem, was in den 90er Jahren nur noch zählt: **der Kunde**.

Der Kunde im Mittelpunkt ist zwar nichts Neues und wurde bereits seit Jahren und Jahrzehnten immer wieder als zentrales Thema angesehen. Doch wer hat sich daran gehalten? Noch konkreter, wer hat es denn wirklich gebraucht? 1990 und vielleicht noch 1991 waren die letzten Höhepunkte des achtjährigen Konjunkturaufschwunges, plötzlich hatte man ganz andere Probleme.

Hier galt mein Satz „Das einzige, was stört, ist der Kunde“ in Reinkultur.

Die Zeiten haben sich jedoch geändert. Schneller, unerwarteter und grundsätzlicher, als wir alle glaubten, hat der Trendbruch in Deutschland stattgefunden. Der Trendbruch von der Industriegesellschaft zur Informationsgesellschaft, in der nicht Produktionsanlagen, sondern Informationsvorsprünge entscheidend sind. „Die Wirtschaft befindet sich in der größten Wende seit Ludwig Erhards Zeiten“ wurde mein Einstiegssatz in der Titelgeschichte der Zeitschrift „Impulse“, Ausgabe Oktober 1992. Produkte werden in den 90er Jahren keine Rolle mehr spielen. Woher sie kommen, wird immer weniger Bedeutung haben. Was bleibt also?

der Kunde
die Kundenbeziehung
die Kundenbindung
die Kundenhilfe

Ich bin überzeugt, daß Clienting, die Vernetzung mit dem Kunden, die entscheidende Herausforderung der 90er Jahre sein wird. Unternehmen müssen es schaffen, ihre Kunden zu identifizieren, zu personifizieren, zu charakterisieren und zu motivieren, wie es bisher vergleichbar noch nicht getan wurde.

Natürlich können Sie es nicht mit allen Kunden machen, sonst werden Sie ausgenutzt und „bleiben auf der Strecke". Sie müssen Ihre idealen Kunden herausfiltern. Denn nicht jeder paßt zu jedem.

Aber Kunden im Mittelpunkt heißt für mich auch Sog statt Druck. Das bedeutet, daß wir viel mehr über Anziehungskraft, Attraktivität und angenehme Dinge für den Kunden, sprich Bequemlichkeit und Service, nachdenken müssen. Bitte ignorieren Sie die Bedeutung dieser Sätze nicht. Es klingt wie eine Binsenwahrheit, doch wird Clienting wirklich gelebt?

Ich bringe gerne die Frage, ob man weiß, wann die „Maus" als Eingabegerät für Computer entwickelt worden ist? Es war bereits 1955. Und erst 1995 werden die meisten Computer mit dieser eindeutigen Hilfe für Benutzer ausgestattet sein. Auch das hat 40 Jahre gedauert.

Betrachten Sie einmal, sicherlich subjektiv, nachfolgende Zeitachse, und schätzen Sie ein, welches Thema in welchem Jahrzehnt seinen Höhepunkt hatte:

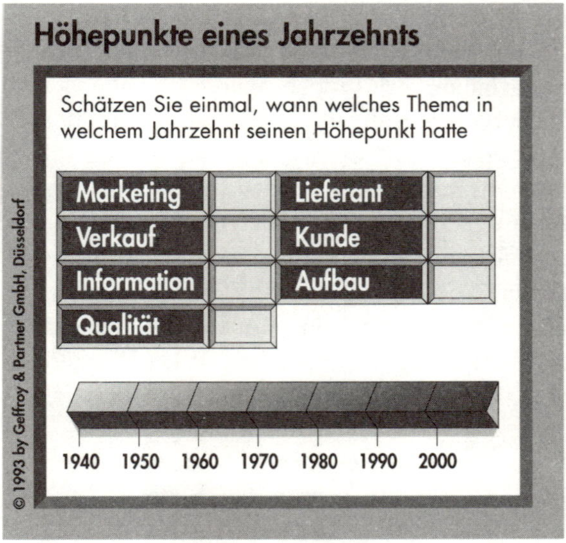

Die 40er Jahre waren das Jahrzehnt des Aufbaus und der Entbehrung. Es fehlte an grundsätzlichen Dingen.

Die 50er Jahre waren die Jahre des Lieferanten. Überhaupt liefern zu können war die Hauptsache. Qualität stand eher hintenan. Natürlich gab es auch schon damals Lieferanten, die großen Wert auf Qualität legten, nur verlangte die Masse das nicht. Hauptsache war die Eindeckung mit allen Dingen, die man so lange entbehren mußte.

Die 60er Jahre verschoben den Schwerpunkt schon mehr in Richtung Qualität. Jetzt galt es, nicht nur produzieren zu können, sondern auch mehr zu sein als ein Lieferant. Erste Serviceüberlegungen wurden konkretisiert und systematisiert.

Die 70er Jahre waren das Jahrzehnt des absoluten Verkaufs. Jetzt konnten die Verkäufer ihr ganzes Wissen unter Beweis stellen. Verkaufstraining wurde auf breiter Basis bekannt. Es galt, im enger werdenden Markt durch Einwand- und Abschlußtechniken mehr Abschlüsse zu erzielen.

Die 80er Jahre waren aus meiner Sicht die Höhepunkte des Marketing. Es wurden alle Register der Kundenüberzeugung gezogen. Verkaufsförderung, Werbung, Anzeigen, TV-Spots, Vierfarbprospekte, Telefon-Marketing, Direkt-Mailing und wahre Public-Relations-Fluten einiger Großunternehmen sollten auch dem Kunden im letzten Winkel der Welt klarmachen, wer der Beste war – je intensiver, um so besser.

Mitte der 80er Jahre bekam das Thema Netzwerke mit Kunden entscheidende Bedeutung. Kunden und Lieferanten sollten sich über neue Technologien und intimere Kontake „verbrüdern". Geben und Nehmen sollte im Vordergrund stehen.

Leider wurde vergessen, daß längst eine Generation herangewachsen war, die von drei Elternteilen erzogen wurde: von Mutter, Vater und vom Fernsehen. Viele nahmen an, daß das Fernsehen der beste Erzieher war. Das wollen wir dahingestellt lassen.

Hier wuchs also eine Generation hypersensibler Verbraucher heran, die in 20 oder 30 Jahren Fernsehkonsum gelernt haben, Manipulationsversuche in Bruchteilen von Sekunden zu erkennen und gedanklich abzuschalten. Milliarden Werbegelder wurden und werden seitdem aus dem Fenster geworfen.

Deshalb sind die 90er Jahre das Jahrzehnt des Kunden. Fair, korrekt und ehrlich heißen die neuen Parameter der Zusammenarbeit. Im Jahr 2000 wird der Sprung in die Informationsgesellschaft dann schon zum größten Teil vollzogen sein.

Informationsmacht wird entscheidend, und sie wird die Geldmacht schlagen, denn Informationsvorsprünge werden mehr wert sein als Geld.

Unternehmen werden sich als Informationsspezialisten verstehen, die wissen wie, wo und was man für seine Kunden optimal produzieren kann. Eigene Produktionsanlagen würden dann nur stören. So können sie sich bei einem Wechsel der Kundenvorstellungen leichter anpassen und den Lieferanten wechseln. Sie besitzen Informationsmacht, weil sie genau wissen, was in und mit der eigenen Kundengruppe passiert, da sie längst Bestandteil dieser Zielgruppe sind. Sie brauchen dann auch keine Werbung mehr, weil Sog entsteht und ihnen durch Mund-zu-Mund-Propaganda Kunden zugeführt werden.

Meine persönliche Herausforderung als „Trendbrecher“ sehe ich in der Entwicklung eines Clienting-Systems für meine Kunden. Die Entwicklung dieses Systems wird 1994 fertiggestellt und verfügbar sein. Es steht bereits jetzt fest, daß es eine Kombination zwischen existierender Technik, einer erst 1993 in Kooperation mit japanischen, amerikanischen und deutschen Firmen vorzustellenden Technologie und einem besonderen Kundenbindungsprogramm sein wird.

Damit unterstreiche ich die Bedeutung neuer Technologien und Denkweisen zur Umsetzung meines „KIN“-Anspruches. KIN steht für Kundeninformationsnetzwerke. Ich bin überzeugt, daß Informationsnetzwerke bisher nicht gekannten Ausmaßes entstehen, teilweise bereits in Ansätzen existieren und in der zweiten Hälfte der 90er Jahre sehr konkrete Formen annehmen werden. Im übrigen bin ich davon überzeugt, daß diese Netzwerke bereits heute gut funktionieren.

Fast kein Produkt wird mehr gekauft, ohne daß man nicht jemanden fragt: Kennst du nicht jemanden, der das und das liefert? Man verläßt sich kaum noch auf Werbung, Verkäuferaussagen, Fernsehspots und vollmundige Versprechen. Das persönliche Netzwerk ist viel verläßlicher. Netzwerke sind damit die Brücke, über die sich Kunden und Informationen verbinden lassen.

Nun sollte es Ihr Ziel als Hersteller sein, aktiver Bestandteil der Netzwerke zu werden, denn nur als integrierter Bestandteil können Sie gestalten und überzeugen.

Clienting entspricht damit auch der Systematisierung der Kundenbeziehungen über klassische Versuche der Vergangenheit hinaus. Für Clienting in optimaler Art werden deshalb Technik und Mensch in einzigartiger Weise zusammengefügt.

Die Technik reift erst heran, deshalb ist dafür die Zeit noch etwas zu früh.Der Mensch als Clienting-Partner auf der Unternehmensseite kann aber längst seine Trümpfe ausspielen. Einige Beispiele hierzu wurden in diesem Buch bereits präzisiert.

Eine wirksame und einfache Form des Aufbaus von Clienting ist die Durchführung von Kundenseminaren. Das können Abendveranstaltungen oder Tagesseminare sein. Eingeladen werden Kunden und/oder Interessenten, die über Dinge informiert werden, die für sie persönlich wichtig sind. Die glaubhaft und ehrlich gelebten Kundenclubs sind ebenfalls eine der interessantesten Möglichkeiten, Netzwerke aufzubauen. Allerdings muß hier, wie in jeder Beziehung, etwas passieren, sonst kommt Langeweile auf und der Club wird uninteressant. Spannung, Neugier und Überraschungen sollten Leitgedanken der Clubführung sein. Ereignisse müssen geschaffen werden, um Kundenbeziehungen aufzubauen und zu festigen. Das können z. B. Sommerfeste, Tage der offenen Tür und Einladungen zu einer Floßfahrt sein.

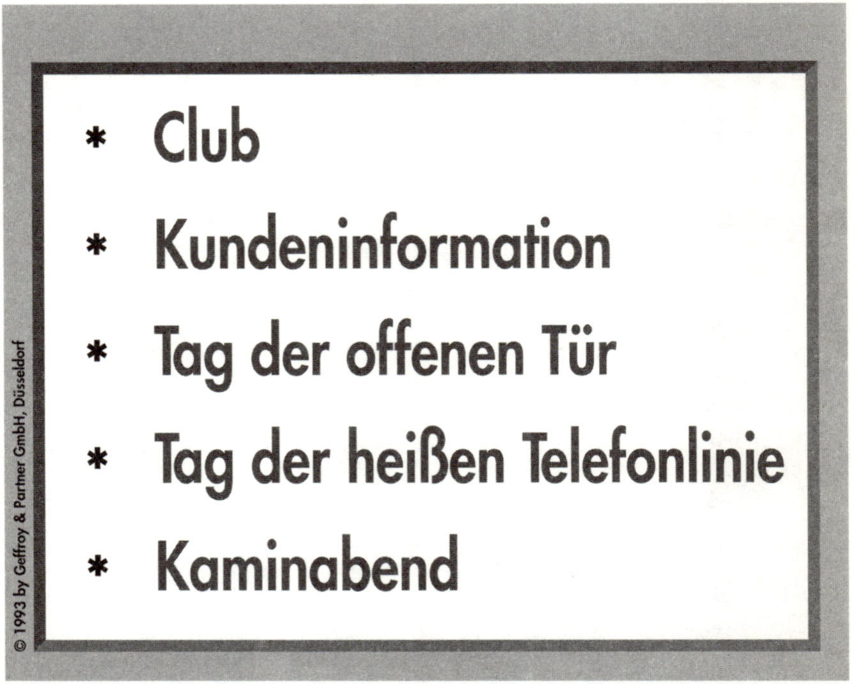

Der Kontakt zu Kunden ist über einen interessanten Informationsdienst zu organisieren. Ein Newsletter über zwei bis vier Seiten bietet sich an. Dann können ein Angebot des Monats, Angebote über vergünstigte Karten für interessante Veranstaltungen und Konzerte weitere Alternativen bieten. Ihrer Kreativität sind keine Grenzen gesetzt, denn das Clienting ist noch ein sehr neues Gebiet, das jeder Idee genügend Spielraum läßt.

Organisieren Sie, informieren Sie, sponsern Sie, und interessieren Sie Ihre Kunden kontinuierlich. Heutige Kunden wollen aktiv sein, sie wollen

teilhaben. „Konsumieren ist out – Gestalten ist in“ – das ist Ihre Chance. Sie werden in Zukunft noch eine ganze Menge zum Thema Clienting hören, von weiteren Experten und natürlich von mir. Ich persönlich werde mich in den nächsten Jahren sehr intensiv diesem Themenkomplex widmen, da ich es als die entscheidende Profilierung in heutigen und erst recht in zukünftigen Märkten einstufe.

„Das einzige, was stört, ist der Kunde.“ Der provozierende Titel dieses Buches wurde bereits vor Fertigstellung des Manuskriptes von vielen als sehr treffende Zeitgeistbeschreibung eingestuft. Ihrerseits dürfte es nur eine Reaktion hierauf geben, dies natürlich zu ändern – und zwar durch Clienting.

Clienting ersetzt Marketing. Für diejenigen von Ihnen, die das Provozierende nicht so ganz mögen, sagen wir: **Clienting ergänzt Marketing.** So oder so wird jetzt die Macht dem Kunden gehören. Das sollte uns leiten.

13.2 Sog statt Druck

Wie fühlen Sie sich jetzt, nachdem Sie bereits 12 Kapitel gelesen haben? Sicherlich ist das für jemanden, der sich zum ersten Mal intensiv mit der Strukturrevolution in zukünftigen Unternehmen beschäftigt, fast erdrükkend. Ich habe versucht, zentrales Wissen sehr lesefreundlich mit meiner Impuls-Methode darzustellen, also Wissenshighlights innerhalb kurzer Zeitabschnitte. Das sollte zu einer höheren Bereitschaft führen, sich mit dem Buch und dem Inhalt auch wirklich auseinanderzusetzen, denn uns allen ist nicht damit gedient, wenn es nach dem Kauf in einem Bücherregal verschwindet. Diskutieren Sie dieses Buch mit Ihren Kollegen, Freunden, Chefs oder mit wem auch immer. Erst das verinnerlichte andere Denken führt zu anderen Handlungen.

Seien Sie sicher, daß ich mich immer an die Praxis gehalten habe. Sehr viele Dinge habe ich in meinem Unternehmen bereits selbst umgesetzt oder bin dabei, es zu tun. Dabei merke ich, wie schwer es ist, alle diese neuen Wege auch wirklich zu gehen. Aber ich merke genauso, daß es keinen anderen Weg gibt, als auf Sog statt Druck umzuschalten.

Nehmen Sie als Beispiel nur einmal das in diesem Buch beschriebene 7 × Kontaktsystem zur Kundenansprache. Wenn ich Ihnen sage, daß wir bei Kundenaktionen damit bis zu 80 % Reaktionsquote erzielt haben und

bei Neuansprachen bis zu 40 %, dann halten Sie mich sicher für unglaubwürdig. Lesen Sie die Ideen daher noch einmal in Ruhe nach (die Werbebranche arbeitet, wenn überhaupt, nur mit erheblich geringeren Zahlen). Es funktioniert.

Ein kleines Beratungsunternehmen der Finanzdienstleistungsbranche hat die gemeinsam entwickelte Clubidee begeistert umgesetzt und konnte schon am Gründungstag des „Gemeinschaftsclubs Sachsen" 7000 Mitglieder und damit Kunden zählen. Wie schaffen Sie das sonst so schnell?

Ich will Sie motivieren, diesen neuen Weg zu gehen, wobei es nicht einfach ist, die eingefahrenen Gleise zu verlassen. Einfach ist dagegen das Herausnehmen eines Aspektes aus dem gesamten System. Ich denke dabei insbesondere an Lean Production. Nun wird Lean Production immer mehr erweitert durch Lean Management und jetzt sogar schon durch Lean Selling – anders ausgedrückt: „Twiggy für Unternehmen". Sicher stimmt das, aber es ist nur ein Schritt hin zur Vernetzung mit Kunden. **Dafür müssen**

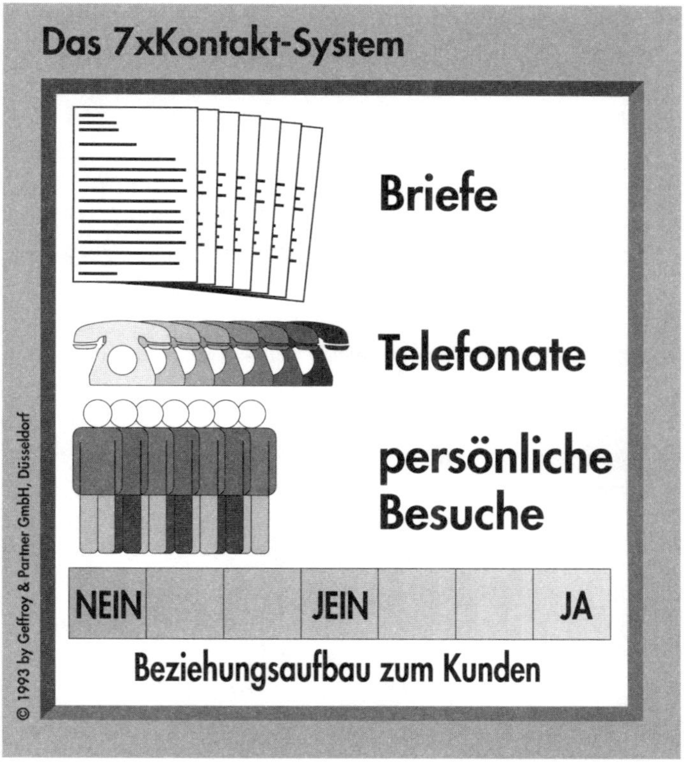

wir schlanker, schneller und flexibler werden. Allerdings müssen Sie weg vom reinen Eigennutz der Kostensenkung und hin zur Umsetzung diverser Schritte zu höherer Kundenzufriedenheit.

Ein besonders gutes Beispiel eines erfolgreichen Unternehmens ist im Zusammenhang mit diesem Thema Jaguar Deutschland. Jaguar, jahrzehntelang bekannt als Automobillieferant für Individualisten, setzte unter der Leitung des Topmanagers Hartmut Kieven völlig neue Maßstäbe. Zuerst erfolgte die Einführung einer Drei-Jahres-Garantie für die englische Kultmarke und dann wurde mitgeteilt, daß Jaguars wichtigstes Erfolgsbarometer zukünftig der Kundenzufriedenheitsindex (KZI) ist. Seit Jaguar diesen Index als zentralen Erfolgsfaktor einstuft und durch regelmäßige Umfragen auch bewertet, ist der Erfolg der Marke nun auch in Zahlen ablesbar. Hartmut Kieven und sein Verkaufsleiter Uwe Kleeberg konnten in der stärksten Rezession in Deutschland seit dem Zweiten Weltkrieg Anfang 1993 als einziger Automobilhersteller der Luxusklasse Zuwachszahlen vorzeigen, während alle anderen erhebliche Rückgänge zu verzeichnen hatten.

Ein Herausforderer wie Hartmut Kieven begnügt sich aber nicht mit Drei-Jahres-Garantie und Kundenzufriedenheitsindex. Mit der Vision, Spitze in Kundenzufriedenheit zu sein, wurde ein ganzes Maßnahmenbündel geschnürt, um Clienting umzusetzen. Fortan versteht sich Jaguar nicht mehr nur als Automobilhersteller, sondern als Partner seiner Kunden. „Culture Club" nannte ein Journalist treffend diese Entwicklung, die durch Unternehmerforen für Kunden, Driver Days und viele weitere Aktivitäten immer mehr mit Leben gefüllt wird.

Sie sehen mit diesen wenigen, aber treffenden Beispielen, daß es Firmen gibt, die bereits Erfolg mit neuen Spielregeln haben. Insofern hat dieser Beitrag einen doppelten Sinn. Ich möchte bei Ihnen Sog erreichen dafür, daß alle diese Wege machbar und erfolgreich sind. Dies ist natürlich mit dem Wunsch verbunden, daß Sie sich bereits jetzt darauf einstellen und nicht auf Marktdruck hin einmal alles überstürzt anpassen müssen. Lieber sollten Sie jetzt Herausforderer sein als später einmal Verteidiger. Ich darf noch einmal betonen: Die nächsten fünf Jahre werden unser Leben nachhaltiger verändern als die letzten 50 Jahre. Auch betone ich, daß die Clienting-Entwicklung niemanden ausnehmen wird, ob Großunternehmen oder Bäckermeister, ob Zahnarzt oder Anwalt. Netzwerke, Beziehungen und Sog statt Druck werden die **wichtigsten Aktivposten** in Ihrer Bilanz.

Um diese Situation zu erreichen, sind Sie von mir mit einer Vielzahl von Einzelbereichen regelrecht bombardiert worden. Sorry, aber es geht nicht anders. Das Ganze funktioniert nur, wenn Netzwerke mit Kunden als echte Herausforderung verstanden werden und alles andere Voraussetzungen sind, um das Beste zu erreichen. Nur eine ganzheitliche Lösung ist dauerhaft erfolgreich. Anders ausgedrückt heißt das: **Schaffen Sie die Voraussetzungen**, um vom Clienting auch wirklich leben zu können.

Erinnern Sie sich an den Bestseller von Peters und Waterman „Auf der Suche nach Spitzenleistungen"? Erinnern Sie sich auch an die anschließende Kritik, da einige Jahre später eine Vielzahl der darin als vorbildlich aufgeführten Firmen aufgekauft wurde oder in Konkurs gegangen ist? War das alles falsch? Auch dort stand der Kunde eindeutig im Vordergrund. Später sagte man, daß man einfach die dafür erforderlichen Voraussetzungen nicht eindeutig genug erkannt und analysiert hatte. Die späteren Bücher von Tom Peters, insbesondere „Jenseits von Hierarchien", sollten dieses Manko ausgleichen.

Wie erreichen wir nun Sog statt Druck? Indem wir die Voraussetzungen schaffen, die Clienting erst ermöglichen. Nun haben Sie mit diesem Buch eine Vielzahl von Ideen bekommen, die Ihnen persönlich helfen sollen, Ihre Firmenzukunft besser zu gestalten. Neue Themen wie atmende Organisationen, Multimedia, MindWare, Informationsmanagement, elektronische Netzwerke sind die eine Seite, bekannte Themen wie Zielgruppenspezialisierung, Strategie, Mitarbeitermotivation, Ethik die andere. Die besten Erfolge ergeben sich nachweislich immer aus einer **Kombination zwischen alt und neu**.

Nicht jedes Unternehmen wird mit all den hier genannten Dingen zeitgleich konfrontiert. Manche Branche muß sich früher damit auseinandersetzen und manche später. Was hier aufgeführt wird, ist sicherlich ein Prozeß, der bis weit in das nächste Jahrtausend hineinreichen wird. Aber 2000 oder nur 1000 Tage sind schnell vorbei, und die hier aufgeführten Themenbereiche verändern viele Unternehmen entscheidend in ihren Kulturen. Und Kulturveränderung ist immer ein jahrelanger Prozeß. Somit sollten Sie bereits jetzt anfangen, damit Sie rechtzeitig eine andere Sicht der Dinge haben.

Wie können Sie jetzt anfangen, Sog statt Druck zu verstärken?

- **Laden Sie Ihre Kunden einfach einmal ein,** und stellen Sie ihnen nicht Ihr neuestes Produkt vor – fragen Sie sie nur nach ihrer Meinung.
- Veranstalten Sie ein **Kundenforum**, laden Sie abends ein, und lassen Sie Referenten über interessante Dinge berichten.
- Fragen Sie Ihre **eigenen Mitarbeiter**, was getan werden muß, um Sog statt Druck zu erreichen.
- Haben Sie eine **Vision und Strategie**? Falls nicht, fangen Sie damit an.
- Kennen Sie Ihre Kunden?
- **Erfassen Sie alle Ihre Kunden**, und versuchen Sie, möglichst viel über sie zu erfahren.
- Wie sieht es mit der **EDV** aus?
- Können Sie bereits **Informationsmanagement** praktizieren, und haben alle einen Computer?
- Wie sieht Ihre **Organisationsstruktur** aus?
- Haben Sie bereits eine **Projekt- oder Teamorganisation**?

Bilden Sie ein Team, das die Ideen dieses Buches systematisch auf Ihre Firma überträgt, auf sofortige Umsetzbarkeit für Ihre spezifische Situation prüft und einen Aktionsplan erarbeitet, wer was bis wann machen soll.

Es geht einfacher, als Sie vielleicht glauben. Leser dieses Buchs, die bereits einen Teil davon als Rohfassung gelesen hatten, berichteten, daß sie es aufgrund der Fülle von Ideen mehrfach lesen mußten. Machen Sie es genauso. Mein erstes Buch „Verkaufserfolge auf Abruf“ steht heute noch zugriffsbereit auf vielen Schreibtischen oder sogar auf dem Nachttisch. Ignorieren Sie die Themen bitte nicht. Alle diese Thesen werden unsere Welt verändern, und Sog statt Druck wird jeder von uns noch hautnah erleben. Ich persönlich werde all meine Erfahrung und mein Wissen in das Umsetzen dieser Herausforderung stecken. Ich werde in weiteren Büchern und mit anderen Medien immer wieder über Erfolge und Beispiele berichten.

Ich danke dem Verlag und insbesondere dem Verlagsleiter Herrn Piontek, daß er den Preis des Buches akzeptabel niedrig hält, damit möglichst viele zugreifen können. Zugreifen auf was? Zugreifen auf meine eigene Vision, gemeinsam Erfolg zu demokratisieren. Jeder, der Erfolg haben will, soll die Chance und das Wissen bekommen, für wenig Geld darauf zugreifen zu können. Erfolg gehört uns allen. Wenn Sie Lust haben, faxen Sie einmal oder rufen Sie mich an. Eine Idee zusätzlich haben wir immer.

Machen Sie also Ihre eigene Konjunktur – jetzt!

Informationsempfehlungen

Abschied vom Erbsenzähler,
John Cotter, Econ Verlag

Abschied vom Marketing,
Gerd Gerken, Econ Verlag

Database Marketing,
Hendrik Schüring, verlag moderne industrie

Der Popcorn-Report,
Faith Popcorn, Heyne Verlag

Deutschland 2000,
Armin Ziegler, Econ Verlag

Die große Marketingwende,
Stan Rapp & Tom Coollins, verlag moderne industrie

Die Magie des Power-Selling,
Mario Ohoven, verlag moderne industrie

Die Trends für das Jahr 2000,
Gerd Gerken, Econ Verlag

Einfluß,
Robert B. Cialdini, MVG-Verlag

Franchise: Der Königsweg zum Erfolg,
Theo van der Burgt ADVISA Gruppe, Leverkusen, Die Wirtschaft

Franchise: Existenzgründungen mit Sicherheitsnetz,
Theo van der Burgt ADVISA Gruppe, Leverkusen, Süddeutsche Zeitung Nr. 135/06.93

Geist,
Gerd Gerken, Econ Verlag

Jenseits von Hierarchien,
Tom Peters, Econ Verlag

Kreatives Chaos,
Tom Peters, Hoffmann und Campe Verlag

Machtbeben,
Alvin Toffler, Econ Verlag

Manager . . ., die Helden des Chaos,
Gerd Gerken, Econ Verlag

Marketingpioniere und Pioniermanagement,
Kasimir & Patrick Magyar, verlag moderne industrie

Megatrends 2000,
John Naisbitt & Patricia Aburdene, Econ Verlag

Messeerfolge auf Abruf (Audiocassette)
Edgar K. Geffroy & Hias Oechsler, verlag moderne industrie

Millionengrab Werbung,
Herbert Werler, Schäffer Poeschel Verlag

Profit durch Profil,
Dieter Heinrich, Schäffer Verlag

Relationship Marketing,
Regis McKenna, Addision Wesley Verlag

Social Networks,
Dieter Reigber, Econ Verlag

Spielregeln für Sieger,
Gertrud Höhler, Econ Verlag

Strategisches Verkaufen,
Robert B. Miller & Stephen E. Heimann, verlag moderne industrie

Sybex-Baufinanzierung (Software)
Georg Meyer, Sybex Verlag

Umsatzendspurt für Verkäufer (Audiocassette),
Edgar K. Geffroy, verlag moderne industrie

Verkaufserfolge auf Abruf,
Edgar K. Geffroy, verlag moderne industrie

Verkaufserfolge auf Abruf in der Automobilbranche,
Edgar K. Geffroy & Manfred Schroeder, verlag moderne industrie

Verkaufserfolge auf Abruf in der Versicherungsbranche,
Edgar K. Geffroy & Michael Klose, verlag moderne industrie

Vision 2020,
William Davidson & Stanley M. Davis, Haufe-Verlag

Werbung below the line,
Manfred Auer & Frank A. Diederichs, verlag moderne industrie

Zeitmanagement für Verkäufer,
Edgar K. Geffroy & Prof. Dr. Lothar J. Seiwert, verlag moderne industrie

Zukunftsorientierte Unternehmensführung,
Hans-Georg Lettau, verlag moderne industrie

Lehrgangsempfehlung

Die EKS-Strategie
Vorsprung durch Konzentration und Spezialisierung, Frankfurter Allgemeine Zeitung GmbH Informationsdienste

Über den Autor

Edgar K. Geffroy ist geschäftsführender Gesellschafter der Geffroy & Partner T.A.S.C. Unternehmensberatung und Inhaber der Geffroy InformationsAgentur in Düsseldorf. Seine Unternehmen setzen die in diesem Buch beschriebenen Clienting- und Informing-Konzepte in die Praxis um.

Das hat ihm den Ruf des Trendbrechers eingebracht. Mehrere mit den neuen Konzepten von ihm beratene Firmen erzielten sensationelle Markterfolge und steigerten ihren Absatz nachweislich innerhalb von drei Monaten bis zu 100%.

Über die besonderen Chancen des Sales, Clienting und Informing berichtet Edgar K. Geffroy regelmäßig in ShowTalk-Vorträgen und informiert mit elektronischer Wissenssoftware auf Diskette und bald auch auf CD.

Seit zehn Jahren werden langfristig mehr als 200 Firmen in Deutschland, Österreich, der Schweiz und Holland zu allen Vertriebsaufgaben beraten. Die Umsetzung von Verkaufssteigerungssystemen und Akquisitionssystemen bilden dabei einen Schwerpunkt. 1994 werden ein elektronisches Verkaufssteigerungssystem und ein Verkaufstrainingssystem eingeführt.

Die Öffentlichkeit kennt Edgar K. Geffroy durch regelmäßige Fernsehauftritte und durch eine Vielzahl von Presseveröffentlichungen.

Er ist der Erfinder der 1-Seiten-Methode für Bücher und Bestsellerautor von „Verkaufserfolge auf Abruf", dem meistgelesenen Verkaufsbuch der letzten Jahre in Deutschland, sowie dem Buch „Zeitmanagement für Verkäufer". Dieser Titel erhielt 1992 den ersten Preis des besten Verkaufsbuches in Frankreich. Mittlerweile erreichen seine Bücher Auflagen von über 100000 Exemplaren im In- und Ausland und wurden in acht Sprachen übersetzt.

Er ist Mitglied im Club 55, der Gemeinschaft Europäischer Marketing- und Verkaufsexperten.

Seine Vision ist, „Erfolg gemeinsam zu demokratisieren", für alle, die Erfolg wollen.

GEFFROY® InformationsAgentur

Die Informationsmacht schlägt die Geldmacht. Die Informationsgesellschaft, in der Informationen auf Abruf zum wichtigsten Baustein des Erfolges werden, löst die Industriegesellschaft ab. Informationen, elektronisch aufbereitet, werden zum unverzichtbaren Ratgeber. Der Handel mit Informationen wird zu einem bedeutenden Wirtschaftsfaktor.

Diese Erkenntnisse führten

- zur Gründung der GEFFROY® InformationsAgentur (GIA)
- zur Schaffung des Begriffes MindWare
- zur Herausforderung, Erfolg durch Informationen mit elektronischer Hilfe zu demokratisieren, damit alle darauf zugreifen können.

MindWare ist praktisch die zweite Generation von Software, auch Wissenssoftware genannt. Sie können so Infos direkt abrufen.

Das Leistungsangebot der GIA umfaßt die drei klassischen Bereiche InfoProdukte, InfoHandel und InfoDienstleistung.

Zu den InfoProdukten zählen an erster Stelle ein PC-Verkaufstrainer mit dem Namen SalesMan. SalesMan ist auf verschiedenen Plattformen abrufbereit und so ein 24-Stunden-Ratgeber in (fast) allen Fragen des Verkaufs. Jeweils von der Version abhängig, können Sie sich durch Selbsttests testen oder den ständigen Kontakt zur GIA durch ein GIAlog-System aufbauen. Eine weitere Serie für Führungskräfte, Selbständige und Freiberufler ist in Vorbereitung.

Zum Bereich InfoHandel zählt der Verkauf von MindWare-Lizenzen an Computerfirmen, Softwareunternehmen oder Unternehmen für den eigenen Bedarf, sicher auch als Bindeglied des Clienting. Ob eine SalesMan-Lizenz oder spezielle MindWare-Bausteine sinnvoll sind, wird individuell geklärt. In Vorbereitung ist darüber hinaus ein Clienting-Katalog, in dem interessierte Firmen, die für Clienting Angebote haben, Informationen schalten können.

Zum Bereich InfoDienstleistung ist im wesentlichen das digitale Clienting zu zählen. Digitales Clienting ist das individuelle Konzept und die Umsetzung elektronischer Netzwerke mit Kunden. Hierzu bedarf es einer firmenspezifischen Kombination aus Hardware, Software und MindWare. Auch die Konzeption individueller MindWare-Projekte, etwa elektronische Verkaufssteigerungssysteme für Unternehmen, zählt zum wachsenden Bereich der InfoDienstleistung.

Weitere Informationen erhalten Sie per Telefon unter 0211/626748 oder Fax 0211/612781.

GEFFROY® & PARTNER T.A.S.C. GmbH, Düsseldorf

Das Unternehmen GEFFROY® & PARTNER ist seit mehr als zehn Jahren ein profilierter Umsetzer bei Vertriebsaufgaben jeglicher Art. Von klassischem Verkaufstraining bis zu Verkaufssteigerungsprogrammen reicht das Angebot. Insbesondere durch ein speziell entwickeltes Kundenakquisitionssystem und ein mittlerweile elektronisch weiterentwickeltes Verkaufssteigerungssystem (Sales) wurden sensationelle Umsetzungserfolge erreicht.

Mehr als 200 Unternehmen, darunter einige der größten Firmen Deutschlands, haben bisher die Dienstleistungsangebote in Anspruch genommen.

Durch unsere Arbeit vor Ort wurde ein weiteres Programm entwickelt: Task Force Management. Es ist Management auf Zeit für eine klar vorgegebene Aufgabe. Sie delegieren an uns eine konkrete Aufgabe, zu deren Lösung wir unser System-Know-how nutzen.

Die Arbeit auf Management- und Vertriebsebene führte zwangsläufig zur Entwicklung neuer Konzepte und Wege. Um das Unternehmen in den turbulenten Zeiten besser zu positionieren, wurden sehr frühzeitig zwei Entwicklungen integriert, einerseits die Vernetzung mit dem Kunden, Clienting, und andererseits die Chancen, die die Informationstechnologie Unternehmen als Früheinsteigern bietet. Die Vernetzung mit dem Kunden führte zur Entwicklung des Clienting-Konzeptes und der Clienting-Beratung, die Chancen der Informationstechnologie führten zur Gründung der Geffroy® InformationsAgentur und entsprechender Angebote in diesem Bereich.

Heute entwickelt die GEFFROY® & PARTNER im wesentlichen kreative TaskForce, Akquisitions, Sales, Clienting-Konzepte (T.A.S.C.) und setzt sie bei Bedarf mit einem speziellen Team um. Aufgrund der Bedeutung des Zukunftsfaktors Clienting hält der Gründer Edgar K. Geffroy regelmäßig firmeninterne und -externe Vorträge zu diesem Thema.

Da das Leistungsangebot mittlerweile sehr umfassend ist, mehr als 100 Themen oder Branchenlösungen sind verfügbar, empfiehlt sich eine direkte Kontaktaufnahme unter der Rufnummer 0211/626748 oder Fax 0211/612781.

Stichwortverzeichnis